개정판

우리를 위해서 **우리**가 만든

우리 헌법

책임 편집 허완중

김현귀 · 손상식 · 손인혁
이장희 · 정영훈 · 허완중

박영사

개정판 머리말

헌법을 다루는 다양한 입문서가 있다. 하지만 정작 헌법전문가가 쓴 것은 찾을 수 없다. 이러한 점에서 이 책은 일반인이 헌법을 쉽게 이해할 수 있도록 헌법전문가가 풀어 쓴 최초의 헌법길잡이다. 처음 책을 낼 때는 호응이 있을까 걱정이 많았다. 하지만 다행히도 지은이들의 순수한 의도를 알아준 분들이 많아서 초판을 3쇄까지 찍었다. 더하여 이 책은 대한출판문화협회에서 2019년도 하반기 제146차 올해의 청소년 교양도서로 선정한 데 이어 문화체육관광부가 주최하고 한국출판문화산업진흥원이 주관하는 2020 세종도서(학술 부문)에도 선정되었다.

이러한 뜨거운 반응에 보답하고자 초판에 빼놓았던 국가조직론 부분을 7개 항목으로 정리하여 추가함으로써 대한민국 헌법 전체를 조망할 수 있는 옹근(완벽한) 헌법입문서로 개정판을 낸다. 이로써 전문을 포함한 대한민국 헌법의 모든 조항 130개를 62개 항목으로 깔끔하게 정리하였다. 게다가 이번 개정판의 첫머리는 이 책의 출발점이었던 '헌법을 알아야 하는 이유'로 장식하였다. 이 부분은 김문현 전 헌법재판연구원장님께서 동아일보에 실었던 원고를 손수 고쳐주셨다. 그 노고에 깊이 감사드린다. 초판에서 발견된 오탈자도 찾는 대로 바로잡았고, 몇몇 부분은 다듬거나 보탰다. 이에 다시금 설레는 마음으로 여러분의 변함없는 사랑을 기다린다.

서늘한 바람 사이로 아침부터 내리는 무심한 빗줄기에
'헌법이 상식이 되는 정상적인 사회'라는 꿈을 던지며

허완중

머리말

　헌법재판연구원은 일반 대중이 헌법을 쉽게 이해하도록 하기 위해서 2012년 12월 30일에 "알기 쉬운 헌법"을, 2013년 12월 20일에는 "청소년을 위한 알기 쉬운 헌법"을 각각 간행했다. 이에 대한 호응이 예상 밖으로 좋아서 좀 더 쉽게 일반 대중이 헌법을 접할 수 있게 하려고 헌법재판연구원은 2014년 7월 3일 김문현 당시 헌법재판연구원장의 '헌법을 알아야 하는 이유'를 시작으로 2015년 3월 19일까지 총 25회에 걸쳐 동아일보에 '헌법재판소와 함께 하는 대한민국 헌법 이야기'를 연재하였다. 원고는 손인혁 당시 제도연구팀장의 총괄 아래 책임연구관 여섯 명이 주제에 따라 나누어 작성하였다. 학문적인 글쓰기에 익숙한 상황에서 일반 대중의 눈높이에 맞춰 쓰려고 여러 번을 고쳐 쓰며 고생한 기억이 선명하다. 연재할 때는 기존 업무를 그대로 보면서 따로 원고를 작성하느라고 힘이 들었다. 하지만 동아일보의 사정에 맞추어 주제를 선별하여 전체적으로 완결되지 않은 상태로 끝났고, 개별 내용도 지은이들의 동의 없이 수정된 부분도 있어 이래저래 아쉬움과 불만이 있었다. 그래서 이러한 의도와 내용을 온전히 담은 작은 책자를 냈으면 하는 바람이 있었다. 그러던 차에 박영사에서 출판을 제의해 왔다. 지은이들은 상의 끝에 이러한 제의를 받아들이기로 했다. 하지만 아쉽게도 한동훈 책임연구관은 사정상 참여하지 못했다. 지은이들은 오랜 논의 끝에 동아일보에 연재된 24항목을 고치고 다듬는 것 이외에 새로 31항목을 지은이 6명이 나누어 추가 작성하기로 했다. 이렇게 총 55항목으로 헌법 전문부터 제39조까지 헌법총론과 기본권론을 완결적으로 설명하고자 했다. 국가조직론은 일반 대중이 헌법을 제대로 이해하는 데 중요도가 떨어진다고 판단하여 일단 빼고, 혹시 개정판을 내게 되면 추가 여부를 고민하기로 했다. 헌법재판연구원이라는 울타리에 함께 있던 지은이들은 이제 여러 곳으로 흩어졌다. 그래서 의견을 나누고 원고를 모으는 데 어려움이 많았다. 이것이 2019년 2월로 잡았던 출판이 늦어진 가장 큰 이유이다. 어쨌든 길고 긴 과정이 이제 마무리되었다. 아무쪼록 이 작은 책이 일반 대중이 헌법을 이해하는 데 조금이나마 도움이 되었으면 하는 마음 간절하다. 특히 헌법을 체계적으로 공부하고 싶은 대학생들에게 좋은 길잡이가 되었으면 한다. 쉽게 쓴다고 했는데 읽는 사람이 그러한 노력을 조금이라도 느낄 수 있을지 두렵다. 먼저 지은이들을 따뜻하게 품어 주셨던 김문현 전 헌법재판연구원장님께 감사의 말씀을 전한다. 그리고 이 책의 출판을 흔쾌히 허락해 주신 안종만 회장님과 출판의 기회를 선뜻 주신 이영조 팀장님 그리고 편집과 교정 때문에 많은 고생을 하신 편집부 황정원 님께 깊이 감사드린다.

부드러운 바람이 그립고 햇살이 무서워지는 오후에
새로운 설렘을 기다리며 지은이들 모두의 마음을 담아
허 완 중

차 례

0
헌법을 알아야 하는 이유

사람이 모여 사는 공동체가 유지되고 기능하려면 질서와 규칙이 있어야 한다. 국가라는 공동체도 마찬가지인데, 국가에 관한 기본적 규칙을 정한 법이 헌법이다. 오늘날에는 영국 같은 불문헌법국가를 제외하고는 성문의 헌법이 있는 것이 보통이다.

한 나라의 헌법은 그 나라가 추구하는 기본가치, 국가의 형태와 기본질서, 그것을 실현하기 위한 기본제도와 조직 그리고 구성원인 국민의 권리와 의무를 규정한다. 국민주권국가에서는 국민이 스스로 이러한 사항을 정하여 헌법에 담는다. 국민이 스스로 국가의 기본적 규칙을 정함으로써 국가의 성격을 정하고 국가기관을 조직하고, 권력을 제한하고 국민의 자유와 권리를 보장하려는 것이다. 이처럼 우리 헌법에는 우리가 지향하는 나라는 어떤 모습이고 그것을 실현하기 위해 국가기관이나 구성원이 어떻게 움직여야 하는지에 관한 우리 국민의 기본적 합의가 담겨 있다.

그런 점에서 헌법은 국가의 최고법이고, 법률이나 명령, 규칙과 같은 법은 헌법을 실현하는 헌법의 하위법이다. 그래서 한 나라의 법체계는 헌법을 정점으로 하여 위계질서를 이루고, 하위법인 법률이나 명령, 규칙은 헌법의 정신과 내용에 따라야 하고 이에 어긋나는 내용을 규정해서는 안 된다.

우리 헌법은 (과거 1919년 대한민국 임시정부 시절에 이미 성문의 헌법을 만든 바 있었지만) 해방 후 1948년 제정되었고, 9차례의 헌법 개정을 거쳐 현행헌법에 이르고 있다. 잦은 헌법개정사에서 볼 수 있듯이 과거 헌정 70여 년은 격동과 변화의 연속이었다. 권위주의 시대에는 헌법은 있었지만 사실상 헌법이 규범력이 없었고 장식에 불과한 때도 있었다. 정변으로 헌법이 침해되거나 정지되기도 하고, 인권이 보장되지 않고 헌법과 관계없이 대통령의 권위와 정치권력에 따라서 국정이 운영되던 시대도 있었다. 그러나 이제는 누구도 헌법 위에 군림할 수 없고, 헌법에 따라 국가권력이 행사되고 국민의 자유와 권리가 보장되는 시대가 되고 있다. 말하자면 헌법이 우리 생활 속에 살아 있는 법이 되고 있다.

이러한 변화는 헌법의 규범력을 보장하는 대표적 기관인 헌법재판소 판례들을 보면 쉽게 알 수 있다. 대통령 탄핵심판사건, 신행정수도건설사건, 통합진보당 해산사건 등과 같은 국가적 중대 사안부터 아버지의 성을 따르도록 한 부성주의민법규정, 동성동본금혼규정, 군필자 가산점제, 양심적 병역거부, 인터넷 실명제, 과외 금지, 최저생계보호기준, 간통죄처벌규정, 낙태죄처벌규정 등과 같은 국민 개개인의 일상생활에 관한 문제까지 우리 사회의 다양한 문제가 헌법문제로 제기된다.

그러나 이처럼 입헌주의가 정착되고 있다고 하지만 알게 모르게 헌법정신이나 가치가 무시되거나 침해되는 일도 빈번하게 일어난다. 국민대표기관으로서 대화와 타협을 통해 국가와 국민을 위한 최선의 정책을 찾아야 하는 국회는 정파적 이익에 따라 극단적으로 대립하거나 동물국회와 식물국회를 반복하여 의회정치의 정신을 몰각하고 있다. 국민의사를 수렴하고 국민 사이의 갈등을 수렴·통합하여야 할 정당정치는 국민 사이의 갈등과 대립을 부추기고 증폭시킨다. 견제와 균형에 바탕을 둔 권력분립의 헌법정신은 사라지고, 대통령의 권력이 비대해져 대통령이 바뀌면 국가의 모든 정책이 바뀌며, 정치적 중립성이 보장되어야 할 영역조차도 정치에 예속되게 만들고 있다. 국민에 대한 봉사자여야 할 공직자는 정파적 이익에 종속하거나, 관피아니 전관예우니 개발정보를 이용한 토지투기니 하여 공직을 자신의 사적 이익을 위해 이용하는 일도 계속된다.

이처럼 헌법정신이나 가치를 무시하거나 침해하는 일은 정치인이나 공직자뿐 아니라 일반 국민에 의해서도 발생한다. 민주주의가 다른 사람의 주장에 대한 존중과 관용을 전제로 하는데도 상대를 아예 부정하는 행태가 만연하고, 자신의 주장과 이익을 관철하기 위해 질서나 다른 사람의 권리와 이익을 무시하고 침해하는 일이 혼하다. 예를 들면 표현의 자유라는 이름으로 다른 사람의 명예나 인격을 훼손하거나 집회·시위의 자유라는 명분으로 법질서를 무시하는 일이 다반사다. 정치적 중립성이 보장되어야 하는 교육의 장까지 가르치는 사람의 편향된 정치성향이 아직 판단능력이 성숙하지 않은 아이들에게 그대로 전달되기도 한다. 자신의 가치관을 내세워 소수자의 인권을 무시하거나 침해하는 일도 혼하다. 때로는 낡은 이념이나 사상으로 헌법의 기본질서를 위협하는 집단이 나타나기도 한다.

이러한 문제는 헌법 해석의 차이에서 유래하기도 하지만 상당 부분 헌법이 기초하는 인권이나 민주주의, 법치주의, 의회주의, 권력분립 등에 관한 무지나 이를 무시하는 데에서 유래한다고 할 수 있다. 앞에서 보았듯이 우리 국민 스스로가 국가의 기본을 정하고 국가생활에서 지켜야 할 기본규칙을 정한 이상, 그것을 존중하고 지키며, 그것을 침해하는 적에 대해서는 맞서 싸우는 헌법의식과 의지가 무엇보다 중요하다고 하지 않을 수 없다. 그러기 위해 우리 헌법의 정신과 가치, 내용을 이해하는 것이 필수적이다.

그런 점에서 헌법교육은 시민교육의 핵심이라고 할 수 있고, 특히 자라나는 세대에 대한 헌법교육은 더욱 중요한 의미가 있다. 그래서 미국이나 독일 같은 나라에서는 헌법교육을 시민교육의 기본 내용으로 실시하고, 초중등교육은 말할 것도 없고, 대학 강의도 인간의 존엄과 민주적 기본질서를 핵심으로 하는 헌법적 가치나 질서에 어긋나서는 안 된다고 한다. 또한 공무원들에게는 헌법에 대한 충성선서를 요구하고, 시민권을 취득한 사람도 헌법에 충성할 것을 서약할 것을 요구한다.

한 나라의 헌정 수준은 그 나라 국민의 헌법의식과 헌법을 지키려는 의지에 따라서 정해진다. 아무리 좋은 헌법을 만들어도 국민이 그것을 잘 알지 못하고 스스로 헌법을 지키려는 의지가 없다면 그것은 장식품에 지나지 않게 된다. 그런 점에서 우리 사회가 인권이 존중되고 성숙한 민주주의가 실현되는 사회로 나아가려면 정치인이나 공직자는 물론이고 일반 국민도 헌법을 잘 이해하고 지키는 것이 무엇보다 중요한 과제라고 할 것이다.

1
헌법의 개념

2004년 헌법재판소는 수도를 이전하는 내용을 담은 신행정수도의 건설을위한특별조치법은 위헌이라고 선언했다. 헌법재판소는 이 결정에서 위 법률이 "대한민국의 수도는 서울이다."라는 관습헌법에 어긋난다는 것을 중요한 위헌 근거로 제시했다. 불문헌법에 해당하는 관습헌법도 성문헌법과 같은 효력이 있다는 것이다.

즉 헌법재판소는 "우리나라는 성문헌법을 가진 나라로서 기본적으로 우리 헌법전憲法典이 헌법의 법원法源이 된다. 그러나 성문헌법이라고 하여도 그 속에 모든 헌법사항을 빠짐없이 완전히 규율하는 것은 불가능하고 또한 헌법은 국가의 기본법으로서 간결성과 함축성을 추구하기 때문에 형식적 헌법전에는 기재되지 아니한 사항이라도 이를 불문헌법不文憲法 내지 관습헌법으로 인정할 소지가 있다. 특히 헌법제정 당시 자명自明하거나 전제前提된 사항 및 보편적 헌법원리와 같은 것은 반드시 명문의 규정을 두지 아니하는 때도 있다. 그렇다고 해서 헌법사항에 관하여 형성되는 관행 내지 관례가 전부 관습헌법이 되는 것은 아니고 강제력이 있는 헌법규범으로서 인정되려면 엄격한 요건들이 충족되어야만 하며, 이러한 요건이 충족된 관습만이 관습헌법으로서 성문의 헌법과 동일한 법적 효력을 가지는 것이다."라고 했다.

이러한 헌법재판소 결정과 관련하여 헌법이 무엇인지, 구체적으로 어떠한 법규범이 헌법적 효력이 있는지가 문제된다.

헌법은 본래 국가조직에 관한 법(국가조직법)을 가리켰다. 이러한 헌법을 '고유한 의미의 헌법'이라고 부른다. "국가 있는 곳에 헌법이 있다."라고 할 때 헌법이 바로 이것이다. 그러나 시민혁명 이후 국민주권이 자리 잡고 민주주의가 발전하면서 국민의 기본권 보호가 헌법의 유일한 목적으로 인정됐다. 그리고 기본권을 보호하기 위해서 국가권력을 통제할 필요성이 인정되어 권력을 나누어 남용하지 않도록 할 필요성이 대두했다. 그에 따라 기본권 보호와 권력분립에 관한 내용을 담은 헌법만을 헌법으로 보았다. 1789년 프랑스 인간과 시민의 권리선언 제16조는 "권리보장이 확보되지 아니하고 권력분립이 규정되지 아니한 사회는 헌법이 있다고 할 수 없다."라고 하여 이것을 명확하게 밝혔다. 이러한 헌법을 '근대적 의미의 헌법'이라고 한다. '현대적 의미의 헌법'은 근대적 의미의 헌법 기반 위에 국민의 자유와 권리를 실질적으로 보장하려고 사회복지제도와 사회적 시장경제질서, 헌법재판제도 등을 도입한 헌법이다. 따라서 현대적 의미의 헌법은 헌법의 규범력 효력을 강화하려는 데 그 취지가 있다(근대적 의미의 헌법을 수정한 것에 불과하다).

헌법은 국가 안에서 최고법이다. 국가 안에는 헌법을 비롯하여 법률, 명령, 규칙, 조례 등 다양한 효력이 있는 법규범이 있다. 이러한 국내법 중에서 헌법은 모든 법의 기초로서 어느 법규범보다 효력에서 우위에 있다. 그래서 헌법에 어긋나는 법규범은 효력을 잃는다. 헌법이 최고법인 이유는 주권자인 국민이 합의하여 최고법의 지위를 부여했기 때문이다. 헌법의 유일한 목적은 기본권 보호에 있고, 기본권을 보호하는 수단이 바로 국가이며, 헌법은 국가법질서의 기초로서 국가가 나아가야 할 방향을 제시해야 한다. 따라서 헌법은 ① 국민의 기본권 보장과 이를 보장하기 위한 ② 국가의 기본이념과 ③ 국가조직에 관한 국민적 합의를 규범화한 국가의 최고법이다.

담고 있는 내용과 무관하게 오로지 헌법 형식을 갖췄는지를 기준으로 헌법인지를 판단할 때, 이를 '형식적 의미의 헌법'이라고 한다. 형식적 의미의 헌법은 다른 모든 법규범보다 효력이 우위에 있는지를 결정하는 유일한 기준이다. 즉 형식적 의미의 헌법에 속하는 내용만 헌법적 효력이 있다. 1987년 10월 29일 공포되고 1988년 2월 25일 발효된 현행 대한민국 헌법이 이에 해당한다. 헌법이라는 이름이 붙어야 헌법인 것은 아니다. 헌법이 아닌 다른 이름이 붙어도 헌법 형식을 갖추면 형식적 의미의 헌법에 해당한다. 예를 들어 독일 헌법의 이름은 기본법이다.

어떤 형식을 갖추는지와 상관없이 오로지 담고 있는 내용만을 기준으로 헌법인지를 판단할 때, 이것을 '실질적 의미의 헌법'이라고 한다. 보통 국가 최고기관의 구성방식, 그들 서로 간의 관계, 개인의 국가권력에 대한 원칙적인 지위를 헌법으로 규율할 사항이라고 한다. 실질적 의미의 헌법에는 다양한 규범적 효력이 있을 수 있다. 그래서 실질적 의미의 헌법이라는 것이 헌법적 효력이 있다는 것을 뜻하지 않는다.

헌법전이라는 문서 형식으로 만들어진 헌법이 성문헌법이다. 문서 형식으로 존재하지 않는 헌법은 불문헌법이라고 한다. 헌관습법이 이에 해당한다. 헌관습법은 헌법사항을 담은 관습법이다. 관습법은 일반적으로 그리고 계속 반복된 사실적 관행이 법적 확신을 얻음으로써 성립하는 불문법이다. 따라서 헌관습법은 실질적 의미의 헌법이다.

국가 안의 법규범이 어떠한 효력이 있는지는 내용이 아니라 형식에 따라서 결정된다. 어떠한 법이 어떠한 내용을 담아야 하는지는 정해져 있지 않기 때문이다. 따라서 어떠한 내용에 헌법적 효력이 있는지는 오로지 헌법을 제정하고 개정하는 국민의사에 좌우된다. 이러한 국민의사는 정해진 형식과 절차를 통해서만 표시된다.

불문헌법에 속하는 것은 헌관습법이다. 관습헌법이라는 용어는 민관습법이나 상관습법, 행정관습법, 국제관습법처럼 ○관습법이라고 부르는 일반적인 용례에 들어맞지 않는다. 그리고 "대한민국의 수도는 서울이다."가 관습법이 되려면 일반적으로 그리고 계속 반복된 사실적 관행이라는 객관적 요건과 법적 확신이라는 주관적 요건을 함께 갖추어야 한다. 관행 성립과 관련하여 군주제국가인 조선과 대한제국의 수도라는 것이 공화국인 대한민국과 연결될 수 있는지가 의문일 뿐 아니라 식민지 조선의 수도는 일본 동경이었다는 점에서 객관적 요건이 충족되기 어렵다. 그리고 헌법재판소 결정 이전에 "대한민국의 수도는 서울이다."를 법으로 확신하는 사람이 국민 일반이었는지는 더욱 의문이다. 더하여 헌법의 효력은 국민이 헌법이라는 형식으로 절차적 확정을 한 헌법전에만 인정된다는 점에서 헌법전에서 아무런 실마리를 찾을 수 없는 "대한민국의 수도는 서울이다."에 헌법의 효력을 인정하기 어렵다. 그래서 헌법재판소가 관습헌법을 빌미로 국민의 헌법제·개정권력을 찬탈했다는 비판이 있다.

2
헌법의 특성

헌법

제1조 제1항 대한민국은 민주공화국이다.

　　　　제2항 대한민국의 주권은 국민에게 있고, 모든 권력은 국민으로부터 나온다.

제10조 제2문 국가는 개인이 가지는 불가침의 기본적 인권을 확인하고 이를 보장할 의무를 진다.

제103조 법관은 헌법과 법률에 의하여 그 양심에 따라 독립하여 심판한다.

제107조 제1항 법률이 헌법에 위반되는 여부가 재판의 전제가 된 경우에는 법원은 헌법재판소에 제청하여 그 심판에 의하여 재판한다.

　　　　제2항 명령·규칙 또는 처분이 헌법이나 법률에 위반되는 여부가 재판의 전제가 된 경우에는 대법원은 이를 최종적으로 심사할 권한을 가진다.

독일 기본법

제20조 제3항 입법은 헌법질서에 구속되고, 집행과 사법은 법률과 법에 구속된다.

미국 연방헌법

제6조 제2항 이 헌법, 헌법에 따라 제정되는 합중국 법률과 합중국 권한에 따

라 체결되거나 앞으로 체결될 모든 조약은 국가의 최고법규이고, 모든 주의 법관은 이에 구속되며, 주의 헌법이나 법률에 어긋나는 규정이 있어도 그것에 구속되지 아니한다.

일본 헌법

제98조 제1항 이 헌법은 국가의 최고법규로서 이에 어긋나는 법률, 명령, 조직과 국무에 관한 그 밖의 행위 전부나 일부는 효력이 없다.

헌법도 법인가? 헌법이 그 밖의 법과 다른 점은 무엇일까?

법은 그 성립형식에 따라 다양하게 분류할 수 있다. 헌법, 법률, 대통령령, 총리령, 부령 그리고 국회규칙, 대법원규칙, 헌법재판소규칙, 중앙선거관리위원회규칙, 조례와 규칙 같은 자치법규, 심지어 조약 같은 국제법규까지 법의 형식은 매우 다양하다. 그중에서도 헌법을 다른 법형식과 구별하게 하는 헌법의 특별한 성질이 있다. 말하자면 헌법에만 있는 성질이거나 유독 헌법에서 강하게 드러나는 성질이 있다. 그것을 헌법의 특성이라고 부른다. 헌법의 최고규범성이나 추상성, 개방성, 자기보장성, 정치성 등이 헌법의 특성으로 인정된다. 헌법이 무엇인지를 이해하는 일은 헌법의 특성을 제대로 아는 것에서 시작한다.

헌법의 최고규범성은 국가의 모든 법규범 중에서 헌법이 가장 강한 효력이 있다는 것을 뜻한다. 이것을 '헌법 우위'라고도 한다. 흔히 헌법을 '법 중의 법'이라고 할 때, 그것은 바로 헌법의 최고규범성을 얘기한다. 헌법의 최고규범성 때문에 헌법에 근거하는, 국가의 모든 법규범과 국가행위는 헌법에 어긋나서는 안 되는 법적 한계가 있다. 법률은 국회에서 제정하는 아주 중요한 법형식인데, 이것도 헌법에 어긋나서는 안 된다. 헌법에 어긋나는 법률을 '위헌법률'이라고 하고, 상위법인 헌법에 어긋나는 법률이 그 효력을 유지하여 국가생활을 규율하게 두어서는 안 된다. 이러한 법률의 위헌성을 확인하여 그 효력을 상실하게 하는 절차를 규범통제라고 부른다. 헌법재판의 대표적인 유형인 위헌법률심판제도와 같은 규범통제는 헌법의 최고규범성에 근거하여 인정된다.

헌법의 최고규범성으로 말미암아 자연스럽게 인정되는 것이 바로 헌법의 추상성과 개방성이다. 헌법의 추상성은 헌법 조문이 대체로 추상적이라는 것이다. 예를 들어 헌법 제1조 제1항은 대한민국이 민주공화국임을 규정하지만, 민주공화국이 무엇인지는 명확하지 않다. 그리고 헌법 제22조처럼 모든 국민은 예술의 자유가 있다고 규정하지만, 구체적으로 예술이 무엇인지, 예술에 해당하지 않아서 예술의 자유로 보호되지 못하는 것이 무엇인지를 헌법 제22조에서 파악하기는 어렵다. 이처럼 헌법을 추상적인 형태로 마련하는 이유는 한 나라의 최고법이 너무 구체적이면 헌법이 경직된 법질서가 되어 버리고, 어떤 새로운 변화가 요구될 때마다 매번 헌법을 개정해야 하는 어려움이 있기 때문이다. 게다가 헌법을 개정하는 일이 쉽지 않다는 것을 고려하면 그렇게 경직된 헌법은 거꾸로 그 기능을 잘 발휘할 수도 없다. 국민의 합의를 요건으로 하는 헌법을 만들거나 고칠 때 세세한 내용까지 모두 합의하여야 한다면 그 작업이 매우 어렵거나 심지어 불가능해지는 것도 그 이유이다. 그래서 헌법은 앞날의 변화에 법질서가 능동적으로 대처할 수 있도록 추상적이고 개방적인 규범적 특성이 있다. 이것은 결국 헌법이 최고법으로서 기능을 계속 발휘하기 위해서도 필요하다.

우리 현실 속에서 다양한 위법행위가 발생하듯이 헌법을 위반하고 침해하는 일도 언제든 일어날 수 있다. 특히 헌법은 국가권력이 조직되고 작동하는 정치과정을 직접 규율하다 보니 오히려 헌법을 누구보다 잘 지켜야 할 정치인이나 국가권력의 담당자가 헌법을 무시하거나 침해하기 쉽다. 그런데 헌법보다 위에 있는 법이나 권력이 없어서 헌법에 어긋나는 행위에서 헌법을 보호하는 방법이 헌법밖에 없다는 특징이 있다. 예를 들어 법률에 어긋나는 행위에 대해서는 헌법 스스로 법원의 재판절차와 같은 사법제도를 만들어 법률의 효력을 지켜낼 수 있다. 하지만 헌법에 어긋나는 행위에 대해서는 헌법 스스로 헌법을 보호할 방법을 마련할 수밖에 없다. 이러한 헌법의 특성을 헌법의 자기보장성이나 자기보장규범성이라고 부른다. 그래서 헌법은 '권력분립원칙'을 채택하여 권력 사이의 견제와 균형을 도모하고, 헌법재판제도를 마련하여 위헌적 국가작용을 통제한다.

그 밖에 헌법은 정치과정 속에서 만들어지고 정치를 그 규율대상으로 한다는 점에서 헌법의 정치성도 그 특성으로 인정된다. 헌법은 정치과정에서 발생하는 다양한 정치적 이해관계를 조정하고 타협한 결과물이다. 하지만 헌법이 정치과정을 통제하고 규율하는 궤도로서 기능을 수행함으로써 법치국가원리가 완성된다.

3
헌법의 제정과 개정

1948년 헌법 전문

  유구한 역사와 전통에 빛나는 우리들 대한국민은 기미 삼일운동으로 대한민국을 건립하여 세계에 선포한 위대한 독립정신을 계승하여 이제 민주독립국가를 재건함에 있어서 정의인도와 동포애로써 민족의 단결을 공고히 하며 모든 사회적 폐습을 타파하고 민주주의제제도를 수립하여 정치, 경제, 사회, 문화의 모든 영역에 있어서 각인의 기회를 균등히 하고 능력을 최고도로 발휘케 하며 각인의 책임과 의무를 완수케하여 안으로는 국민생활의 균등한 향상을 기하고 밖으로는 항구적인 국제평화의 유지에 노력하여 우리들과 우리들의 자손의 안전과 자유와 행복을 영원히 확보할 것을 결의하고 <u>우리들의 정당 또 자유로히 선거된 대표로써 구성된 국회에서 단기 4281년 7월 12일 이 헌법을 제정한다.</u>

헌법 전문

  유구한 역사와 전통에 빛나는 우리 대한국민은 3·1운동으로 건립된 대한민국임시정부의 법통과 불의에 항거한 4·19민주이념을 계승하고, 조국의 민주개혁과 평화적 통일의 사명에 입각하여 정의·인도와 동포애로써 민족의 단결을 공고히 하고, 모든 사회적 폐습과 불의를 타파하며, 자율과 조화를 바탕으로 자유민주적 기본질서를 더욱 확고히 하여 정치·경제·사회·문화의 모든 영역에 있어서 각인의 기회를 균등히 하고, 능력을 최고도로 발휘하게 하며, 자유와 권리에 따르는 책임과 의무를 완수하게 하여, 안으로는 국민생활의 균등한 향상을 기하고 밖으로는 항구적인 세계평화와 인류공영에 이바지함으로써 우리들과 우리들의 자손의 안전과 자유와 행복을 영원히 확보할 것을 다짐하면서 <u>1948년 7월 12일에 제정되고 8차에 걸쳐 개정된 헌법을 이제 국회의 의결을 거쳐 국민투표에 의하여 개정한다.</u>

제128조 제1항　헌법개정은 국회재적의원 과반수 또는 대통령의 발의로 제안된다.

제129조　제안된 헌법개정안은 대통령이 20일 이상의 기간 이를 공고하여야 한다.

제130조 제1항　국회는 헌법개정안이 공고된 날로부터 60일 이내에 의결하여야 하며, 국회의 의결은 재적의원 3분의 2 이상의 찬성을 얻어야 한다.

　　　제2항　헌법개정안은 국회가 의결한 후 30일 이내에 국민투표에 붙여 국회의원선거권자 과반수의 투표와 투표자 과반수의 찬성을 얻어야 한다.

민족을 같이하거나 정치적 운명을 함께하려는 사람들이 모여 새로 국가를 세우거나 기존 국가와 전혀 다른 국가로 새 출발을 하려고 할 때는 먼저 사람들이 원하는 새 국가의 바탕이 되는 규범질서를 만들어야 한다. 이를 헌법 제정이라고 한다. 미리 탄탄하게 준비한 설계도가 없이는 원하는 대로의 모양과 쓰임새가 있는 집을 지을 수 없듯이, 국가도 헌법 없이는 국민의 뜻대로 만들어지고 기능하기 어렵기 때문이다.

오늘날 국민주권원리와 민주주의를 보편적으로 받아들인다. 따라서 주권자인 국민이 헌법을 만드는 주체임을 누구도 부정하지 않는다. 그러나 국민이 헌법을 만들었다고 최초로 선언한 프랑스 인권선언(1789년, 인간과 시민의 권리선언)이나 미국 연방헌법(1789년)은 프랑스 대혁명과 미국 독립전쟁의 성과물이다. 여기서 보듯이 국민이 헌법을 제정할 권력이 있다는 자명한 사실은 인류의 오랜 역사적 투쟁의 산물이다. 우리 헌법도 예외가 아니다. 대한제국이 일제日帝에 강제로 점령당하고 나서 1919년 3·1 혁명으로 분출된 국민의 독립의지를 모아 대한민국 임시정부를 수립했다. 그리고 해방 후 대한민국 임시정부를 계승한 1948년 헌법 전문에 이르러서야 비로소 "우리들 대한국민은 … 정당 또 자유로이 선거된 대표로써 구성된 국회에서 … 이 헌법을 제정한다."라고 선언함으로써 우리 역사에서 처음으로 국민의 손으로 헌법을 만들었다.

헌법은 한 국가의 조직과 운영 그리고 주권자인 국민의 권리를 정한 국가생활의 기본틀이다. 그래서 그것이 현실에 맞지 않는다거나 사회변화에 따르지 못한다고 하여 그때그때 고칠 수는 없다. 기본틀을 빈번히 바꾸면 국정이 안정적으로 운영되지 못하고, 국민은 모든 생활영역에서 법적 혼란을 겪을 수밖에 없어 헌법의 권위와 헌법에 대한 신뢰가 약화할 것이기 때문이다. 그러나 정치상황이 바뀌고 국민의 생활감각이 달라져 더는 헌법이 현실을 충실히 반영하지 못하게 되면, 그 괴리가 너무 커지기 전에 이를 없애거나 좁혀주어야 헌법이 제 기능을 계속 발휘할 수 있다.

헌법과 현실의 괴리를 좁히는 방법은 먼저 헌법을 현실에 맞게 새롭게 해석하고 의미를 채워나감으로써 헌법 스스로 현실에 적응하도록 하는 것이다. 어떤 법률이 시행되는 과정에서 점차 그 내용이 풍부해지고 적용범위가 넓어지는 것처럼 헌법도 현실에 맞추어 그 의미와 내용이 달라진다. 이를 헌법 변천이라고 한다. 오늘날 국가가 개인의 금전거래나 질병정보 등 민감한 개인정보를 수집·관리하고 이를 이용한다. 이러한 상황에서 헌법재판소는 개인정보자기결정권이라는 새로운 기본권을 헌법 제10조와 제17조의 해석을 통해 도출한다. 이로써 국가에게서 개인정보를 보호하는 것이 헌법 변천에 해당한다. 그런데 헌법 변천의 방법은 비정상적이거나 위헌적인 관행이나 현실을 헌법 내용으로 포섭하거나 이로 말미암아 헌법의 본래 의미가 변질하거나 왜곡되어 헌법의 규범력이 심각하게 손상되는 상황에 이를 수도 있다. 그러기 전에 현실에 맞도록 명시적으로 헌법을 고쳐야 한다.

헌법과 현실의 괴리를 없애려고 헌법이 정하는 절차에 따라 기존 헌법을 필요한 범위에서 명시적으로 수정·삭제하거나 추가하는 것을 헌법 개정이라고 한다. 원래 헌법을 그대로 유지하면서 현실과 다르거나 새로운 사회상황에 대응하려고 필요한 범위에서 헌법을 고친다는 점에서 헌법 제정과 구별된다. 헌법 개정을 통해 원래 헌법과 동일성을 유지하면서 사회변화나 국가과제에 대응하여 헌법이 발전한다.

정치적 다수와 소수의 변화에 따라 헌법이 쉽게 개정되는 것을 방지하려고 우리 헌법을 비롯하여 대부분 국가의 헌법에서는 헌법 개정을 일반적인 법률 개정보다 어렵게 한다. 전체 국회의원 과반수나 대통령 발의로 제안된 헌법개정안은 개헌에 대한 국민의 공감대 및 의견 형성을 위해 20일 이상 공고과정을 거쳐 전체 국회의원 2/3 이상 동의로써 국회 의결을 얻어야 하고, 국민투표로 확정된다. 전체 국회의원 과반수가 아니라 2/3 이상 동의를 요구함으로써 여당만이 아니라 야당의 지지를 얻어야 하고, 주권자인 국민이 최종적으로 찬성해야 헌법 개정이 이루어진다.

헌법 개정은 원래 헌법을 유지하면서 필요한 부분만 헌법이 정하는 절차에 따라 이를 고치는 것이다. 당연히 헌법 개정은 기존 헌법과 동일성이 유지되어야 한다는 한계가 있다. 따라서 헌법 제정 당시 주권자인 국민이 헌법을 통해 합의한 인간의 존엄과 가치, 자유민주적 기본질서의 핵심적 내용은 헌법 개정 이후에도 그대로 유지되어야만 한다. 인간을 국가목적을 실현하기 위한 수단으로 삼는 전체주의나 권력분립 대신 권력집중을 국가조직원리로 이해하는 인민민주주의를 헌법 개정을 통해서 채택할 수 없는 이유이다.

4
헌법사

헌법 전문

유구한 역사와 전통에 빛나는 우리 대한국민은 3·1운동으로 건립된 대한민국임시정부의 법통과 불의에 항거한 4·19민주이념을 계승하고, 조국의 민주개혁과 평화적 통일의 사명에 입각하여 정의·인도와 동포애로써 민족의 단결을 공고히 하고, 모든 사회적 폐습과 불의를 타파하며, 자율과 조화를 바탕으로 자유민주적 기본질서를 더욱 확고히 하여 정치·경제·사회·문화의 모든 영역에 있어서 각인의 기회를 균등히 하고, 능력을 최고도로 발휘하게 하며, 자유와 권리에 따르는 책임과 의무를 완수하게 하여, 안으로는 국민생활의 균등한 향상을 기하고 밖으로는 항구적인 세계평화와 인류공영에 이바지함으로써 우리들과 우리들의 자손의 안전과 자유와 행복을 영원히 확보할 것을 다짐하면서 1948년 7월 12일에 제정되고 8차에 걸쳐 개정된 헌법을 이제 국회의 의결을 거쳐 국민투표에 의하여 개정한다.

대한민국 임시헌장 선포문(1919년 4월 11일)

신인일치神人一致로 중외협응中外協應하야 한성漢城에 기의起義한지 삼십유일三十有日에 평화적 독립을 삼백여주三百餘州에 광복하고 국민의 신임으로 완전히 다시 조직한 임시정부는 항구완전한 자주독립의 복리로 아자손려민我子孫黎民에 세전世傳키 위하여 임시의정원의 결의로 임시헌장을 선포하노라.

대한제국이 1910년 일제에 강제로 점령당하고 나서, 1919년 3·1 혁명으로 분출된 국민의 독립의지를 모아 대한민국 임시정부를 수립했다. 비록 영토와 주권이 불법적으로 침탈된 상태에서 임시로 만든 헌법(대한민국 임시헌장)이었지만, 임시헌장은 국민주권원리, 의회주의, 권력분립원칙, 기본권 보장 등을 명시한 우리 역사 최초의 입헌주의헌법이었다.

1945년 일제의 식민지 상태에서 벗어나 남한 지역에 진주한 미국 군정 통치를 거쳐 1948년 5월 10일 국제연합(UN) 감독 아래 국회의원 총선거를 통해 제헌국회를 구성했다. 그리고 헌법기초위원회를 조직하여 헌법을 제정하는 작업에 본격적으로 착수했다. 1948년 6월 23일 헌법 초안이 본회의에 상정되어 심의와 독회를 마치고 나서 7월 12일 제헌의원 전원이 이에 찬성함으로써 헌법안이 확정됐다. 이어 7월 17일 국회의장이 이를 공포함으로써 대한민국 헌법이 효력을 발생했다. 이로써 1948년 8월 15일 대한민국 정부 수립을 위한 법적 기초를 마련했다. 이와 함께 대한민국 헌정사의 첫 페이지가 시작됐다.

1948년 헌법은 국민이 헌법 제정의 주체로 참여한 최초의 헌법이다. 그뿐 아니라 오랜 전제왕권 시대를 종식하고 3·1 혁명을 통해 대한민국을 건립한 독립정신을 계승한 입헌민주주의헌법이다. 그리고 일제가 강제한 산업화를 통해 발생한 고용, 분배 등 각종 사회경제적 문제에 국가가 방관하지 않고 적극적으로 개입·조정해야 할 책무를 지는 현대 사회국가적 헌법의 성격도 아울러 분명히 밝혔다. 그러나 외부세력이 강제로 단절한 국민국가 재건과 이념적으로 분열된 국민을 통합해야 하는 어려운 과제를 헌법 제정 과정에서 모두 해결할 수는 없었다. 그래도 정부형태를 두고 제헌국회에서 극심한 논란 끝에 대통령제를 선택한 것을 비롯하여 좌우의 이념적 갈등을 고려하여 경제에 대한 국가 개입과 규제의 포괄적 근거를 두었다.

첫 번째 헌법 개정은 6·25 전쟁 중인 1952년에 있었다. 이승만이 대통령으로 재선되려면 국회를 통한 간선제보다는 직선제가 유리했다. 총선거에서 승리한 야당은 대통령제 대신 의원내각제를 강력히 요구했다. 따라서 이들이 제출한 개헌안을 발췌하여 대통령제와 의원내각제의 요소를 기계적으로 절충한 개정안으로 헌법을 개정했다. 이는 전시상황에서, 공고절차를 생략한 시기적·절차적 문제점도 있었지만, 권력유지 방편으로 헌법 개정을 악용하는 좋지 못한 선례도 낳았다.

1954년 헌법 개정도 그 목적은 정권연장이었다. 이승만은 계속 집권을 위해서 대통령의 '1차 중임' 제한을 헌법 공포 당시의 대통령에게는 적용하지 않도록 하는 내용의 부칙조항을 골자로 하는 개헌안을 제출했다. 그러나 헌법 개정에 필요한 전체 국회의원(203명) 3분의 2인 136명에 이르지 못하는 135명 찬성으로 부결됐다. 이에 여당인 자유당 의원들만 참석한 상황에서 이른바 '사사오입四捨五入'에 따라 135명으로 의결정족수를 충족한다고 하여 다시 개헌안 가결을 선포했다. 절차적으로 잘못된 것일 뿐 아니라 초대 대통령에 한해 예외를 설정한 것으로 평등원칙에도 어긋나는 문제가 있었다.

1960년 헌법 개정은 3·15 부정선거에 항거한 4·19 혁명의 소산으로 여야가 합의로 개정한 최초의 헌법 개정이다. 대통령의 계속 집권을 위한 개헌과 선거 부정에 대한 반성으로 의원내각제 정부형태를 채택했다. 이를 위한 전제조건으로 직업공무원제도와 정당에 대한 보호를 헌법에 명문으로 규정했다. 그리고 선거 부정을 막으려고 헌법기관으로 중앙선거관리위원회를 설치하고, 사법기능의 독립성과 중립성을 강화하려고 대법원장과 대법관의 선거제도를 두었으며, 그동안 정치권력에 무력했던 헌법의 규범력을 강화하려고 헌법재판소 제도를 도입했다. 이어 네 번째 개헌이 있었다. 3·15 부정선거 등 반민주행위자에 대한 소급처벌, 재산환수 등의 헌법적 근거를 마련하기 위한 것이었다. 헌정질서를 파괴한 책임자에 대한 단죄라는 측면에서 헌법적 의미가 있다. 그러나 다른 한편 소급입법에 따른 처벌 등과 관련하여 일반적인 법원리에 어긋난다는 지적이 있었다.

1961년 발생한 5·16 군사쿠데타는 1960년 헌법의 효력을 사실상 정지했다. 쿠데타 세력은 초헌법적인 성격의 국가재건비상조치법을 만들어 국가재건최고회의를 구성하고 이를 통해 입법·집행·사법을 포괄하는 막강한 국가권력을 행사했다. 군사정부는 국가재건비상조치법에 따로 헌법을 개정하는 절차를 규정하고, 이에 근거하여 개헌안을 마련하여 국민투표를 거쳐 1962년 12월 26일 이를 공포했다. 1960년 민주당 정권 당시 내각의 불안정을 이유로 정부형태를 다시 대통령제로 환원했다. 1963년과 1967년에 대통령으로 당선된 박정희는 1차 중임조항을 개정하여 계속 재임을 3기로 연장하는 3선 개헌을 했다(제6차 헌법 개정).

1971년 3선에 성공한 박정희는 북한의 남침 위협 증대를 이유로 국가비상사태를 선언했다. 이어 1972년에는 전국에 비상계엄을 선포하여 국회를 해산하고 비상국무회의가 국회 기능을 대신하는 이른바 '10월 유신'을 선포했다. 그 후 비상국무회의가 기초한 헌법개정안을 국민투표에 부쳐 제7차 헌법 개정을 단행했다. 박정희의 영구집권을 위해서 주권적 수임기관으로 통일주체국민회의를 설치하여 이에 대통령선출권을 부여했고, 대통령에게 초헌법적 긴급조치권과 국회해산권, 대법원장을 비롯한 모든 법관의 임명권 등을 부여하여 대통령 권한을 헌정사에 유례없이 강화했으며, 신체의 자유 등 국민의 기본권을 약화함과 동시에 헌법위원회를 두어 대통령 등 국가권력에 대한 사법적 통제를 무력화했다.

1979년 10월 26일 김재규 중앙정보부장이 박정희 대통령을 살해하자 유신체제는 종언을 고했다. 민주화를 위한 국민의 열망이 분출되는 가운데 12·12 사태와 5·18 민주화운동을 거쳐 전두환을 중심으로 하는 신군부세력이 국가보위비상대책위원회(국보위)를 통해 권력을 장악했다. 그리고 국보위가 마련한 개헌안을 국민투표를 거쳐 확정하고 1980년 10월 27일 공포·시행했다(제8차 헌법 개정). 대통령의 장기집권을 방지하기 위해서 중임을 금지하고 임기를 7년으로 했다. 그러나 대통령선출권을 국민에게 돌려주지 않고 선거인단을 통해 선출하는 간선제를 유지했다.

1980년 좌절된 국민의 민주화 요구는 1987년 대통령 직선제 등 민주헌법 쟁취를 위한 국민운동으로 구체화했다. 이는 6월 항쟁을 거쳐 제9차 헌법 개정으로 이어졌다. 1960년 헌법에 이은 여야가 합의한 개헌으로 대통령 직선제 채택과 함께 5년 단임제를 규정하고, 전문에서 대한민국 임시정부의 법통 계승을 명시함과 아울러 헌법전의 편제에서도 정부(대통령)의 장 앞에 국회의 장을 두어 내용뿐 아니라 형식적으로도 국회 권한을 강화했다. 그리고 명목상 최고법에 불과했던 헌법의 규범력을 강화하려고 헌법재판소를 설치하여 국민의 기본권 보장과 헌법 우위를 사법적으로 관철하고, 급속한 경제성장에 따른 경제력 집중과 부의 편중을 방지하려고 국가 역할을 강조했다.

1987년 헌법은 개헌 이후 30년이 지난 지금도 여전히 안정적으로 근본규범으로서 기능을 유지하고, 헌법재판소의 헌법해석을 통해 새로운 사회문제에 탄력적으로 대응하며, 정치과정에서 발생하는 극단적 대립을 헌법의 틀 안에서 정치적으로 그리고 사법적으로 무난히 해결하는 것으로 평가된다.

5
국호 대한민국

2002년 제17회 한일 월드컵에서 우리는 붉은 물결 속에서 박수와 함께 '대한민국'을 목청 놓아 부르며 하나가 됨을 만끽했다. 이후 축구를 넘어 다양한 종목에서 국가대표가 경기하면 우리는 온 힘을 다해 '대한민국'을 외치고 또 외친다. 하나의 목소리로 나라 이름을 부르는 낯선 응원에 외국 사람들은 놀라면서도 부러워한다.

그런데 그렇게 외치는 국호 대한민국은 헌법상 어떠한 의미가 있을까? 그리고 국호 대한민국은 무슨 뜻을 담고 있을까?

국호는 나라의 이름으로, 나라를 다른 나라와 구별하여 부르는 말이다. 즉 국호는 나라를 부르는 고유한 호칭이다. 국호는 나라가 품은 지역을 가리키는 말일 수도 있고, 그 지역에 사는 민족이나 주민을 부르는 말일 수도 있다. 그리고 국호는 나라의 기본성격을 확정하는 기본결단을 담기도 한다.

우리나라 국호는 1948년 8월 15일 처음 헌법을 만든 이후 줄곧 '대한민국'이다. '대한'이라는 국호는 1897년 10월 13일 '대한제국'이 선포되면서 처음 사용했다. '대한민국'이라는 국호는 1919년 대한민국 임시정부에서 사용한 것에서 비롯한다. 우리나라 정식국호는 '대한민국'이나 편의상 '대한'이나 '한국'이라는 약칭을 쓸 수 있다. 그러나 북한 정권과 구별 지으려고 '조선'은 사용하지 못한다.

1948년 헌법을 만들면서 '대한'의 의미를 밝히거나 그에 특별한 의미를 부여한 것은 확인되지 않는다. '대한'은 '대한제국'에서 비롯했으므로 먼저 '대한제국'의 '대한'이 어떻게 이해됐는지를 살펴보자.

고종은 1897년 황제 자리에 오르면서, "짐은 생각건대, 단군과 기자 이후로 강토가 분리되어 각각 한 지역을 차지하고는 서로 패권을 다투어 오다가 고려 때에 이르러서 마한, 진한, 변한을 통합했으니, 이것이 '삼한'을 통합한 것이다. 우리 태조가 왕위에 오른 초기에 국토 밖으로 영토를 더욱 넓혀 북쪽으로는 말갈의 지경까지 이르러 상아, 가죽, 비단을 얻게 됐고, 남쪽으로는 탐라국을 차지하여 귤, 유자, 해산물을 공납으로 받게 됐다. 사천 리 강토에 하나의 통일된 왕업을 세웠으니, 예악과 법도는 당요와 우순을 이어받았고 국토는 공고히 다져져 우리 자손들에게 만대토록 길이 전할 반석 같은 터전을 남겨 주었다. …… 국호를 '대한'으로 정하고 이해를 광무 원년으로 삼으며, 종묘와 사직의 신위판을 태사와 태직으로 고쳐 썼다."라고 했다.

'대한'에서 '한'은 고유한 민족 명칭으로서 사대주의 청산을 뜻한다. 그리고 '대한민국'이 '대한제국'의 '대한'에서 비롯한 것은 대한제국을 잇는다는 것, 구체적으로 대한제국의 영토와 국민 그리고 그 권리와 의무를 승계함을 가리킨다. '제국'을 버린 것에서 전제군주제는 계승하지 않음이 명확하다. '대한'의 '한'은 한이지만, 옛날처럼 작은 한이 아니라 커다란 한이라는 뜻이다. 즉 '대한'은 한강 이남의 좁은 나라가 아니라 삼한, 즉 옛 삼국(즉 고구려, 백제, 신라)의 영토를 아우르는 큰 나라라는 뜻이다. 따라서 '대한'은 두 글자가 합쳐져 나라 이름이 된 것으로 결코 대명이나 대영처럼 높이는 의미로 '대'를 붙인 것이 아니다. 즉 '대'자는 분열된 한이 대통합하여 이루어진 '큰' 한이나 '전' 한이나 '모든' 한을 가리킨다. 결국 '대한'은 '대통합이 된 한국'을 뜻한다. 즉 '대한'은 한민족 모두를 아우르는 국가라는 뜻이다.

'민국'이라는 용어는 영·정조 시대에 '백성은 나라의 근본'이라는 서경의 민유방본民惟邦本을 기초로 만들어져 조정에서 일반적으로 사용됐다. 그리고 고종 시대에 들어서는 정부 안팎에서 관민공용어로 널리 대중화했고, 대한제국 14년 동안에는 모든 일간신문에서 일상어로 정착했다. 또한 일반적으로 사용됐던 '대한(제)국'과 '민국'이라는 두 단어가 자연스럽게 결합하여 익명인 대중이 집단으로 대중적 국호인 '대한민국'을 창작했다. '민국'은 백성에 속한 나라, 즉 백성의 나라(국민의 국가)로서 신분제국가(양반국가)에 대비되는 백성(국민)과 국가가 하나인 평등한 탈신분제적 국민국가(평민국가)를 뜻한다. 따라서 '민국'은 민주국가나 민주공화국이 아니라 '국가가 아우르는 모든 사람을 위한 국가'로 풀이할 수 있다. 이러한 '민국' 개념을 1919년 대한민국 임시정부가 수용하여 국호로 삼은 것이고, 이것을 1948년 헌법이 이어받아 현행 헌법까지 이어진다. 이러한 '민국' 개념에는 국민주권 개념이 포함되지 않는다. 즉 '민국'은 국가권력을 '국민을 위해서' 행사해야 한다는 뜻은 포함하지만, 국가권력을 '국민' 스스로 행사해야 한다는 것은 담지 않는다. 따라서 '민국'은 공화국은 물론 군주국으로도 실현될 수 있다. 그래서 헌법 제1조는 대한민국이 공화국임을 선언하고 주권을 국민에게 부여하는 것이다. 민국이 공화국의 의미를 담았다면, 군주제 폐지를 뜻하여 반역에 해당할 수밖에 없는 대한'민국'이라는 국호는 대한제국 시절에 절대 사용될 수 없었을 것이다.

이러한 논의를 정리하면, '대한민국'은 '한민족을 중심으로 구성된 국민 모두를 위한 국가'로 이해할 수 있다. 지금 우리는 국호 대한민국을 당연한 것으로 여기지만, 1948년 헌법을 처음 만들 때 고려, 조선, 신한 등의 국호와 함께 놓고 격렬한 논쟁을 벌여 '대한민국'이 국호로 확정됐다. 그리고 '대한'이라는 국호는 대한제국이 일제에 강점되면서 빼앗겼다가, 1919년 대한민국 임시정부가 수립되면서 되찾아 '대한민국'이 국호로서 공식적으로 등장했다는 점도 잊지 말아야 한다. 이때 대한으로 망했으니 대한으로 흥하자는 주장이 있었다.

국호는 국가를 상징한다. 국가상징은 실체로 존재하지 않는 국가를 가시화한다. 국가상징으로서 국호의 주된 기능은 국민을 하나로 묶는 것이다. 우리는 '대한민국'을 외치며 본능적으로 그것을 확인한다.

6
국가의 목적으로서 안전보장

헌법 전문

　유구한 역사와 전통에 빛나는 우리 대한국민은 3·1운동으로 건립된 대한민국임시정부의 법통과 불의에 항거한 4·19민주이념을 계승하고, 조국의 민주개혁과 평화적 통일의 사명에 입각하여 정의·인도와 동포애로써 민족의 단결을 공고히 하고, 모든 사회적 폐습과 불의를 타파하며, 자율과 조화를 바탕으로 자유민주적 기본질서를 더욱 확고히 하여 정치·경제·사회·문화의 모든 영역에 있어서 각인의 기회를 균등히 하고, 능력을 최고도로 발휘하게 하며, 자유와 권리에 따르는 책임과 의무를 완수하게 하여, <u>안으로는 국민생활의 균등한 향상을 기하고 밖으로는 항구적인 세계평화와 인류공영에 이바지함으로써 우리들과 우리들의 자손의 안전과 자유와 행복을 영원히 확보할 것을 다짐하면서</u> 1948년 7월 12일에 제정되고 8차에 걸쳐 개정된 헌법을 이제 국회의 의결을 거쳐 국민투표에 의하여 개정한다.

헌법
제5조 제1항　대한민국은 국제평화의 유지에 노력하고 침략적 전쟁을 부인한다.
　　　제2항　국군은 국가의 안전보장과 국토방위의 신성한 의무를 수행함을

사명으로 하며, 그 정치적 중립성은 준수된다.

제10조 제2문 국가는 개인이 가지는 불가침의 기본적 인권을 확인하고 이를 보장할 의무를 진다.

제34조 제6항 국가는 재해를 예방하고 그 위험으로부터 국민을 보호하기 위하여 노력하여야 한다.

제36조 제3항 모든 국민은 보건에 관하여 국가의 보호를 받는다.

제37조 제2항 국민의 모든 자유와 권리는 국가안전보장·질서유지 또는 공공복리를 위하여 필요한 경우에 한하여 법률로써 제한할 수 있으며, 제한하는 경우에도 자유와 권리의 본질적인 내용을 침해할 수 없다.

2017년 6월 19일 부산광역시 기장군 고리에 있는 고리 원전 1호기가 영구정지됐다. 문재인 대통령은 이 자리에서 신고리원자력발전소 5, 6호기 건설 중단을 검토하고 추가 원전을 짓지 않겠다고 발언했다. 이른바 '탈원전 선언'이었다. 이후 신고리원자력발전소 5, 6호기의 공사가 3개월 동안 중단됐다. 이후 시민 배심원단으로 구성된 공론화위원회는 신고리원자력발전소 5, 6호기 공사 재개를 결정하면서 원자력발전소를 축소하는 쪽으로 에너지 정책을 결정하도록 권고했다.

안전은 피해나 위험이 없음을 가리킨다. 구체적으로 안전은 지금 피해가 없고 나타나지 않은 위험에서 벗어난 상태나 위험이 없다고 여기는 상태이다. 여기서 위험은 인간이 살아가는 데 해가 되는 모든 것을 가리킨다. 전쟁과 테러처럼 인간이 일으키든 태풍, 지진, 해일 같이 자연이 일으키든 가리지 않는다. 모든 위험이 사라진 절대적 안전은 인류역사상 한 번도 없었다. 따라서 안전은 위험수위가 아주 낮은 단계로 이해된다. 즉 안전은 상대적인 안전으로서 위험을 적절하게 관리하는 상태로 볼 수 있다. 이때 안전과 관련하여 누구의 안전인지가 문제된다. 헌법의 목적이 국민의 기본권을 보호하는 것이라는 점에서 국민의 안전이 헌법에서 다루는 안전임에는 의문이 없다.

근대국가의 목적은 국가를 통해서 국민 서로 간의 안전을 지키는 것이었다. 국민이 서로 이리가 되어 싸우는 자연상태에서 벗어나려고 자신의 권리 일부를 국가에 주고 안전을 보장받은 것이다. 이것이 홉스가 말하는 안전국가이다. 안전보장은 그때부터 지금까지, 아니 국가가 만들어지면서 시방까지 국가의 기본임무이다. 그래서 4·16

세월호 참사에서 국민을 구하지 않는 국가를 보고 '이게 나라냐'라고 절규한 것이다. 안전을 보장한다고 권력을 독점한 국가는 이내 타락하여 국민을 보호하기는커녕 국민에게 가장 무서운 적이 됐다. 이에 국민은 국가권력을 법이라는 객관적 제도에 구속하게 하고 국가권력을 여러 개로 나누어 각기 다른 국가기관에 줌으로써 자신의 기본권을 보장하고자 했다. 이것이 시민혁명으로 탄생한 시민적 법치국가이다. 시민적 법치국가는 사유재산권과 자유시장 보장에 치중하여 결과적으로 가진 사람만 보호하는 결과를 낳았다. 이에 따라 가지지 못한 사람은 생존에 필요한 최소한도 얻기 힘든 상황에 이르렀다. 여기서 시민적 법치국가는 사회적 법치국가에 자리를 내주었다. 가진 사람에게 일부 양보를 얻어 가지지 못한 사람의 최소한의 삶을 보장하려고 한 것이다. 이러한 개혁을 통해서 국가는 쉼 없는 발전을 계속했다. 과학기술 발전과 산업화는 우리에게 전에 없는 풍요를 안겨주었지만, 환경 파괴라는 끔찍한 결과를 낳았다. 이에 대응하여 사회적 법치국가는 다시 환경국가로 나아가고 있다.

안전을 위협하는 위험은 국가 안에서도 나타나지만, 국가 밖에서도 나타난다. 국가 밖에서 오는 위험을 제거하는 것이 외적 안전이다. 흔히 이것은 국가안전보장이라는 이름으로 나타난다. 과거에는 외부의 군사적 위험, 즉 외국과 벌이는 전쟁에서 국민과 영토를 보호하는 것이 문제였다. 하지만 최근에는 전쟁 위험은 줄어든 대신에 외국에 있는 국민을 보호하고, 군사적 공격을 넘어 경제적 공격에 어떻게 대처할 것인지가 문제된다. 국가 안의 위험과 관련한 안전이 내적 안전이다. 내적 안전은 국가 안에서 공공질서를 형성하고 유지하여 내적 평화를 확보하는 것을 말한다. 이것은 질서유지로 표현된다. 먼저 범죄와 폭력에 대처하는 것이 내적 안전에 속한다. 보통 경찰은 내적 안전을 지키는 것이, 군대는 외적 안전을 지키는 것이 기본임무이다. 그러나 요즘에는 알 카에다나 이슬람국가처럼 테러가 국경을 넘어 벌어지면서 내적 안전과 외적 안전을 구별하기가 쉽지 않다.

한국에서는 국가가, 특히 군사정권이 '안보'라는 이름 아래 위험의 상시화를 강조하거나 지나치게 과장했다. 안보의 지나친 강조는 안보가 '안전보장'의 준말임도 잊게 하곤 한다. 북한보다 월등히 많은 천문학적인 국방비를 수십 년 동안 쏟아붓고도 여전히 한국은 북한의 위협 아래 있다고 한다. 이러한 위험 강조는 국가행위의 손쉬운 정당화를 끌어내면서 자유와 권리를 쉽게 축소했다. 그러나 4·16 세월호 참사에서 보듯이 국민이 맞닥뜨리는 다양한 일상의 위험에 정부가 얼마나 관심을 주고 대비해 왔는지는 의문이다.

산업혁명 이후 눈부신 산업화와 과학기술 발전의 뒷면에 인류생존을 위협하는 위험원이 끊임없이 창출되는 위험사회가 출현했다. 더욱이 대한민국은 압축 성장을 추구하면서 위험과 안전 문제를 거의 거들떠보지 않았다. 오직 외형적인 성장만을 개발과 발전의 지표로 삼은 폭압적 근대화에 매달렸다. 한국에서는 산업화나 근대화가 새로운 위험을 발생시키기도 했지만, 그렇다고 해서 전통적인 기존 위험이 사라진 것은 아니다. 성장 우선이 빚은 돌진적 성장이 오히려 기존 위험을 키우거나 숨겼을 뿐이다. 4·16 세월호 참사도 이러한 위험이 극단적으로 표출된 것으로 볼 수 있다. 따라서 한국은 이중 위험사회로 보아야 한다.

싼 전기라고 선전하던 원자력발전은 몇 세대가 안고 가야 할 핵폐기물을 쏟아낸다. 그러한 핵폐기물을 처리하는 데 드는 비용은 추산된 것만도 어마어마하다. 이러한 비용을 생각하면 원자력발전은 싸지 않고 비싸도 너무 비싼 전기를 생산한다. 오히려 당장 작은 이익 때문에 오랜 기간 너무나 큰 위험을 안고 살게 되는 것은 아닐까? 마치 당장 돈을 내지 않는다고 신용카드를 마구 긁다가 빚의 굴레에 빠지는 것처럼 우리는 눈앞의 이익에 집착하여 안전이라는 엄청난 비용에 무심했던 것은 아닐까? 자기 집 앞에 핵폐기장 짓는 것은 결사반대하면서 대한민국 어딘가에 핵발전소를 짓는 것에는 왜 그리 관대하고 태평한가? 안전에 관해서 우리는 몇 번씩 돌다리를 두드려야 한다. 때로는 돌다리를 여러 차례 두드리다가도 건너가지 않는 것이 현명할 수도 있다. 위험은 감수하는 것보다 피하는 것이 우선이다.

7
민주주의원리(민주원리, 민주국가원리)

헌법

제1조 제1항   대한민국은 민주공화국이다.

   제2항   대한민국의 주권은 국민에게 있고, 모든 권력은 국민으로부터 나온다.

조소앙이 기초한 가헌법(1919년 4월 10일)

제1조   조선공화국은 북미합중국의 정부를 방倣하여 민주정부를 채택함.

중추원 관제 개정 건(제국 칙령 제36호: 1898년 11월 2일)

중추원은 아래에 열거한 사항을 심사하고 의정議定하는 곳으로 할 것이다.

1. 법률法律, 칙령勅令의 제정과 폐지 혹은 개정하는 것에 관한 사항

2. 의정부議政府에서 토의를 거쳐 임금에게 상주하는 일체 사항

3. 칙령에 따라 의정부에 문의하는 사항

4. 의정부에서 임시 건의하는 것에 대하여 문의하는 사항

5. 중추원에서 임시 건의하는 사항

6. 백성들이 의견을 올리는 사항

중추원의 직원은 의장議長 1인, 부의장副議長 1인, 의관議官 50인, 참서관參

書官 2인, 주사主事 4인으로 정한다.

의장은 대황제 폐하가 글로 칙수勅授하고, 부의장은 중추원에서 공천에 따라 폐하가 칙수하며, 의관은 그 절반은 정부에서 나라에 공로가 있었던 사람을 회의에서 상주하여 추천하고 그 절반은 인민 협회人民協會 중에서 27세 이상 되는 사람이 정치政治, 법률法律, 학식學識에 통달한 자를 투표해서 선거할 것이다.

의장은 칙임관勅任官 1등이고, 부의장은 칙임관 2등이며, 의관은 주임관奏任官인데 등급을 주는 것은 없고 임기는 각각 12개월로 정할 것이다. 단 의관은 임기가 차기 한 달 전에 후임 의관을 미리 뽑을 것이다. 참서관은 주임관이고 주사는 판임관判任官이니 등급을 주는 것은 일반 관리와 같이 할 것이다.

민주주의와 각 국의 장정 및 공의당에 대한 역해(한성순보 1884년 2월 7일)

상고하건대, 서양 각 국에서 행한 여러 가지 제도의 가장 중요한 요점으로 움직일 수 없는 기초는 나라를 다스리는 주권이 국민에게 있고, 모든 권력이 국민에게서 나와 시행되는 것이다. 그 근본원인은 모든 사람은 평등하기 때문이다. 위로 하늘을 우러르고 아래로 땅을 굽어볼 때 햇빛이 빛나는 것은 해가 있기 때문이요, 바람이 불고 비가 내려 만물이 윤택하게 된 것은 바람과 비가 있기 때문이다. 추우면 옷이 필요하고 배가 고프면 음식을 찾는 것은, 따뜻하고 배부른 정은 귀천이 다 같기 때문이다. 임금과 신하라 해서 손발과 이목이 더 길거나 많지 않고, 서민이라고 해서 이목과 손발이 적거나 짧지 않다. 이로 보아 나라를 다스리는 법 역시 백성에게서 나와야지 한 사람이 주관할 것이 아니다. 그러나 민중의 권한을 한 사람에게 모아 한

나라의 통치자가 되는 것이니, 이것이 바로 국왕을 공거公擧하게 된 기원이
며 보좌하는 관원 역시 이런 예이다.

2016년 겨울, 최순실 국정농단 사건으로 연인원 1,500만 명이 넘는 국민이 광화문 광장 일대에서 촛불집회를 열었다. 나이 드신 분들은 1960년 4·19 혁명이나 1980년 5·18 민주화운동, 1987년 6·10 민주항쟁 같은 사건을 떠올리기도 하겠지만, 그 당시 집회는 규모도 이보다 작았을 뿐 아니라 과거에는 정권에 반대한다는 이유로 많은 사람이 목숨을 잃었다. 그런데 이 촛불혁명은 규모 측면에서나 평화와 질서 측면에서 세계를 놀라게 했을 뿐 아니라 헌법과 법률을 위반한 대통령 탄핵이라는 성과 측면에서 대한민국 민주주의가 한 단계 더 도약하는 계기가 됐다고 평가된다. 실로 국민 스스로 자신이 주권자임을 확인함으로써 성취한 민주주의의 발전이라고 할 수 있다.

아리스토텔레스가 인간을 정치적 동물이라고 표현했듯이, 우리 삶은 좋든 싫든 정치를 떠나서 영위될 수가 없다. 하지만 어떤 정치를 추구할 것인지는 얼마든지 우리 선택에 달려 있다. 역사상 다양한 정치형태가 있었지만, 이제는 민주주의야말로 '좋은 정치'를 상징하는 것이 됐다. 민주주의의 고향은 고대 아테네였지만, 이제 민주주의는 그것을 훨씬 뛰어넘어 인권을 존중하는 국가라면 당연히 취할 수밖에 없는 정치체제가 됐다. 어느 나라든 민주주의를 표방하지 않는 나라가 없다는 사실은 그다지 놀라운 일이 아니다. 민주주의는 실로 우리에게 가장 중요하고 좋은 정치형태로 인식되지만, 민주주의가 무엇인지를 알기도 어렵고 민주주의에 맞게 우리의 삶과 정치를 실현해 나가는 것은 여전히 어려운 일이다.

민주주의를 뜻하는 Democracy는 민중을 뜻하는 Demos와 지배를 뜻하는 Kratein을 합한 말이며, 한마디로 '민중의 지배'를 뜻한다.

민주주의국가에서 국민은 단순히 국가 구성원에 그치는 것이 아니라 국가의 주인이며 주권자이다. 민주주의는 주권자인 국민이 자신의 정치질서와 공동체적 사안에 관해서 스스로 결정할 수 있다는 뜻이 있는 국가질서의 구성원리이다. 헌법은 제1조 제1항에서 대한민국은 '민주공화국'이라고 하고, 제2항에서 대한민국의 '주권'은 국민에게 있다고 선언함으로써 민주주의를 헌법의 기본원리로 채택한다.

하지만 실제로 민주주의를 어떻게 실현해야 하는지의 문제는 간단하지가 않다. 현실적으로 모든 국민이 각자 생업을 제쳐 두고 국가공동체의 중요 사안을 일일이 직접 결정할 수 없다. 그래서 민주주의의 핵심인 '국민의 자기 지배'는 국민에게서 민주적 정당성을 부여받은 '대표'가 대신 의사를 결정하는 '대표의 지배', 즉 대의제 형식으로 실현된다. 이를 대의민주주의라고 한다. 헌법은 대의민주주의에 따라서 국가의사를 결정하고 실현하는 데 필요한 국가조직을 구성한다. 국회의원으로 구성된 국회, 대통령을 수반으로 하는 정부, 법관으로 구성된 법원, 재판관으로 구성된 헌법재판소 등의 대표가 국민을 대신하여 국정을 이끌어 나가는 국가조직에 해당한다. 각각의 국가조직에서 정도 차이는 있겠지만, 그들이 보유하는 모든 국가권력이 국민에게서 나오는 권력이며, 궁극적으로 '국민을 위해서' 행사해야 하는 공통점이 있다. 특히 대통령과 국회의원은 국민의 손으로 직접 선출하도록 함으로써 그 권한과 책임의 크기에 상응하는 수준의 인적 민주적 정당성이 있다.

대의민주주의 아래에서 국민대표는 국민의사에 구속되지 않으면서 스스로 국정에 관한 사항을 판단하고 결정할 권한이 있다. 이를

'자유위임'이라고 한다. 그러다 보니 대표가 내린 결정이 언제나 국민 의사에 부합하는 것은 아니며, 극단적으로는 국민과 동떨어진 정치라고 비판을 받기도 한다. 그래서 대의민주주의가 국민의사에서 멀어지지 않도록 헌법은 국민의 정치 참여를 다양하게 보장하고 국정을 통제할 수 있는 제도를 마련하기도 한다.

대표적으로 국민의 참정권을 기본권으로 보장한다. 국민은 대표를 직접 선출할 수 있는 선거권이 있고, 국민 스스로 국정을 담당할 수 있는 공무담임권이 있다. 특히 '선거'를 민주주의의 꽃이라고 부르기도 한다. 민주주의 실현은 대표 선출과 함께 시작하기도 하지만, 어떤 대표를 선출하느냐의 문제는 민주주의 성패를 좌우하기 때문이다. 그리고 선거 자체가 민주적이려면 국민의사가 대표 선출에 잘 반영될 수 있도록 선거제도를 마련하는 것이 중요하다. 그래서 헌법은 선거에서도 보통, 평등, 직접, 비밀선거의 원칙을 직접 규정하고, 자유롭고 공정한 선거를 보장하기 위하여 선거관리위원회를 둔다. 특히 국민은 후보자를 잘 알 수 있어야 하는데, 선거운동의 자유는 후보자에 대한 국민의 알 권리를 보장하는 데 매우 중요하다.

정당제도도 민주주의 실현에 중요한 요소이다. 국민의 의사가 다양한 만큼 이것을 수렴하고 결집해 국정에 반영할 조직적 방법이 필요한데, 그것이 바로 정당이다. 그래서 현대 민주주의를 정당민주주의라고 부르기도 한다. 비록 현실에서 정당은 국민의 의사를 대변하기는커녕 정치인의 정권 획득에만 열을 올리는 것이 아니냐는 비판을 받기도 한다. 그런데도 정당 없이는 민주주의가 불가능한 것도 사실이다. 그래서 정당을 없애기보다는 정당을 민주화하는 것이 더 바람직하다. 먼저 민주적인 정당제도를 위해 복수정당제를 보장하는 것이 중요하다. 다양한 이념의 정당이 자유롭게 결성되고 활동할 수 있어야 하며, 크고 작은 정당 사이의 차별을 최소화하는 것도 필요하다. 그리고 당내 의사 결정 과정이 민주적이어야 하고, 국민의 정치적 의사를 형성하고 반영하는 데 적합한 정당 조직을 갖추는 것도 중요하다. 결국 정당 자체를 민주화하지 않고서는 민주주의 자체가 실현되기 어렵기 때문이다.

국민의 다양한 생각이 정치적 의사로 표출되고 그것을 결집하려면 '언론·출판의 자유'나 '집회의 자유', '결사의 자유'도 중요하다. 국민 의사가 표출되고 여론이 형성되는 데 신문이나 방송의 역할과 보도의 공정성이 중요하지만, 최근에는 누리망internet 발달로 새로운 매체의 역할이 중요해졌다. 누리 소통망SNS을 통해 국민은 정보를 직접 모으고 서로 교환한다. 그러다 보니 오히려 검증되지 않은 정보가 나타나기도 하면서 사실 확인 필요성이 드러나기도 한다.

특히 언론·출판의 자유나 집회의 자유는 어떤 사회의 민주주의 수준을 가늠하는 척도가 되기도 한다. 비민주적인 국가일수록 언론·출판의 자유나 집회의 자유를 과도하게 제한하여 국민의사를 억압하기 때문이다. 그리고 국민의 다양한 정치적 의사는 여러 시민단체를 통해서 조직되기도 한다. 정당이 제 역할을 못 하면 시민이 자발적으로 단체를 조직하여 국정을 비판함으로써 민주주의가 건강하게 유지될 수 있다. 최근에는 참여민주주의나 심의민주주의라는 이름으로 시민의 정치 참여를 확대하고 특정한 국정 현안에 시민이 좀 더 심도 있게 의사를 반영할 수 있도록 제도를 마련하기도 한다. 예를 들어 시민공론화위원회가 그러하다. 다만, 이러한 참여나 심의 확대 요구에도 여전히 국민대표의 최종적인 결정이 불가피한 것도 사실이다.

민주주의원리를 실현할 때 대의민주주의 아래에서 대표의 의사를 견제할 민주적 방법과 국민 참여를 어떻게 확대하고 보장할 것인지의 문제가 헌법적으로 중요하다. 국가와 국민의 이익을 실현하려면 대표의 자유로운 판단과 결정권을 확보해야 한다. 하지만 그것이 자칫 국민의사에서 동떨어진 결정이 되지 않도록 끊임없이 국민의사가 표출되고 조직되고 반영될 제도를 함께 마련하고 시행하는 것도 헌법적으로 중요한 관심 사항이다.

8
법치국가원리

헌법

제13조 제1항 모든 국민은 행위시의 법률에 의하여 범죄를 구성하지 아니하는 행위로 소추되지 아니하며, 동일한 범죄에 대하여 거듭 처벌받지 아니한다.

제59조 조세의 종목과 세율은 법률로 정한다.

제64조 제1항 국회는 법률에 저촉되지 아니하는 범위안에서 의사와 내부규율에 관한 규칙을 제정할 수 있다.

제75조 대통령은 법률에서 구체적으로 범위를 정하여 위임받은 사항과 법률을 집행하기 위하여 필요한 사항에 관하여 대통령령을 발할 수 있다.

제95조 국무총리 또는 행정각부의 장은 소관사무에 관하여 법률이나 대통령령의 위임 또는 직권으로 총리령 또는 부령을 발할 수 있다.

제103조 법관은 헌법과 법률에 의하여 그 양심에 따라 독립하여 심판한다.

제107조 제1항 법률이 헌법에 위반되는 여부가 재판의 전제가 된 경우에는 법원은 헌법재판소에 제청하여 그 심판에 의하여 재판한다.

제2항 명령·규칙 또는 처분이 헌법이나 법률에 위반되는 여부가 재판의 전제가 된 경우에는 대법원은 이를 최종적으로 심사할 권한을 가진다.

제113조 제2항 헌법재판소는 법률에 저촉되지 아니하는 범위안에서 심판에 관한 절차, 내부규율과 사무처리에 관한 규칙을 제정할 수 있다.

제114조 제6항 중앙선거관리위원회는 법령의 범위안에서 선거관리·국민투표관리 또는 정당사무에 관한 규칙을 제정할 수 있으며, 법률에 저촉되지 아니하는 범위안에서 내부규율에 관한 규칙을 제정할 수 있다.

제117조 제1항 지방자치단체는 주민의 복리에 관한 사무를 처리하고 재산을 관리하며, 법령의 범위안에서 자치에 관한 규정을 제정할 수 있다.

대한민국 임시헌장(1919년 4월 11일)

제2조 대한민국은 임시정부가 임시의정원의 결의에 의하야 차此를 통치함.

대한국 국제(1899년 8월 17일)

제6조 대한국 대황제는 법률을 제정하여 그 반포와 집행을 명하고, 대사·특사·감형·복권 등을 명한다.

홍범14조(1894년 12월 12일)

제6조 납세는 법으로 정하고 함부로 세금을 징수하지 않는다.

제13조 민법과 형법을 명확하게 제정하고, 인민의 생명과 재산을 보전한다.

법치국가란 사람이 아니라 법이 다스리는 나라다. 우리는 일상에서 계약서를 쓰는 일이 많지 않다. 그냥 사람을 보고 거래한다. 그래도 집을 사고팔 때는 계약서를 쓴다. 소소한 것은 사람을 믿고 거래할 수 있지만, 자신의 전부나 다름없는 집을 거래할 때는 사람이 아니라 돈을 주겠다는 계약서를 믿고 거래를 한다. 국가권력의 문제, 즉 지배자와 피지배자의 관계도 마찬가지다. 권력자가 되기 전에 한 약속을 권력자가 되고 나서 지킨다는 보장이 없다. 사람은 화장실에 들어갈 때와 나올 때가 다르다는 말도 있다. 그래서 국민은 사람이 아니라 법이 지배하는 국가가 필요하다.

법이 지배하는 국가라면 모든 국가권력은 법을 따라야 한다. 원래 법은 여러 부족과 지방 귀족의 권력을 하나로 통합하고 왕권을 강화하기 위한 수단이었다. 고대국가의 왕은 '율령律令'이라는 법을 반포해 부족마다 또는 지역마다 다른 법을 하나로 통일했다. 그럼으로써 자신의 영지나 지역에서 왕이나 다름없던 귀족의 힘을 통제했다. 귀족과 백성이 모두 왕이 만든 법을 지켜야 했는데, 왕과 왕족이 스스로 법을 지키지 않는다면 아무도 그 법을 따르지 않을 것이다. 그래서 왕도 법을 지켜야 했다. 법치국가는 법이 모든 국가권력을 통제하는 국가를 말한다.

오늘날 민주주의 국가에서 왕은 곧 국민이다. 민주주의 국가에서 법은 마땅히 국민의 자유와 생명, 재산을 지켜야 한다. 우리 헌법은 법이 보호해야 할 국민의 자유와 권리를 비교적 자세히 규정한다. 그러나 전체 국민의 자유와 생명, 재산을 지키기 위해서 불가피하면 어떤 사람의 자유와 권리를 제약하거나 박탈할 수도 있다. 국가가 만일 그런 일을 해야 한다면, 오직 법으로, 즉 국민의 대표가 만든 법률에 따라서만 할 수 있다. 헌법 제37조 제2항은 국가안전보장, 질서유지 또는 공공복리를 위하여 '법률로써' 모든 국민의 자유와 권리는 제한될 수 있다고 규정한다. 법률로 국민의 자유와 권리를 제한할 수 있더라도 그것은 꼭 '필요한 경우'에만 할 수 있고 자유와 권리의 본질적 내용까지 침해할 수 없다고 규정한다.

법치국가에서 누군가의 자유와 권리를 제약하거나 박탈할 때는 법이 정한 적정한 절차를 따라야 한다. 다른 국민의 생명과 자유, 재산 등에 해를 끼친 범죄자가 있다고 하자. 그는 형법에 따라서 처벌받아야 한다. 그러나 법치국가는 공정한 재판을 거치지 아니하고는 그에게 형벌을 가하지 않는다. 재판을 통해 범죄가 입증되지 않은 사람은 아직 범죄자가 아니기 때문이다. 국가는 재판으로 범죄가 확정되기 전에는 그를 범죄자로 취급해서는 안 된다. 그리고 범죄자일지도 모르는 사람을 교도소에 가두거나 진실을 밝히기 위하여 그의 소지품이나 집을 수색할 때도 영장이나 적부심사와 같이 법이 정한 일정한 절차를 거쳐야 한다. 법치국가에서 국가권력을 통제하는 법과 절차는 국민의 자유와 생명, 재산을 지키기 위해 존재한다.

현대 민주주의 국가에서 법을 만들고(입법), 법을 집행하고(집행), 법을 해석하는(사법) 사람이 각각 다르다. 옛날 왕은 이 모든 것을 혼자서 했다. 그러다 보니 나라에 법이 있어도 임금 한 사람이 지배하는 국가가 되기 쉬웠다. 법이 있어도 자기 편의대로 새로운 법을 만들고, 그 법을 마음대로 집행하고, 그렇게 법을 해석하면, 사람들은 법이 아니라 왕의 뜻이 무엇인지에 주목하게 된다. 그럼 법에 의한 지배가 아니라 왕에 의한 지배가 된다. 그래서 국가권력을 한 사람이나 한 기관이 독점하지 않도록 법치국가는 국가권력을 나누어 놓는다. 제일 먼저 법을 해석하는 일은 왕이나 귀족이 아니라 법원과 재판소에 맡겼다. 그러나 왕이 새로운 법을 만들고 집행하면 속수무책이었다. 그래서 국가권력이 법에 따라 공평하고 정의롭게 행사되도록 법을 만드는 사람과 법을 집행하는 사람도 구별했다. 둘 중 한 사람은 케이크를 자르고(집행), 다른 한 사람은 나누어진 케이크 중 어떤 것을 먹을지 정한다면(입법), 케이크는 최대한 공평하게 나누어질 것이다. 그래서 법치국가는 법이 공평하게 집행될 수 있도록 국가권력을 나누고 서로 견제하게 할 필요가 있다. 이를 '권력분립'이라고 한다. 프랑스 인권선언 제16조는 어느 사회든 권리보장이 안 되고 권력분립이 되지 아니한 사회는 헌법이 없는 것이라고 한다. 권력분립이 이루어지지 않은 나라는 오늘날 법치국가라고 할 수 없다.

9
사회국가원리

헌법 전문

    유구한 역사와 전통에 빛나는 우리 대한국민은 3·1운동으로 건립된 대한민국임시정부의 법통과 불의에 항거한 4·19민주이념을 계승하고, 조국의 민주개혁과 평화적 통일의 사명에 입각하여 정의·인도와 동포애로써 민족의 단결을 공고히 하고, 모든 사회적 폐습과 불의를 타파하며, 자율과 조화를 바탕으로 자유민주적 기본질서를 더욱 확고히 하여 정치·경제·사회·문화의 모든 영역에 있어서 각인의 기회를 균등히 하고, 능력을 최고도로 발휘하게 하며, 자유와 권리에 따르는 책임과 의무를 완수하게 하여, <u>안으로는 국민생활의 균등한 향상을 기하고</u> 밖으로는 항구적인 세계평화와 인류공영에 이바지함으로써 우리들과 우리들의 자손의 안전과 자유와 행복을 영원히 확보할 것을 다짐하면서 1948년 7월 12일에 제정되고 8차에 걸쳐 개정된 헌법을 이제 국회의 의결을 거쳐 국민투표에 의하여 개정한다.

헌법
제10조 제1문 모든 국민은 인간으로서의 존엄과 가치를 가지며, 행복을 추구할 권리를 가진다.
제23조 제2항 재산권의 행사는 공공복리에 적합하도록 하여야 한다.

제33조 제1항 근로자는 근로조건의 향상을 위하여 자주적인 단결권·단체교섭권 및 단체행동권을 가진다.

제34조 제1항 모든 국민은 인간다운 생활을 할 권리를 가진다.

　　　　제2항 국가는 사회보장·사회복지의 증진에 노력할 의무를 진다.

제119조 제2항 국가는 균형있는 국민경제의 성장 및 안정과 적정한 소득의 분배를 유지하고, 시장의 지배와 경제력의 남용을 방지하며, 경제주체간의 조화를 통한 경제의 민주화를 위하여 경제에 관한 규제와 조정을 할 수 있다.

헌법 제10조는 "모든 국민은 인간으로서의 존엄과 가치를 가지며, 행복을 추구할 권리를 가진다."라고 규정한다. 이 조항은 매우 중요한 의미가 있다. 여기서 말하는 '인간으로서의 존엄과 가치'는 헌법의 모든 조항을 관통하여 관철되어야 하는 최고 이념이라고 하여도 손색이 없을 만큼 중요하기 때문이다. 대한민국이 그리고 헌법이 존재하는 이유가 바로 헌법 제10조의 이 한 문장에 담겨 있다. '인간으로서의 존엄과 가치'가 헌법의 최고 이념이라고 한다면 헌법의 모든 조항은 당연히 이 이념에 맞도록 해석되고 적용되어야 한다. 그런데 이 이념은 그 의미가 매우 추상적이어서 개개의 헌법 조항을 해석·적용할 때 지침으로 기능하기가 쉽지 않다. 따라서 최고 이념과 개개 헌법 조항을 이어줄 기본원리가 필요하다. 헌법의 모든 조항을 관통할 수 있는 기본원리가 무엇인지에 관해서는 헌법학자마다 견해가 다르다. 하지만 민주주의원리(민주원리, 민주국가원리), 법치국가원리(법치주의), 사회국가원리는 모든 학자가 공통으로 꼽는 헌법의 기본원리이다. 이 세 개의 원리가 헌법의 기본원리라는 점은 헌법재판소도 인정한다.

그런데 민주주의원리와 법치국가원리는 굳이 길게 설명하지 않아도 그리고 헌법에서 이를 명확히 규정하지 않더라도 헌법의 기본원리라는 점을 어렵지 않게 알 수 있다. 우리나라가 민주주의국가이고 법치국가라는 점을 부정할 국민은 없기 때문이다. 이와 비교하여 사회국가원리는 말 자체가 생소할 뿐 아니라 헌법 어디에도 대한민국이 사회국가라고 규정하지도 않아서 도대체 이것이 무엇을 뜻하는지를 알기가 매우 어렵다.

하지만 사회국가가 어떠한 국가인지에 관한 헌법재판소 설명을 들어보면 왜 헌법학자들이 사회국가원리를 헌법의 기본원리라고 꼽는지를 알 수 있다. 헌법재판소는 "사회국가란 한마디로, 사회정의의 이념을 헌법에 수용한 국가, 사회현상에 대하여 방관적인 국가가 아니라 경제·사회·문화의 모든 영역에서 정의로운 사회질서의 형성을 위하여 사회현상에 관여하고 간섭하고 분배하고 조정하는 국가이며, 궁극적으로는 국민 각자가 실제로 자유를 행사할 수 있는 그 실질적 조건을 마련해 줄 의무가 있는 국가이다."라고 한다. 몇몇 단어가 매우 어렵게 느껴지지만 이를 더 간단하게 표현하면 사회현상, 즉 사회문제에 관해서 국가가 방관하지 않고 그것을 해결하려고 적극적으로 개입하여 사회정의를 실현하려는 국가라고 할 수 있다. 여기서 사회문제란 일자리 문제, 도시 문제, 농촌 문제, 주택 문제, 소득 격차 문제, 빈곤 문제, 장애인 문제, 여성 문제, 고령자 문제 등을 가리킨다. 이러한 사회문제는 사회적·경제적 구조나 제도의 결함에서 생긴다. 따라서 그 해결을 각 개인의 책임에 맡기면 효과적으로 해결할 수 없다. 우리가 아는 것처럼 대한민국 정부는 수립 이래로 이러한 사회문제를 해결하려고 큰 노력을 한다는 점에서 대한민국을 사회국가라고 할 수 있다. 아마도 현대를 살아가는 사람들 대다수는 국가가 이러한 사회문제를 해결하려고 노력해야 한다는 것을 당연하다고 생각할 것이다.

그렇다면 헌법에는 대한민국이 사회국가라는 점이 어떻게 표현되어 있을까? 위에서 언급한 바와 같이 헌법에는 대한민국이 사회국가라고 기술하는 조항은 없다. 그런데도 헌법의 기본원리로서 사회국가원리를 꼽을 수 있는 것은 헌법 제31조부터 제36조까지 다양한 사회권을 규정하기 때문이다. 예를 들어 헌법 제34조에는 제1항에서 인간다운 생활을 할 권리를 모든 국민의 기본적 권리로 규정하면서, 제2항에서 국가는 사회보장·사회복지의 증진에 노력할 의무를 진다고 하고, 제3항부터 제5항까지는 구체적으로 여성, 노인, 청소년, 신체장애인, 생활능력이 없는 사람과 같은 이른바 사회적 약자에 대해서 국가가 적극적으로 보호하고 배려할 것을 규정한다. 헌법 제34조와 같은 사회권은 국가에 대해서 사회문제를 해결하고 경제·사회·문화의 모든 영역에서 정의로운 사회질서를 형성할 의무를 지운다. 요컨대 헌법에서 사회권을 보장하는 것은 곧 헌법이 사회국가원리를 수용한다는 것을 뜻한다.

위에서 설명한 사회권 존재와 함께 사회국가원리를 구체적으로 실현하는 데 중요한 의미가 있는 헌법 조항은 제119조 제2항이다. 헌법 제119조 제2항에서는 "국가는 균형있는 국민경제의 성장 및 안정과 적정한 소득의 분배를 유지하고, 시장의 지배와 경제력의 남용을 방지하며, 경제주체간의 조화를 통한 경제의 민주화를 위하여 경제에 관한 규제와 조정을 할 수 있다."라고 하여 경제 영역에서 적극적으로 계획하고 유도하고 재분배해야 할 국가의 의무를 규정한다. 헌법에는 개인의 경제활동의 자유를 보장하려고 계약의 자유, 거주·이전의 자유, 직업의 자유, 재산권을 보장하고, 여기에 헌법 제119조 제1항에서는 "대한민국의 경제질서는 개인과 기업의 경제상의 자유와 창의를 존중함을 기본으로 한다."라고 규정한다. 이들 조항만을 본다면 헌법이 상정하는 경제질서가 사유재산제를 바탕으로 하고 자유경쟁을 존중하는 자유시장경제질서라고 생각할 수도 있다. 하지만 헌법 제119조 제2항이 있어서 헌법의 경제질서를 자유시장경제질서라고 단언할 수는 없다. 즉 헌법 제119조 제2항에서 규정하는 것과 같이 헌법의 경제질서는 자유시장경제질서에 따르는 갖가지 모순을 제거하고 사회복지·사회정의를 실현하려고 국가적 규제와 조정을 용인하는 시장경제질서이다. 이러한 시장경제질서를 사회적 시장경제질서라고 한다. 즉 사회국가의 경제질서는 사회적 시장경제질서이다.

사회국가원리는 헌법에서 보장하는 자유와 평등이 실질적으로 보장될 수 있다고 한다는 점에서 자유와 평등에 배치되지 않는다. 자유는 본질에서 국가가 개인의 자유 영역에 간섭하지 않으면 않을수록 더 잘 보장된다. 하지만 이러한 방식으로 자유가 잘 보장된다고 한들 개인이 그 자유를 누릴 기회조차 없다면 자유 보장은 공염불에 지나지 않을 것이다. 예를 들어 직업의 자유가 보장되더라도 실업이 만연하여 일자리를 얻을 기회조차 없다면 직업의 자유 보장도 형식적일 뿐이다. 평등도 마찬가지다. 국가가 개인을 차별하지 않아도 사회적으로 평등이 실현되는 것은 아니다. 예를 들어 국가가 여성을 법적으로 차별하지 않더라도 그것만으로 양성평등사회가 실현되는 것은 아니다. 사회국가의 임무는 자유와 평등의 보장과 실현을 위하여 소극적인 자세에서 벗어나서 적극적으로 사회문제를 해결하기 위한 각종 조치를 취하는 것이다.

하지만 사회국가가 사회문제를 해결하기 위해서 사회의 모든 영역에서 적극적으로 개입할 의무가 있어도, 사회적 약자를 보호하고 사회적 위험에 대비함으로써 사회적 정의를 실현한다는 명분으로 개인이나 기업의 재산권과 경제활동의 자유를 지나치게 제한하거나 국민의 생활수준을 획일적으로 균등화하려고 하여서는 안 된다. 사회적 정의 실현을 위해서는 다른 사람의 자유나 재산권, 평등권이 일정 정도 제한되는 것은 불가피할 수 있다. 하지만 이러한 제한은 사회적 정의 실현을 위해서 불가피한 범위로 한정되어야 한다. 그리고 국가는 언제나 이러한 제한을 하기에 앞서 사회적 합의를 달성하기 위하여 노력해야 한다. 사회국가원리뿐 아니라 민주주의원리와 법치국가원리도 헌법의 중요한 기본원리라는 점을 명심해야 한다. 사회국가는 사회주의국가가 아니다.

10
민주공화국/공화국원리

헌법

제1조 제1항 대한민국은 민주공화국이다.

1948년 헌법

제1조 대한민국은 민주공화국이다.

조선임시약헌(1947년 8월 6일)

제1조 조선은 민주공화국임.

대한민국 임시헌장(1944년 4월 22일)

제1조 대한민국은 민주공화국임.

대한민국 임시헌장(1927년 3월 5일)

제1조 대한민국은 민주공화국이며 국권은 인민에게 있다. 단, 광복완성 전에는 국권은 광복운동자 전체에게 있는 것으로 한다.

대한민국 임시헌법(1925년 4월 7일)

제1조 대한민국은 민주공화국임.

한성정부 약법(1919년 4월 23일)

제1조 국체國體는 민주제를 채용함.

제2조 정체政體는 대의제代議制를 채용함.

대한민국 임시헌장(1919년 4월 11일)

제1조 대한민국은 민주공화제로 함.

대한국 국제(1899년 8월 17일)

제1조 대한국은 세계 만국이 공인한 자주 독립 제국이다.

일상 대화에서, 거리에서 벌어지는 각종 집회·시위 현장에서 우리는 자주 "대한민국은 민주공화국이다."라는 말을 듣는다. 영화 '변호인'에서도 주인공은 법정에서 "국가란 국민입니다."라고 변론하면서 대한민국 헌법 제1조가 이를 분명히 밝힘을 강조한다. 헌법이 한낱 미사여구에 그치지 않고 국민 개개인에게 실제로 국가의 주인임을 의식하게 하는 표현이다.

대한민국이 민주공화국임을 선언하는 것이 얼마나 중요한 의미가 있기에 헌법의 첫머리를 장식하는 것일까?

각 나라 헌법의 첫머리는 그 나라의 역사와 정체성을 반영한다. 이를테면 영국 왕의 폭정을 피해 신대륙에 정착한 미국 헌법의 아버지들은 절대 권력 탄생을 막으려고 헌법의 첫머리에서 권력분립을 이야기했다. 유대인 학살로 상징되는 제2차 세계대전의 패전국인 독일은 자신들의 씻지 못할 잘못을 반성하면서 인간 존엄 불가침의 원칙으로 헌법 첫머리를 장식한다.

그렇다면 헌법 제1조에서 '민주공화국'을 넣은 대한민국의 정체성은 무엇일까?

이 답에 대한 첫 번째 실마리는 우리 역사에서 찾을 수 있다. 우리나라 국명인 대한민국은 1919년 3·1 혁명 직후 상하이에 들어선 임시정부에서 처음 사용됐다. 이는 '대한'과 '민국'을 합친 말이다. 대한은 조선 말기에 사용된 '대한제국'이라는 국호에서 따왔다. 국가적·민족적 동일성과 정통성이 계속됨을 선언하는 의미가 있다. 즉 국가의 성격이 달라졌지만, 대한제국과 대한민국은 같은 국가이다. 따라서 대한제국의 권리와 의무는 대한민국이 그대로 이어받는다. 민국은 군주만을 위한 '제국帝國'의 시대가 끝나고 국민 모두를 위한 국가의 시대가 됐음을 선포하는 의미가 있다. 다시 말해 국가의 존재 의미가 달라진 것이다.

대한민국 임시정부 수립이라는 역사적 순간에 임시의정원 의장 이동녕은 "우리는 이제 제국의 신민이 아니고 공화국의 자유국민이 되는 것입니다. 나라의 주인은 제왕이 아니고 당당히 우리 국민입니다."라고 말했다. 이 말은 대한민국이 공화국이라는 국가형태로 실현됨을 명확하게 가리킨다. 헌법을 따르면 영국이나 일본처럼 권력은 없지만 상징적으로만 존재하는 형태의 군주제(여왕이나 천황)도 우리나라에는 있을 수 없다. 그리고 군주와 유사한 독재자도 우리나라에서는 허용되지 않는다. 나아가 다른 나라나 국제기구가 우리나라를 지배할 수도 없다.

흔히 민국을 공화국과 같은 뜻으로 이해한다. 그러나 그렇게 보면 헌법 제1조는 같은 말을 반복하는 것이 된다. 이러한 점에서 민국은 국민을 위한 국가를 가리킬 뿐이지 공화국이라는 뜻은 담지 않는다. 국민을 위한 국가는 국민 스스로 만들 수도 있지만, 선량한 군주를 통해서도 만들 수 있기 때문이다. 물론 멋대로 통치하는 나쁜 군주를 만나면 국민이 아닌 군주 자신만을 위한 국가가 될 것이다.

이러한 점 때문에 헌법 제1조는 대한민국을 공화국이 아니라 '민주공화국'이라고 했다. 1948년 헌법 초안을 마련한 유진오는 이렇게 설명했다. "왕이 존재하는 군주제를 부정하는 공화국이라 해도 모든 권력이 하나로 통합된 독재국가도 있을 수 있기 때문에 우리는 이런 독재가 아닌 권력 분립을 기본으로 하는 민주국가라는 정치제도를 채택했음을 분명히 하기 위해서다."

이를 강조하기 위해 헌법은 제1조 제2항에서 다시 이렇게 선언했다. "대한민국의 주권은 국민에게 있고, 모든 권력은 국민으로부터 나온다." 이 문장에는 대한민국이 추구해야 할 민주주의의 내용이 한마디로 잘 축약돼 있다고 할 수 있다.

그런데 국민이 뽑은 대표가 국민의 의사를 무시하고 국민 전체가 아니라 몇몇 사람만을 위해서 권력을 행사해도 국민은 참고 견뎌야 하나? 아니다. 국민이 뽑은 대표는 국민을 위해서 일해야 하는 하인에 불과하다. 국민의 대표가 있어도 여전히 국민이 주인이다. 하인이 주인을 위해서 일하지 않고 오히려 주인 행세를 하면 주인이 나설 수밖에 없다.

공화국의 진정한 의미는 여기에 있다. 공화국이 군주국을 부정하는 이상 군주와 같은 사람이 등장하거나 군주국과 다름없는 상황에 맞닥뜨리면 주인인 국민이 나서 국가를 바로잡아야 한다. 국가의 주인이 누구인지를 똑바로 보여주어야 한다. 주인이 주인으로서 정신을 똑바로 차리고 행동하지 않으면 하인이 주인처럼 행동할 수 있음을 잊지 말아야 한다.

우리는 2017년 촛불혁명을 통해서 몸소 느끼고 확인했다. 우리는 촛불을 들고 모였다. 추운 밤을 꼬박 새우며 우리는 우리 뜻이 무엇이고 우리가 원하는 것이 무엇인지를 소리 높여 외쳤다. "대한민국은 민주공화국이다."라고 부르짖으면서. 그리고 결국 우리가 뽑은 나쁜 대통령을 우리 힘으로 끌어내 파면시켰다.

11
국가권력

헌법

제1조 제2항 대한민국의 주권은 국민에게 있고, 모든 권력은 국민으로부터 나온다.

조선임시약헌(1947년 8월 6일)

제2조 조선의 주권은 국민전체에 속함.

대한민국 임시헌장(1944년 4월 22일)

제4조 대한민국의 주권은 인민 전체에 있음. 국가가 광복되기 전에는 주권이 광복운동자 전체에게 있음.

대한민국 임시헌장(1940년 10월 9일)

제1조 대한민국의 주권은 국민에게 있되, 광복완성 전에는 광복운동자 전체에게 있다.

대한민국 임시헌장(1927년 3월 5일)

제1조 대한민국은 민주공화국이며 국권은 인민에게 있다. 단, 광복완성 전에

는 국권은 광복운동자 전체에게 있는 것으로 한다.

대한민국 임시헌법(1925년 4월 7일)

제3조 대한민국은 광복운동 중에서 광복운동자가 전인민을 대표함.

대한민국 임시헌법(1919년 9월 11일)

제2조 대한민국의 주권은 대한인민 전체에 재在함.

필라델피아 '대한인총대표회(통칭 제1차 한인의회)'에서 채택한 '한국민의 목표와 열망[(건국)종지(宗旨)]'(1919년 4월 15일)

1. 우리는 정부의 정당한 권력이 통치를 받은 사람에게서 나온다고 믿는다. 그러므로 정부 통치는 피치자의 이익을 위해서 해야 한다.

대동단결 선언(1917년 7월)

융희隆熙 황제가 삼보三寶를 포기한 8월 29일은 즉 우리 동지가 삼보를 계승한 8월 29일이니 그 사이 순간도 정식停息이 없다. 우리吾人 동지는 완전한 상속자이고 저 황제권 소멸의 때가 즉 민권발생의 때이다. 구한국 최종의 1일은 즉 신한국 최초의 1일이니 무슨 이유로 아한我韓은 무시無始 이래로 한인韓人의 한韓이고 비한인非韓人의 한韓이 아니다. 한국인韓人間의 주권수수主權授受는 역사 불문법의 국헌이고, 비한인非韓人에게 주권 양여는 근본적 무효로 한국민성韓國民性의 절대 불허하는 바이다. 때문에 경술(庚戌-1910)년 융희 황제의 주권포기는 즉 우리 국민동지에 대한 묵시적 선위禪位이니 우리 동지는 당연히 삼보를 계승하여 통치할 특권이 있고 또한 대통大統을 상속할 의무가 있다. 고로 2천만의 생령生靈과 삼천리의 구강舊彊과 사천의 주권은 우리 동지가 상속했고 상속할 터이니 우리 동지는 이에 대하여 불가분의 무한책임이 중대한 것이다.

대한민국의 주권은 국민에게 있다는 말은 대한민국의 주인은 곧 국민이라는 말이다. 태양왕 루이 14세는 "짐朕이 곧 국가다."라는 말로 주권을 훌륭하게 표현했다. 그러니까 헌법은 "국민이 곧 국가다."라고 규정한 것이다. 부모가 나를 보호하고 양육했더라도 내 주인은 나다. 훌륭한 스승과 친구에게서 세상을 보는 방법을 배웠다고 해도 내 주인은 나다. 나라를 빛낸 위대한 인물과 영웅이 있었고 지금 훌륭하게 나라를 영도하는 지도자가 있다고 하더라도 나라의 주인은 그들이 아니라 국민이다.

주권이라는 말은 구교인 로마가톨릭교회로 통합된 중세 유럽이 저물고 근대로 넘어가는 과정에서 만들어졌다. 독일 지역에서 구교를 수호하는 신성로마제국과 신교도 사이에 30년 전쟁이 있었다. 그 전쟁을 끝내면서 유럽 열강들은 '베스트팔렌 조약'이라는 평화조약을 체결했다. 이로써 신성로마제국은 해체됐고 여러 국가가 제국의 영향력에서 벗어나 독립한 주권을 인정받았다. 각 나라는 구교든 신교든 스스로 종교를 정할 수 있었고, 이웃 나라 간섭을 받지 않을 권리가 있었다. 그 권리가 주권이다. 당시 왕권을 신이 부여했다고 믿기도 했는데, 그 나라의 종교를 정할 수 있다는 말은 그 나라의 모든 것을 정할 수 있다는 말과 같았다. 어떤 나라는 그 권력을 왕이나 영주가 행사했고, 어떤 나라는 그 권력을 주민대표가 행사했다. 주권을 누가 행사하든 그것이 그 나라의 모든 것을 결정할 권한이라면, 그것은 마땅히 그 나라를 구성하는 모든 사람의 안녕과 행복을 위해서 행사되어야 한다. 여기서 그 나라를 구성하는 모든 사람이 바로 '국민'이다.

"모든 권력은 국민으로부터 나온다."라는 말은 국민이 모든 권력의 원천이라는 말이다. 권력이란 지배하는 것이다. 권력이 폭력과 다른 이유는 지배를 받는 사람들이 스스로 따르기 때문이다. 총칼로 위협하여 누군가의 재물을 빼앗아가는 것은 폭력이고 범죄이지 권력이 아니다. 국민은 주권자이면서 동시에 피지배자이다. 국민이 주권자라고 해서 국가의 중대사를 모두 결정할 수는 없다. 그래서 국민은 그 결정을 대신할 사람에게 권력을 준다. 물론 그 권력은 국민이 그의 지배에 동의하는 범위에서만 유효하고 정당하다. 그래서 현대 민주주의 국가에서는 국가권력의 정당성을 선거나 국민투표를 통해서 확인한다. 그것이 지배에 대한 국민의 동의라고 보기 때문이다. 그래서 "모든 권력은 국민으로부터 나온다."라는 말은 국민이 주권자라는 말과 같다.

헌법은 국가권력의 종류와 그 권력을 행사할 수 있는 자리 그리고 그 자리에 올라갈 자격에 관해서 정한다. 법을 만들 수 있는 권력(입법권)은 국회의원들로 구성된 국회에(제40조), 법을 집행하는 권력(행정권)은 대통령을 수반으로 하는 정부에(제66조 제4항), 법을 해석하고 적용하는 권력(사법권)은 법관으로 구성된 법원(제101조 제1항)과 헌법재판소(제111조 제1항)에 각각 부여했다. 그리고 국회의원과 행정부의 수장인 대통령은 임기마다 국민이 직접 선출한다(제41조 제1항, 제67조 제1항). 그 밖의 국가기관은 헌법과 법률에 따라 조직된다. 국회의원이나 대통령은 주권자인 국민을 대표하는 자리이다. 그 자리는 국민의 안녕과 행복을 위해서 많은 일을 할 수 있는 권력을 준 자리이다. 그 자리에 앉을 사람은 국민이 선출한다. 그 자리는 '국민을 위한 정치'를 하라고 만들어진 자리이지 개인의 영달이나 자아를 실현하라고 만든 자리가 아니다. 그 자리에 오른 사람이 국민의 안녕과 행복을 지키지 않고 그 직무를 내버려 둔다면, 국민은 다음 선거에 그를 선출하지 않을 수 있다.

　나라 주인인 국민은 이 권력자를 늘 감시하고 관리해야 한다. 국민을 대표해 권력자가 한 잘못은 그들이 아니라 결국 나라 주인인 국민이 책임져야 하기 때문이다. 미국 대통령 링컨은 남북전쟁으로 죽은 병사들을 추도하는 자리에서 "국민을 위한 국민에 의한 국민의 정부 government of the people, by the people, for the people"라고 말했다. 전쟁으로 결국 피를 흘린 것은 젊은 병사들이었다. 늙은 대통령은 그들이 무엇을 위해 죽었는지 설명하고 추모하려고 했던 것이 아니었을까. 국민을 위한 정치는 국민의 안녕과 행복을 위한 정치이다. 국민을 위한 정치는 국민에 의한 정치일 때 가장 잘 실현될 수 있다. 그리고 국민에 의한 정치는 그 정치공동체의 주인이 국민일 때 가능하다. 이를 민주주의라고 한다. 이 모든 문장의 중심에는 바로 '국민에 의한 정치'가 있다. "국민이 곧 국가다."라는 말에는 큰 책임이 뒤따른다. 이 사실을 잊어서는 안 된다.

12
국민

헌법

제2조 제1항 대한민국 국민이 되는 요건은 법률로 정한다.

제2항 국가는 법률이 정하는 바에 의하여 재외국민을 보호할 의무를 진다.

조선임시약헌(1947년 8월 6일)

제3조 조선의 국민은 별別로히 정하는 법률에 의하여 국적을 가진 자임.

대한민국 임시헌장(1944년 4월 22일)

제3조 대한민국의 인민은 원칙상 한국 민족으로 함.

대한민국 임시헌법(1919년 9월 11일)

제1조 대한민국은 대한인민으로 조직함.

호민론 – 허균(성소부부고 제11권)

천하에 두려워할 만한 존재는 오직 백성뿐이다. 백성은 홍수나 화재, 호랑이나 표범보다 훨씬 두려운 존재인데, 윗자리에 있는 사람들은 오히려 업신여기며 모질게 부리니, 대체 무슨 이유에선가?

이미 이루어진 일이나 함께 즐길 줄 알고, 언제나 눈앞에 보이는 것에만 얽매이며, 순순히 법에 따라 윗사람의 부림을 받는 사람들은 '항민恒民(늘 그대로인 백성)'이다. 항민은 두려워할 바가 못 된다.

모질게 빼앗겨 살이 깎이고 골수가 부서지며, 집의 수입과 땅의 소출을 다 가져다 끝없는 요구에 응하면서 시름하고 한숨 쉬며 윗사람을 탓하는 사람들은 '원민怨民(원망을 품은 백성)'이다. 원민도 반드시 두려워할 존재는 아니다.

푸줏간 속에 자취를 감추고 몰래 딴마음을 품은 채 세상을 흘겨보고 있다가 행여 무슨 변고라도 일어나면 자기 바람을 실현하고자 하는 사람들은 '호민豪民(호걸스러운 백성)'이다. 이 호민은 몹시 두려워해야 할 존재이다.

호민이 나라의 빈틈을 엿보며 유리한 형세를 노리다가 밭두렁 위에 올라서 팔을 들어 휘두르며 한차례 외치면, 저 '원민'이란 사람들이 그 소리를 듣고 모여들어, 함께 일을 꾸민 것도 아니거늘 한목소리로 외친다. 이렇게 되면 저 '항민'이란 사람들도 살길을 찾아 호미며 곰방메며 창 자루를 들고 이들을 따라가 '무도한 사람'을 죽이지 않을 수 없다.

순자 왕제 편

임금은 배이고, 백성은 물이다. 물은 배를 띄우기도 하지만 엎어버리기도 한다.

대학 전문10장

민중을 얻으면 나라를 얻고 민중을 잃으면 나라를 잃는다.

맹자 진심 하

　백성은 가장 귀하고 사직은 그 다음이고 임금은 가장 가볍다.

서경 하서

　백성은 가까이 친애해야지, 하대해서는 아니 된다. 백성은 나라의 근본이
다. 근본이 견고하면 나라가 안녕하다.

우리말로 '땅'이 우랄알타이어 계통의 민족어로는 '스탄'이라고 한다. 그러니까 중앙아시아의 '스탄'으로 끝나는 국가 이름들은 다 어느 종족의 땅이라는 말에서 유래한 것이라고 할 수 있다. 예전에 나라邦는 땅, 즉 영토를 말했다. 아마 국가의 경제적 기초는 땅에서 나왔기 때문이리라. 그러나 근대 이후 국민국가는 땅이 아니라 사람을 나라의 기초로 한다. 그리고 그 사람들의 노동력을 경제적 기초로 한다. 그래서 그런지 근대 국민국가는 땅이 있는 영주나 지주가 아니라 사람을, 즉 개인의 자유와 권리를 보장해 줌으로써 발전해 왔다. 오늘날은 사람을 예전같이 그 사람이 사는 지역이나 땅의 이름이 아니라 한국인, 일본인, 중국인, 미국인, 독일인, 프랑스인같이 그가 소속한 나라를 기준으로 구별한다. 그러기 시작한 것은 근대 국민국가가 성립한 이후이다. 오늘날에는 국민이 곧 국가이다. 그리고 국민이 소속한 국가를 국적이라고 하는데, 이 국적은 그 국민에게 붙여진 이름과 같은 것이다.

헌법 제2조 제1항은 국민이 되는 요건을 법률로 정한다고 규정한다. 그렇다면 헌법이 정한 국민의 자격 요건은 무엇일까. 헌법 제2조 제1항이 말하는 법률이 바로 '국적법'이다. 즉 헌법은 대한민국 국적이 있는 사람을 국민으로 규정한다. 국적법은 국적의 취득과 상실, 회복 등 국적에 관한 사항을 정한다. '국적'은 국가와 국민을 법적으로 연결하는 고리이다. 국적이 있는 국민이 대한민국이란 정치공동체를 만들고, 이를 유지하는 권한과 책임을 나눠 가진다. 국민만 선거권, 피선거권, 국민투표권, 공무담임권 등 국정에 참여하는 권리가 있다. 그리고 외세 침입에서 대한민국의 안전과 존속을 유지하기 위한 숭고한 국방의무도 진다. 외국인이 아무리 오랫동안 국내에 거주하고 우리 삶 속에 편입되어 살았더라도 국적을 취득하지 않는 한 대통령 선거를 비롯한 국가 차원의 선거에는 참여하지 못한다.

국적은 선택이 가능한 것일까? 헌법은 이와 관련해서 개인 의사를 존중한다. 누구나 자유로운 의사에 따라 국적을 선택하거나 포기하고, 잃었던 국적을 다시 회복할 자유가 있다. 다만, 한 사람이 둘 이상의 국적이 있는 '복수국적'과 어느 국적도 없는 '무국적'에 관해서는 고려할 게 많다. 복수국적은 국적이 있는 모든 국가에서 권리나 이익을 보장받을 수 있다. 반대로 두 나라 모두에서 병역이나 납세의 의무 이행을 꺼리는 기회주의적 행동을 할 우려도 있다. 국제 분쟁이 발생했을 때 복수국적자는 국가 사이에 자국민 보호권이 충돌하는 문제가, 무국적자는 어느 국가에서도 보호를 받지 못하는 문제가 생기기도 한다.

이런 문제는 보통 국제사회의 법적 관행에 따라서 해결한다. 자유로운 의사로 어느 하나의 국적을 선택하도록 하는 것도 그 하나이다. 우리 국적법이 그러하다. 복수국적자는 성년이 되면 2년 안에 어느 하나의 국적을 선택해야 한다.

국적과 관련하여 우리 사회에서 특히 논란이 되었던 것이 병역 기피 목적의 국적 이탈이다. 복수국적 상태에 있다가 병역의무를 회피하려고 대한민국 국적을 포기하는 사례가 종종 있었다. 외국 국적을 취득하려고 원정출산을 하는 사람이 많아서 한국과 해당 국가 모두에서 사회문제를 일으키기도 했다. 바로 이 때문에 국적법을 개정했다. 병역의무를 이행할 나이가 되면 그 의무를 이행하거나 면제받을 때까지 대한민국 국적을 포기할 수 없도록 한 것이다. 또한 부모가 외국에 영주할 목적 없이 단기 체류한 상태에서 출생한 때도 마찬가지로 대한민국 국적을 포기할 수 없도록 했다. 헌법재판소 판단은 다음과 같았다.

"이와 같은 방법으로라도 국적 선택에 제한을 두지 않는다면 극단적으로는 군복무 중에도 한국 국적을 이탈함으로써 병역의무를 면하는 등 병역의무의 공평한 부담과 성실한 이행을 확보하는 측면에서 매우 심각한 문제가 발생할 것이므로 헌법에 어긋나지 않는다."

국적이라는 국가와 국민 사이의 고리는 국민이 외국에 영주하거나 체류하는 때도 그대로 이어진다. 헌법 제2조 제2항에서 "국가는 법률이 정하는 바에 의하여 재외국민을 보호할 의무를 진다."라며 이를 분명히 밝힌다.

그렇다면 과거 대한민국 국민이었지만 지금은 외국 국적만 있는 재외동포도 국가가 보호해야 할까? 외국 국적 재외동포는 재외국민에는 포함되지 않는다. 하지만 '재외동포의 출입국과 법적 지위에 관한 법률'을 통해 부동산거래, 금융거래, 외국환거래, 건강보험 등 여러 영역에서 국민과 같은 대우를 한다.

13
영토

헌법

제3조 대한민국의 영토는 한반도와 그 부속도서로 한다.

대한민국 임시헌장(1944년 4월 22일)

제2조 대한민국의 강토는 대한의 고유한 판도로 함.

대한민국 임시헌법(1919년 9월 11일)

제3조 대한민국의 강토는 구한제국의 판도로 함.

울릉도(鬱陵島)를 울도(鬱島)로 개칭하고 도감(島監)을 군수(郡守)로 개정
한 건(제국 칙령 제41호: 1900년 10월 25일)

제1조 울릉도鬱陵島를 울도鬱島라 개칭하여 강원도에 부속하고 도감을 군수로
개정하여 관제 중에 편입하고 군등郡等은 오등五等으로 할 사事.

제2조 군청 위치는 태하동으로 정하고 구역區域은 울릉鬱陵 전도全島와 죽도竹
島, 석도石島(독도)를 관할할 사事.

고종 반조문(1897년 10월 13일)

우리 태조가 왕위에 오른 초기에 국토 밖으로 영토를 더욱 넓혀 북쪽으로는 말갈의 지경까지 이르러 상아, 가죽, 비단을 얻게 됐고, 남쪽으로는 탐라국을 차지하여 귤, 유자, 해산물을 공납으로 받게 됐다. 사천 리 강토에 하나의 통일된 왕업을 세웠으니, 예악과 법도는 당요와 우순을 이어받았고 국토는 공고히 다져져 우리 자손들에게 만대토록 길이 전할 반석 같은 터전을 남겨 주었다.

백두산 정계비(1712년)

오라총관 목극등이 국경을 조사하라는 교지를 받들어 이곳에 이르러 살펴보고, 서쪽은 압록강으로 하고, 동쪽은 토문강으로 경계를 정하여 강이 갈라지는 고개 위에 비석을 세워 기록하노라.

태종실록 제7권 태종 4년 5월 19일 4번째 기사

계품사計稟使 예문관 제학藝文館提學 김첨金瞻을 보내어 경사京師에 가게 했는데, 첨瞻이 왕가인王可仁과 함께 갔다. 주본奏本은 이러했다.

조사해 보건대, 본국의 동북 지방東北地方은 공험진公嶮鎭으로부터 공주孔州·길주吉州·단주端州·영주英州·웅주雄州·함주咸州 등 고을이 모두 본국의 땅에 소속되어 있습니다. 요遼나라 건통乾統 7년(1107년)에 동여진東女眞이 난亂을 일으켜서 함주咸州 이북의 땅을 빼앗아 웅거하고 있었는데, 고려高麗의 예왕睿王 왕우王俁가 요遼에 고告하여 토벌할 것을 청하고 군사를 보내어 회복했고, 원元나라 초년初年 무오년戊午年에 이르러 몽고蒙古의 산길보지散吉普只 등 관원이 여진女眞을 거두어 부속시킬 때에, 본국本國의 반민叛民 조

휘趙暉와 탁청卓靑 등이 그 땅을 가지고 항복했으므로, 조휘로 총관摠管을 삼고, 탁청으로 천호千戶를 삼아 군민軍民을 관할했습니다. 이로 말미암아 여진女眞의 인민人民이 그 사이에 섞여 살아서, 각각 방언方言으로 그들이 사는 곳을 이름지어 길주吉州를 '해양海陽'이라 칭하고, 단주端州를 '독로올禿魯兀'이라 칭하고, 영주英州를 '삼산參散'이라 칭하고, 웅주雄州를 '홍긍洪肯'이라 칭하고, 함주咸州를 '합란哈蘭'이라 칭했습니다. 지정至正 16년(1356년)에 이르러 공민왕恭愍王 왕전王顓이 원나라 조정에 신달申達하여 모두 혁파革罷하고, 인하여 공험진公嶮鎭 이남을 본국本國에 환속還屬시키고 관리를 정하여 관할하여 다스렸습니다.

성조聖朝 홍무洪武 21년 2월에 호부戶部의 자문咨文을 받았사온데, 호부 시랑戶部侍郎 양정楊靖 등 관원이 태조 고황제太祖高皇帝의 성지聖旨를 흠봉欽奉하기를, '철령鐵嶺 이북以北·이동以東·이서以西는 원래 개원開原의 관할에 속했으니, 군민軍民을 그대로 요동遼東 관할에 소속시키라.' 했습니다. 본국에서 즉시 상항上項의 사건으로 인하여 배신陪臣 밀직 제학密直提學 박의중朴宜中을 보내어 표문表文을 받들고 조정朝廷에 가서 호소하여 공험진 이북은 요동에 환속하고, 공험진 이남에서 철령까지는 본국에 환속시켜 주기를 빌었습니다. 당년 6월 12일에 박의중이 경사京師에서 돌아와서 예부禮部의 자문咨文을 받아 보니, 본부 상서本部尙書 이원명李原明 등 관원이 당년 4월 18일에 성지聖旨를 흠봉欽奉하기를, '철령의 일로 인하여 왕국王國에서 말이 있다.' 하시고, 전과 같이 관리를 정하여 관할해 다스리게 했습니다. 지금 흠차欽差하신 동녕위東寧衛 천호千戶 왕수王脩가 싸 가지고 온 칙유勅諭를 받들어 보니, '삼산參散·독로올禿魯兀 등처의 여진女眞 지역의 관민인官民人 등을 초유招諭한다.' 하셨습니다.

대일항쟁기의 한국지도 │ 1924년 프랑스 파리에서
외방정교회(Societe des Mission Etrangeres)가
발행한 '한국의 가톨릭(Catholicism en Coree)'에
게재된 축소 복사도로서 바티칸 교황청이 한국의
교구 관할 영역을 표시한 것이다(도쿄 한국연구원
국경 자료지도 K 1호, 명지대학교 출판부 복사해
설). 1831년 교황이 조선 교구 설립을 허락하고 나
서 세력이 커지자, 1911년 조선 교구를 서울교구와
대구교구로 분리하였다. 1920년에는 서울교구에서
함경도와 북간도를 떼어내어 원산교구를 설립하였
다. 이것은 제3자인 바티칸 교황청이 간도협약 이후
간도를 우리 땅으로 인정한 의미 있는 지도이다.
(출처: 임승국 역. 한단고기. 정신세계사. 1986)

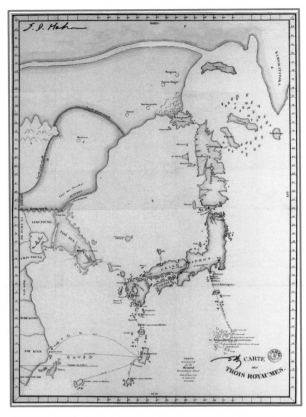

삼국접양지도 | 1785년 하야시 시헤이(林子平)의 '삼국통람도설(三國通覽圖說)'에 첨부된 것으로서 울릉도와 독도는 물론 대마도도 조선 영토로 표시했다(모두 조선과 같은 노란색으로 표시했다. 참고로 일본은 초록색으로 표시했다.). 1860년대 오가사와라 제도(小笠原諸島)를 두고 미국과 분쟁하던 일본은 독일 동양학자인 율리우스 클라프로트(Julius Klaproth)가 번역한 삼국접양지도의 프랑스어판(1832년)을 증거로 제시해 영유권을 인정받았다. 즉 삼국접양지도는 일본 막부가 공인한 지도일 뿐 아니라 국제적으로 공인된 지도이다. 당시 인용된 흑백필사본은 대마도를 일본 땅으로 분류했지만, 원본은 대마도도 조선 땅으로 분류했다. 즉 대마도를 일본 땅으로 표시한 삼국접양지도는 위조된 것이다.
(출처: 김상훈, 일본이 숨겨오고 있는 대마도·독도의 비밀, 양서각, 2012)

일본은 독도를 자기 땅이라고 우긴다. 중국과는 센카쿠 열도[중국명 댜오위다오釣魚島]를 두고, 러시아와는 쿠릴 열도를 두고 갈등을 일으킨다. 중국도 다르지 않다. 끊임없이 이어도 영유권을 주장하고, 동북공정을 통해 간도 지배를 확고히 다지려고 한다. 최근 러시아의 크림반도 강제 합병이나 전면전으로 치닫는 가자지구 사태도 우크라이나와 러시아, 이스라엘과 팔레스타인 사이의 뿌리 깊은 영토분쟁에 원인이 있다. 근대 민족국가 성립 과정에서 발생한 영토분쟁은 이처럼 현재진행형이다.

헌법 제3조는 대한민국 영토를 '한반도와 그 부속도서'로 규정한다. 영토는 국민이 발을 딛고 살아가는 땅으로 주권이 미치는 공간적인 범위를 말한다. 따라서 헌법도 영토 안에서만 효력이 있다. 영토는 땅에만 한정되지 않는다. 땅에 맞닿은 일정 범위의 바다를 영해, 땅과 바다의 수직 상공을 영공이라고 하는데, 이 모두를 합쳐 영역이나 (넓은 뜻의) 영토라고 부른다.

'한반도와 그 부속도서'는 특정한 지역을 가리키는 것이 아니라 '대한민국 고유영토'를 대신 표현한 것이다. 대한민국은 대한제국을 계승한 국가이다. 따라서 대한민국 고유영토는 곧 대한제국 고유영토를 뜻한다. 대한제국은 백두산정계비 말고는 국경조약을 맺은 적이 없다. 백두산정계비를 따르면 대한제국의 국경선은 압록강과 토문강이다. 여기서 토문강은 송화강 상류이다. 따라서 대한제국의 고유영토, 곧 대한민국의 고유영토는 압록강 – 토문강 – 송화강 – 흑룡강 (아무르강) 이남이다.

따라서 간도는 대한민국 영토이다. 그래서 고종 황제는 이범윤을

간도 관리사로 임명하여 간도를 다스리게 했다. 1905년 을사늑약을 통해서 등장한 일제 통감부도 1906년에 간도 지역에 통감부 간도 파출소를 두어 그곳을 대한제국 영토로 인정했다. 그러나 1909년 일제가 청나라와 간도협약을 맺어 대륙을 침탈하려고 남만주철도부설권을 청나라에서 얻어내는 대신 독단으로 간도 영유권을 청나라에 넘겨주었다. 하지만 을사늑약이 무효라서 일제는 조약체결의 권한과 자격이 없으므로 간도협약도 무효이다. 따라서 간도협약은 대한민국의 간도 영유권에 아무런 영향도 미치지 않는다.

일본은 1905년 시마네현 고시를 통해서 독도를 자국 영토에 편입했다고 한다. 그런데 독도가 일본 고유영토라면 편입 조치가 필요 없다. 따라서 일본은 독도가 고유영토가 아님을 고백한 것이다. 특히 일본은 1877년 당시 일본 최고국가기관인 태정관 지령을 통해서 독도가 일본 땅이 아님을 명확하게 인정했다. 독도는 역사상 명백한 우리 영토일 뿐 아니라 대한제국은 1900년 10월 25일 칙령 제41호로 독도가 울릉군의 관할 지역이라고 확인했다. 따라서 일본의 선점 주장도 성립될 수 없다.

그리고 조선은 줄곧 대마도를 경상도에 예속시켰다. 즉 조선은 대마도를 대마주라고 부르고 대마도 도주를 태수로 칭하여 대마도가 조선 행정구역에 편입되고 대마도 도주는 그것을 다스리는 지방관임을 명확하게 밝혔다. 대마도는 1868년 10월 8일 마지막 대마주 태수 종의달이 일왕 명치에게 봉서奉書를 올리면서 일본에 점령됐다. 그러나 조선 영토를 일개 지방관인 태수가 마음대로 처분할 수 없다는 점에서 대마주 태수의 봉서는 대마도가 일본 영토로 편입되는 근거가 될 수 없다. 이러한 점에서 대마도는 독도보다 먼저 일본에 점령된 대한제국 영토이다. 그래서 광복 이후 1948년 1월 25일 과도정부 입법위원회에서 60명 연서로 대마도는 본시 우리 영토이니 대일강화회의에서 반환 요구를 해야 한다고 주장했고, 1948년 8월 18일 이승만 대통령은 첫 기자회견을 통해서 일본에 대마도 반환을 요구했으며, 일본이 이에 반발하자 1948년 9월 9일 '대마도 속령에 관한 성명'을 발표하여 대마도 영유권을 확인했다. 그리고 1949년 1월 8일 이승만 대통령은 기자회견을 통해서 임진왜란 당시 강점당한 대마도를 반환해 달라고 일본에 다시 요구했고, 1949년 12월 31일 연말 기자회견에서 대마도 영유권을 거듭 주장했다. 또한 1951년 7월 19일 당시 미국 국무부에 이승만 정부는 대마도, 파랑도(이어도), 독도는 러일전쟁 중 일본이 점령하기 전에 한국 영토였으므로, 일본은 그 세 섬에 대한 영유권을 포기해야 한다는 내용이 담긴 요구사항을 전달했다.

헌법 제3조에는 두 가지 의미가 있다. 첫째, 영토 범위를 대외적으로 선언함으로써 다른 나라 영토에 욕심이 없고, 동시에 우리 영토도 포기할 수 없음을 밝히는 것이다. 둘째, 비록 분단 상황일지라도 대한민국 주권이 한반도 전역에 미친다는 것을 분명히 밝히는 것이다. 이를 통해 대한민국이 한민족의 정통성을 계승한 유일한 국가라는 점, 북한 정권은 국가가 아니라 우리 영토인 이북 지역을 불법 점거하는 반국가단체라는 점이 명확하게 드러난다. 더 나아가 북한 지역을 온전히 회복해 대한민국 주권이 미치도록 해야 한다는 통일의 당위성까지 담겨 있다.

북한 주민을 우리 국민으로 보는 근거도 여기에 있다. 비록 정권은 불법단체라고 하더라도 주민은 대한민국 영토에 사는 '우리 국민'이다. 다만, 우리 통치권이 아직 현실적으로 미치지 않아 국민으로서 권리와 의무를 행사하는 데 제약이 있을 뿐이다. 영토를 정의한 헌법 제3조에 이어 헌법 제4조에서 통일을 국가의 목표와 과제로 제시하는 것은 그 때문이다.

헌법 제3조와 제4조는 북한의 지위와 관련하여 다소 모순적이라는 느낌을 줄 수 있다. 제3조를 따르면 북한은 이북 지역을 불법 점거한 불법단체이지만, 제4조를 따르면 대화와 협력의 동반자적 지위에 있기 때문이다.

헌법재판소는 "북한은 평화적 통일을 위한 대화와 협력의 동반자임과 동시에 대남적화노선을 고수하면서 우리 자유민주체제의 전복을 획책하고 있는 반국가단체라는 성격도 함께 갖고 있다."라며 이중적 지위를 인정한다. 그래서 대한민국의 정통성과 안보 측면에서는 제3조를, 통일을 위한 대화와 협력 측면에서는 제4조를 적용한다.

14
통일

헌법 전문

유구한 역사와 전통에 빛나는 우리 대한국민은 3·1운동으로 건립된 대한민국임시정부의 법통과 불의에 항거한 4·19민주이념을 계승하고, 조국의 민주개혁과 평화적 통일의 사명에 입각하여 정의·인도와 동포애로써 민족의 단결을 공고히 하고, 모든 사회적 폐습과 불의를 타파하며, 자율과 조화를 바탕으로 자유민주적 기본질서를 더욱 확고히 하여 정치·경제·사회·문화의 모든 영역에 있어서 각인의 기회를 균등히 하고, 능력을 최고도로 발휘하게 하며, 자유와 권리에 따르는 책임과 의무를 완수하게 하여, 안으로는 국민생활의 균등한 향상을 기하고 밖으로는 항구적인 세계평화와 인류공영에 이바지함으로써 우리들과 우리들의 자손의 안전과 자유와 행복을 영원히 확보할 것을 다짐하면서 1948년 7월 12일에 제정되고 8차에 걸쳐 개정된 헌법을 이제 국회의 의결을 거쳐 국민투표에 의하여 개정한다.

헌법

제4조 대한민국은 통일을 지향하며, 자유민주적 기본질서에 입각한 평화적 통일 정책을 수립하고 이를 추진한다.

제66조 제3항 대통령은 조국의 평화적 통일을 위한 성실한 의무를 진다.

제69조 대통령은 취임에 즈음하여 다음의 선서를 한다.

"나는 헌법을 준수하고 국가를 보위하며 <u>조국의 평화적 통일</u>과 국민의 자유와 복리의 증진 및 민족문화의 창달에 노력하여 대통령으로서의 직책을 성실히 수행할 것을 국민 앞에 엄숙히 선서합니다."

제72조 <u>대통령은 필요하다고 인정할 때에는 외교·국방·통일 기타 국가안위에 관한 중요정책을 국민투표에 붙일 수 있다.</u>

제92조 제1항 평화통일정책의 수립에 관한 대통령의 자문에 응하기 위하여 민주평화통일자문회의를 둘 수 있다.

   제2항 민주평화통일자문회의의 조직·직무범위 기타 필요한 사항은 법률로 정한다.

대한민국은 세계에서 유일한 '분단국가'이다. 우리는 대일항쟁기에 대한민국 임시정부를 만들어 해방을 위해 노력했다. 그러나 1945년 일제 패망과 함께 미국과 구소련이 분할 점령하여 신탁통치하는 아픔을 겪었다. 그 과정에서 미·소 냉전 기류 속에 좌·우 대립을 자주적으로 극복하지 못하여 1948년 남한과 북한에 각각 정부가 수립되면서 분단되고 말았다. 게다가 1950년 6·25 전쟁은 남한과 북한 모두에 깊은 상처를 심어주었다. 지금까지 분단이 계속되면서 남한과 북한은 서로 적대감까지 품어왔다. 하지만 분단 현실은 수많은 이산가족의 희생을 외면했고, 국가안보란 이름으로 주민의 자유와 권리를 과도하게 제한했으며, 경제적으로도 막대한 군사비 지출은 물론이고 대외무역에서도 언제나 '한국 할인Korea discount'이라는 불이익을 감수해야 했다.

헌법은 전문에서 '평화적 통일의 사명'을 강조하고, 제4조에서 "대한민국은 통일을 지향하며, 자유민주적 기본질서에 입각한 평화적 통일 정책을 수립하고 이를 추진한다."라고 규정한다. 그 밖에도 제66조에서 "대통령은 조국의 평화적 통일을 위한 성실한 의무를 진다."라고 규정하고, 제69조에서 대통령이 취임에 즈음하여 "나는 헌법을 준수하고 국가를 보위하며 조국의 평화적 통일과 국민의 자유와 복리의 증진 및 민족문화의 창달에 노력하여 대통령으로서의 직책을 성실히 수행할 것을 국민 앞에 엄숙히 선서합니다."라고 선서하도록 하며, 제92조에서 평화통일정책 수립에 관한 대통령 자문기관으로 민주평화통일자문회의를 규정함으로써 '통일'을 국가목표로 정한다.

통일이란 사전적으로 나누어진 것을 합쳐서 하나의 조직 · 체계 아래로 모이게 함을 뜻한다. 헌법학적 측면에서 통일은 본래 하나였던 국가가 둘 이상으로 나누어진 것을 전제로 나뉜 것을 합쳐서 다시 하나의 국가로 만드는 것이다. 결국, 원래 하나였던 남한과 북한을 다시 하나의 국가로 합치는 것이 통일이다. 하지만 통일이 그렇게 간단하지가 않다. 당장 분단 70년이 넘는 기간 동안 적대시하면서 서로 교류가 거의 없어 생활과 문화 측면에서 이질성이 상당히 심화했을 뿐 아니라, 경제적으로도 최소 40배가 넘는 격차가 있는 것이 현실이다. 그리고 북한의 핵개발은 통일 상황을 더 복잡하고 어렵게 만들었고, 한반도를 둘러싼 미국, 중국, 러시아, 일본 등 세계열강의 속내도 아주 복잡하게 얽혀 있다. 그러나 이러한 통일의 어려움이 있어도 통일이 가져다줄 혜택은 무궁무진하다. 당장 분단으로 발생하는 막대한 '분단 비용'을 해결할 수 있고, 통일로 새롭게 얻을 수 있는 이익뿐 아니라 통일한국으로 예상되는 발전상은 가히 상상을 뛰어넘는다. 그러나 이러저러한 이익을 넘어서 민주주의와 기본권 보장을 한반도 전체에서 꽃피울 수 있다는 것만으로도 통일은 헌법상 당위적인 가치가 있다고 볼 수 있다.

통일의 헌법적 사명에도 실제 통일을 이루어 가는 방법과 과정 역시 쉽지 않다. 과거부터 지금까지 다양한 통일 각본scenario과 통일 방안이 제시됐으나 모두 남한의 자본주의 체제와 북한의 사회주의 체제의 대립과 경쟁적 우월성을 앞세운 것이었다. 그것은 대체로 남북의 평화적 공존보다는 소모적인 대립과 갈등에 가까운 것이었다. 그러나 그런 식의 통일이 현실적으로 가능하지도 않았을 뿐 아니라 결국 한반도에 다시 비극적인 전쟁이 일어날 위험성을 높일 뿐이었다. 과거 통일 방안은 국민적 지지도 분명하지 않았지만, 국민이 피부로 느낄 수 있는 성과도 크지 않았다. 잠시나마 개성공단이라는 성과로 고무되기도 했으나 지속하지 못했고, 거꾸로 남북문제가 국내 정치용으로 악용되는 일도 있었다.

다행히 지난 2018년 4·27 제3차 남북정상회담에 이은 '판문점 선언'은 많은 국민에게 신선한 충격과 감동 그리고 통일에 대한 가능성과 국민적 희망까지 심어주었다. 그전까지만 해도 북한이 핵실험에 따른 핵무기 고도화와 대륙간탄도미사일 개발에 성공하면서 미국과 군사적 갈등이 심화하고 한반도의 전쟁위험이 극도로 고조됐기 때문이다. 게다가 판문점 선언은 싱가포르에서 역사적인 6·12 북미정상회담을 성공적으로 개최할 수 있는 중요한 디딤돌이 됐다. 이로써 한반도 운명은 우리 국민이 스스로 결정하고 이끌어 가야 한다는 사실을 알게 됐다. 무엇보다 한반도에서 전쟁 위험을 감수하면서 이념과 체제의 대립을 계속하는 것은 더는 의미가 없다. 대신 한반도 평화와 번영의 길이 우리가 선택할 수 있는 유일한 대안이고 그것이 평화적 통일로 나아가는 유일한 길임을 알게 됐다.

헌법상 통일의 진정한 주체이자 궁극적인 수혜자는 국민이다. 반대로 분단으로 말미암은 아픔과 희생의 당사자도 국민이다. 그러므로 헌법이 말하는 자유민주적 기본질서에 입각한 평화적 통일 추진은 무엇보다 통일에 관한 국민적 합의에 바탕을 두고 민주적 과정과 법적 절차를 통해 이루어져야 한다. 이를 위해서는 통일 문제에 관한 국민적 소통이 널리 보장돼야 한다. 과거처럼 밀실에서 이루어지는 통일 논의는 자유민주적 기본질서에 부합하지 않는다. 통일에 관한 정보도 필요하다면 널리 국민에게 공개되어야 한다. 그것이 국민적 합의와 투명성과 신뢰에 입각한 통일의 과정을 보장하는 방법이 된다. 지난 2005년 제정된 '남북관계 발전에 관한 법률'은 남북관계 발전은 자주·평화·민주의 원칙에 따라 남북공동번영과 한반도의 평화통일을 추구하는 방향으로 추진되어야 한다는 기본원칙을 제시하면서 통일이라는 헌법적 과제를 실현해 나가는 데 필요한 민주적·법적 절차를 규정한다.

15

평화국가원리

헌법

제5조 제1항 대한민국은 국제평화의 유지에 노력하고 침략적 전쟁을 부인한다.

한성정부 약법(1919년 4월 23일)

제3조 국시國是는 국민의 자유와 권리를 존중하고 세계평화의 행복을 증진하게 함.

조소앙이 기초한 가헌법(1919년 4월 10일)

제5조 조선공화국은 세계의 평화 및 문명을 위해 노력하고 있는 국제연맹에 가입함.

인류 역사는 전쟁과 평화의 연속이었다. 과거 전쟁은 국가의 생존과 발전을 위한 행위이자 국가 사이의 분쟁을 해결하는 수단이었다. 전쟁과 전쟁 사이에 새로운 질서가 국제사회에 세력 균형을 가져올 때 비로소 잠시 평화가 있었을 뿐이다. 그래서 전쟁을 억제하고 평화를 유지하는 역할은 도덕이나 법이 아니라 국방력이나 경제력과 같은 현실적인 힘이었다.

20세기에 들어와 겪은 두 번의 세계대전은 과거와 전혀 달랐다. 지구 상 국가 대부분이 참전한 두 차례의 전쟁은 상상할 수 없을 정도로 엄청난 인적·물적 피해를 가져왔다. 그리고 군인과 민간인을 가리지 않는 대규모 학살은 인간 존엄에 심각한 의문을 품게 했다. 그 결과 국제연합UN과 같은 국제기구를 만들어 전쟁을 포함한 무력 사용을 금지하고, 평화를 교란하는 행위에는 회원국이 집단으로 대응하여 평화를 정착·유지하는 새로운 국제법 질서를 만들었다.

그리고 개별 국가는 국제평화를 위해 노력해야 할 국가의 의무를 헌법에 명시했다. 그럼으로써 국제평화 이념에 어긋나는 국가행위를 감시하고, 평화를 위한 국제적 연대에 세계 모든 국가가 동참하도록 했다. 특히 일제의 극악한 식민통치를 경험하고 동서 냉전 시대의 희생양으로 남북분단과 동족상잔의 비극을 겪은 우리에게 국제평화 이념은 단지 선언적인 차원을 넘어 생존과 실천의 의미가 있다.

이러한 배경에서 헌법은 전문에서 국제평화 이념을 구현하기 위해 '항구적인 세계평화와 인류공영에 이바지'하겠다는 뜻을, 제5조 제1항에서는 "국제평화의 유지에 노력하고 침략적 전쟁을 부인한다."라는 구체적 실천방법을 밝힌다. 무력 사용을 금지하는 국제연합헌장

이념을 충실히 수용하면서도 우리가 경험한 침략전쟁에는 단호히 대처하여 국제평화를 수호하겠다는 의지를 분명히 밝힌 것이다.

이와 관련하여 최근 일본의 헌법 개정 논의에 주목할 필요가 있다. 패전국인 일본 헌법은 국제평화 이념을 선언하는 것에 더해 일체의 전력을 보유하지 않고 교전권交戰權도 부인한다고 규정한다(일본 헌법 제9조). 하지만 실제로는 자위대라는 사실상 군사력을 보유하고 자기 방위를 위한 자위권은 허용하는 것으로 해석한다.

최근에는 이를 넘어서 동맹국을 위해 군사력을 사용하는 '집단 자위권'도 허용하는 것으로 해석할 뿐 아니라 헌법도 그에 맞춰 개정하려고 시도한다. 이는 국제평화 이념이 탄생한 역사적 배경에 역행할 뿐 아니라 일본의 제국주의적 침략으로 말미암아 고통을 당한 한국, 중국 등 아시아 국가들의 평화를 위협하는 행위로 비난과 감시의 대상이 되어야 한다.

국가 사이의 협력을 통한 국제평화 정착과 인류공영을 위해서는 국제질서의 기본규범인 국제법이 존중되어야 한다. 헌법은 "헌법에 의하여 체결·공포된 조약과 일반적으로 승인된 국제법규에 국내법과 같은 효력을 부여"함으로써 이를 표현한다(제6조 제1항).

조약의 체결·비준권은 대통령의 고유 권한이지만 안전보장이나 주권 제약, 국가나 국민에게 중요한 재정적 부담을 지우는 것 등의 중요한 조약에 대해서는 미리 국회 동의를 얻도록 한다(헌법 제60조 제1항). 국제법인 조약에 국내법과 같은 효력을 부여하기 위해 입법기관인 국회 관여를 보장하는 취지이다. 조약도 법률처럼 헌법에 합치하는 범위에서만 효력이 있다. 조약이 국민의 기본권을 침해하여 헌법에 위반될 염려가 있으면 헌법재판소가 이를 최종적으로 심사한다.

헌법재판소가 조약에 대해 위헌결정을 내리면 조약이 국내에서는 효력을 잃지만, 국가, 국제기구, 비정부기구NGO 등과 같은 국제법주체 사이의 합의로서 효력까지 없어지는 것은 아니다. 이 때문에 독일, 프랑스, 스페인 등은 조약이 체결·비준되어 효력을 발생하기 전에 미리 헌법재판소 판단을 받도록 함으로써 문제를 해결한다.

대한민국이 국제평화 유지에 노력한다는 헌법조항은 한국에 사는 외국인, 외국에 사는 한국인의 인권과도 연결된다. 이들의 법적 지위에 대한 보장은 원만한 국제관계를 유지하기 위한 전제가 된다. 한국에 사는 외국인의 지위는 외국이 우리 국민에게 제공하는 보장 수준에 상응하여 해당국 국민의 지위를 보장하는 '상호주의'가 적용된다. 그러나 상대 국가에서 우리 국민의 인권을 침해했다고 우리도 그 나라 국민의 인권을 침해할 수는 없다. 우리 헌법은 국제평화 이념을 비롯한 인권 존중 정신에 기초하기 때문이다.

16
조약과 국제법규

> **헌법**
>
> **제6조 제1항** 헌법에 의하여 체결·공포된 조약과 일반적으로 승인된 국제법규는 국내법과 같은 효력을 가진다.

이른바 국제법이란 역사적으로 주권이 있는 근대 국가라는 개념과 체제가 생겨나면서 함께 생긴 것이다. 국가 스스로 독자적인 권리와 의무의 주체로 인식되면서 국가 사이에 체결한 약속이 법적 효력이 있게 된 것이다. 유럽에서 '30년 전쟁' 결과로 1648년 체결된 '베스트 팔렌 조약'이 이런 의미에서 최초의 근대적 조약에 해당한다.

조약은 형식과 명칭을 불문하고 국가를 포함하여 국제기구, 비정부기구NGO, 개인, 사기업을 아우르는 국제법주체 사이에 문서로써 체결되어 국제법주체 사이에서 효력이 있을 것으로 예정된 국제법규범을 말한다. 국제법규범 중에는 국제법주체 사이에 체결되는 조약 외에도 우리가 직접 체결하지는 않았지만, 국제사회에서 일반적으로 승인되어 국내에서도 당연히 효력이 있다고 인정되는 '국제법규'란 것도 있다.

과거에는 국내법과 국제법의 구별이 엄격하여 헌법이 국내 관계에 적용되는 국내 공법公法이라면 조약이나 국제법규는 국제 관계에 적용되는 국제 공법公法이라고 이해됐다. 지금도 국내법과 국제법의 개념적인 구별이 유지된다. 하지만 더는 국내법과 국제법을 엄격히 나누어 이해할 수 없다. 우리가 원하든 원하지 않았든 이른바 '국제화 시대'로 진입한 덕분이다. 우리가 쓰는 물건과 용역(서비스) 대부분이 다국적 기업의 상품이거나 대외 무역을 통해 조달된다. 우리 경제정책은 이미 미국이나 유럽, 일본 등 경제강국의 경제정책으로 말미암아 제약받기 일쑤이고, 동조화coupling라고 부르는 현상으로 세계 경제 상황에 따라 국내 경제상황도 불가분하게 바뀌는 시대에 산다.

법적 개념상으로 조약은 국제법에 속한다. 하지만 국제화한 현실

속에서 조약이 국내법과 무관하다고 하기는 어렵다. 예를 들어 한미 자유무역협정FTA은 당장 미국으로 물건을 수출하는 국내 기업에 중요한 법규범이 되고 미국인 투자자 이익을 해치는 국내 사회·경제정책은 직·간접적으로 제약될 수 있다는 점에서 국내법에 적지 않은 영향을 미치기 때문이다.

그렇다고 조약과 국제법규가 아무런 제약 없이 곧바로 국내법이 되는 것은 아니다. 조약이 국내에서 법적 효력이 있으려면 일정한 조건과 절차가 필요하다. 헌법은 이와 관련한 몇 가지 중요한 기준을 규정한다. 한편으로는 헌법 제6조에서 "헌법에 의하여 체결·공포된 조약과 일반적으로 승인된 국제법규는 국내법과 같은 효력을 가진다."라고 하여 조약과 국제법규가 '국내법과 같은 효력'이 있다는 헌법적 근거를 명시한다. 여기서 '국내법과 같은 효력'이 무엇인지 해석상 의문이 있다. 원칙적으로 '법률'과 같은 효력이 있다고 본다. 다만, 순수 행정협정은 '명령'이나 '규칙'에 상응하는 효력이 있다고 본다. 다른 한편, 헌법은 제73조에서 조약의 체결·비준할 권한이 대통령에게 있음을 명시하면서 제89조에서 조약안을 국무회의 심의사항으로 삼고, 특히 제60조에서 상호원조 또는 안전보장에 관한 조약, 중요한 국제조직에 관한 조약, 우호통상항해조약, 주권 제약에 관한 조약, 강화조약, 국가나 국민에게 중대한 재정적 부담을 지우는 조약이나 입법사항에 관한 조약의 체결·비준에 대해서는 국회에 '동의권'을 부여한다.

하지만 조약 체결 절차 등에 관한 헌법적 제약은 필요 최소한의 사항을 강조한 것이다. 최근 조약이 미치는 국내법적 영향력과 파급력을 생각해 볼 때 국민의 권익과 안전을 위해서라도 조약의 체결 절차를 법률로써 더 구체적이고 자세하게 마련할 수도 있다. 그렇게 하여 생겨난 것이 '통상조약의 체결절차 및 이행에 관한 법률'이다. 이것은 자유무역협정FTA과 같은 통상조약이 연이어 체결되는 과정에서 국가와 국민의 권익을 지키고 국민경제를 보호하려는 것으로 이해된다.

17
공무원제도

공무원은 비리로 처벌을 받거나 법을 어기지 않는 한 정년까지 신분이 보장된다. 이 점 때문에 '철밥통'이라고 비아냥거리는 사람도 있다. 공직사회의 무사안일을 두고 보신주의나 복지부동이란 말을 넘어 마피아 집단으로 비유한 '관피아'라는 말까지 생겨났다. 세월호 참사로 공무원에 대한 불신은 날로 커지고 있다.

먼저 공무원의 사전적 정의를 보자. 공무원은 국가나 지방자치단체에서 일하는 사람들이다. 정부나 지방자치단체가 실제 사람처럼 스스로 의사를 결정하고 그것을 실행에 옮길 수 없어서 이 기구를 대신해 일을 처리하는 사람이다. 한마디로 국민이 직접 선출하거나 임용하여 국민을 위해 국가의 공적 업무를 담당하도록 하는 인적 집단이라고 할 수 있다.

언뜻 단순해 보여도 공무원의 정의는 사실 너무 넓어 구체적인 사안마다 의미하는 바가 다르다. 공무원을 국민 전체에 대한 봉사자라고 말할 때는 가장 넓은 뜻으로 국회의원, 대통령, 법관 등 입법, 집행, 사법의 모든 공무원을 가리킨다. 하지만 신분 보장과 정치적 중립성을 이야기할 때는 공직을 평생 직업으로 삼는 직업공무원만을 뜻한다.

직업공무원은 그 신분이 보장되고 평생 공무원으로 근무할 것이 예정되는 공무원을 말한다. 특히 법관은 재판의 독립을 보장하기 위해 더 강한 신분 보장을 받는다. 이에 반해서 국회의원이나 대통령 같은 선출직 공무원은 임기 동안 어떻게 활동했는지에 따라 다음 선거에서 정치적 평가를 받는다.

대표적인 선출직인 대통령직은 중임금지 규정으로 말미암아 단 한

번만 수행할 수 있고, 국회의원은 국민의 선택을 받는 한 횟수 제한 없이 그 직을 유지할 수 있다.

이와 비교해서 장·차관 같은 선출직이 아닌 임명직 공무원은 임기조차 없고 정치적 판단에 따라 운명이 좌우된다. 그리고 대형 사고가 발생하거나 책임 소재를 따져야 할 정도로 정책이 실패했다면 문책이 거론된다는 점에서 정무직이라고 할 수 있다. 헌법상 공무원의 신분이 보장되는 것은 경력직 공무원에 한한다. 해고를 자유롭게 하지 못하게 공무원 신분을 헌법으로까지 보장해 주는 이유는 공무원 개인의 권리나 이익을 보호하려는 것이 아니라 정책 담당자가 수시로 바뀌지 않게 함으로써 공무 수행의 일관성을 유지하려는 데도 있다. 공무원이 자신의 신분적 불안에 동요하지 않고 국민을 위해 일관성 있고 안정적으로 정책을 집행할 환경을 만들어 주는 것이 본래 취지라고 할 수 있다.

공무원에 대한 신분 보장은 공무원의 정치적 중립성을 유지하기 위한 전제조건이기도 하다. 그래서 정권이 바뀔 때마다 정치세력의 간섭이나 압력에서 보호받지만 공직과 병행할 수 없는 정치활동을 해서는 안 된다. 따라서 선거에서 승리한 정당이 모든 공직을 소속 당원에게 선거의 전리품으로 분배하는 '엽관제spoils system'는 공무원의 신분과 정치적 중립을 보장하는 헌법 아래에서 인정될 수 없다. 엽관제를 제도적으로 배제하려고 개인의 능력에 따라 공무원에 임용되고 승진해야 한다는 능력주의를 채택한다. 어떻든 공무원의 신분 보장과 정치적 중립성은 정치세력에 대해서 정책 집행의 일관성과 계속성을 유지하는 데 필요하고, 능력주의에 따른 공무원 인사를 통해서 공직 취임 기회를 균등히 하여 공무원의 정략적 선발을 사전에 차단하여 엽관제가 공무원제도에 발 딛지 못하도록 해야 한다. 현행 헌법은 이를 천명함으로써 직업공무원제도를 헌법적으로 수용한다. 직업공무원제도는 공무원이 특정 정당이나 상급자에 충성하는 것이 아니라 국민 전체에 대한 봉사자로서 그 소임을 다할 수 있게 한다.

18
정당제도

제8조 제1항　정당의 설립은 자유이며, 복수정당제는 보장된다.

　　　　제2항　정당은 그 목적·조직과 활동이 민주적이어야 하며, 국민의 정치적 의사형성에 참여하는데 필요한 조직을 가져야 한다.

　　　　제3항　정당은 법률이 정하는 바에 의하여 국가의 보호를 받으며, 국가는 법률이 정하는 바에 의하여 정당운영에 필요한 자금을 보조할 수 있다.

　　　　제4항　정당의 목적이나 활동이 민주적 기본질서에 위배될 때에는 정부는 헌법재판소에 그 해산을 제소할 수 있고, 정당은 헌법재판소의 심판에 의하여 해산된다.

오늘날 우리 사회에서 중요한 현안은 정당을 중심으로 논의된다. 정당은 구성원의 의견을 수렴하여 정책 방향을 결정한다. 이를 국민 다수가 지지하면 국가 정책으로 발전시킨다.

선거도 정당을 빼고는 이야기하기 어렵다. 국민을 대신해 국정을 이끌어 갈 공직자를 뽑는 선거가 후보자 개인의 인물 평가가 아니라 후보자를 공천한 정당의 정책 평가로 그 성격이 바뀐 것이다.

통합진보당에 대한 정당해산심판은 정당에 관한 논의의 정점에 서 있다. 통합진보당 소속 국회의원에 대한 수사에서 비롯한 이 사건은 의원 개인 문제를 넘어 정부가 정당 자체를 해산시켜야 한다고 하면서 정당해산심판을 청구하기에 이르렀다. 이 과정에서 정부가 신중한 검토를 했는지뿐 아니라 헌법재판소의 통합진보당 해산결정이 정당한 것인지에 관해서 수많은 논란을 낳았다. 적어도 이 사건은 정당을 보호하려고 도입한 정당해산심판제도가 오히려 정당의 자유를 심각하게 침해할 수도 있다는 가능성에 관해서 진지하게 고민하게 한다.

정당은 국민을 위해서 책임 있는 정치적 주장과 정책을 추진하고 공직선거에 후보자를 추천함으로써 국민의 정치적 의사 형성에 참여함을 목적으로 하는 국민의 자발적 조직이다. 정당은 국민 전체 이익을 위한다는 점에서 오로지 특정 집단 이익에만 봉사하는 이익단체나 압력단체와 구별된다. 선거에서 국민 다수의 지지를 얻어 궁극적으로는 정권 획득을 목표로 한다는 점에서 시민단체와도 구별된다. 정당은 어디까지나 국민의 자발적 조직이므로 집권 세력이 정치적 필요에 따라 만드는 관제정당이나 어용정당도 정당으로 볼 수 없다.

정당은 국민과 국가를 연결해 국민의 정치적 의사가 국가 정책으로 이어지도록 매개하고, 국정을 이끌어가는 데 적합한 사람을 추천함으로써 국가기관을 구성하는 중요한 역할을 한다. 그래서 헌법은 이러한 정당의 역할과 기능을 보호하기 위해서 정당의 자유로운 설립과 활동을 보장하고 정당 운영에 필요한 자금을 국가예산으로 보조한다.

정당 설립의 자유를 보장하는 것은 일당 독재를 부정하는 것이다. 이를 통해 정치적 다원성을 본질로 하는 복수정당제도도 당연히 보장된다. 정당을 자유롭게 설립할 수 있더라도 그 목적·조직·활동이 민주적이어야 한다. 그렇지 않은 정당은 그 자체로 독재정당이 되기 쉽고, 정당 본연의 역할을 제대로 수행하기 어렵다. 정당에 대한 특별한 보호는 정당 운영에 필요한 자금의 국고 보조 외에도 헌법재판소 결정으로만 정당을 강제로 해산시킬 수 있는 위헌정당해산제도로 나타난다. 여기에는 두 가지 헌법적 의미가 있다.

첫째, 정당 해산이 정부나 여당이 야당을 탄압하는 수단으로 남용되거나 악용될 수 있으므로 그러한 위험을 방지하기 위한 것에서 찾을 수 있다. 이것은 과거 진보당에 대한 탄압과 민주혁신당에 대한 정당 등록 거부 등처럼 집행부가 정당을 지나치게 탄압했던 사실을 반성한 결과이다. 위헌정당해산제도의 진정한 목적이다. 따라서 오로지 헌법재판소의 해산결정을 통해서만 정당을 강제로 해산할 수 있다.

둘째, 정당 활동에서 자유민주적 기본질서를 지키기 위한 것이다. 자유민주적 기본질서는 헌법질서의 바탕을 이루는 핵심적 내용이다. 그것은 사람의 지배가 아닌 법의 지배를 뜻하는 법치국가원리와 국민의 통치를 뜻하는 민주주의원리로 이루어진다. 즉 법치국가원리나 민주주의원리를 부정하는 것은 헌법을 부정하는 것이다. 따라서 자유민주적 기본질서를 부정하는 정당은 더는 헌법적 보호를 받을 수 없고, 오히려 헌법재판소 결정으로 이러한 정당을 해산시켜야 한다.

현실정치에서 정당 역할이 증가함에 따라 오늘날 민주주의를 정당제 민주주의라고 부른다. 하지만 국민을 대표해야 할 국회의원은 소속 정당 당론에만 충실하게 따르는 모습으로 나타나고, 집행부를 감시하고 견제해야 할 국회는 오히려 집행부와 결합해 가는 양상이다. 하지만 정당 공천을 받은 사람도 먼저 국민 전체 이익을 희생시키지 않는 범위에서 소속 정당의 정책과 결정을 따라야 한다. 당선자가 당원이라고 해서 국민 전체 이익보다 소속 정당의 이익을 우선시할 수는 없다.

19
문화국가원리

헌법

제9조 국가는 전통문화의 계승·발전과 민족문화의 창달에 노력하여야 한다.

고구려와 백제, 신라와 같은 고대국가는 율령과 함께 불교를 공인하여 나라의 힘을 하나로 모았다. 그리고 태학과 같은 학교를 세워 법을 집행할 관리를 양성했다. 법, 종교, 교육은 모두 문화의 일부이다. 국가 지배에서 문화는 상당히 중요한 역할을 한다. 예를 들어 합천 해인사에 있는 '팔만대장경'은 대표적인 전통문화유산이다. 팔만대장경은 몽골군 침입으로 피폐해진 고려에서 만들어졌다. 당시 민중 대다수는 몽골군에 쫓기고, 몽골군이 돌아가면 세금을 못 내서 쫓기고, 보릿고개가 오면 굶어 죽지 않으려고 하루하루 고단하게 살았다. 부처님의 힘으로 국난 위기를 극복하려는 염원은 어쩌면 당시 지배자의 염원이었을 것이다. 이를 위해 산골의 아름드리나무를 베고, 수많은 사람의 노동력과 시간이 들어갔다. 하루하루 살아가기 바쁜 민중에게 이런 '문화'는 지배자의 사치에 불과했을지도 모른다. 그런데 문화는 민족을 하나로 묶는 구심점 역할을 한다. 민족이란 같은 언어, 종교, 역사, 관습, 전통 등을 공유하는 사람들을 말하기 때문이다. 이런 민족이라는 관점에서 보면 몽골군 침입이라는 국난 극복이 어찌 지배자만의 염원이었을까? 민족문화란 이런 민족 단위의 고유문화를 말한다.

문화는 사람들이 만들고 공유하는 모든 것을 말한다. 언어, 문자, 노래, 음악, 춤, 예술, 전통, 관습, 법, 윤리나 도덕, 종교 등과 같이 사람이 만들고 어떤 범위에서든 공유하면 그것이 뭐든 문화라고 할 수 있다. 그 범위가 작게는 하나의 가족이나 직장 동료에 머물 수도 있다. 그것은 가족이나 회사의 문화라고 할 수 있다. 넓게는 한 지역이나 국가 또는 민족 범위에서 공유할 수도 있다. 그리고 더 넓게는 전

세계 보편적인 대중이 공유할 수도 있다. 민족문화는 이 중 민족 범위에서 공유되는 문화 정도로 이해할 수 있다. 문화를 명확하게 정의하기는 쉽지 않다. 특히 예술혼이나 장인정신과 같이 일정한 가치가 있는 것만 문화이고 그렇지 않으면 문화가 아니라고 말할 수도 있다. 그럼 이른바 '고급문화'만 문화로 볼 수도 있다. 이것이 불공평하다고 생각하면, 막연하게 사람이 만들고 공유한 모든 것을 문화라고 정의할 수도 있다.

처음에 문화는 철저히 지배자의 통치수단이었다. 그러나 민중이 먹고사는 데 어느 정도 여유가 있게 되고 글을 배우고 쓸 수 있게 되면서 문화는 지배자의 전유물은 아니게 됐다. 그런 의미에서 '한글'은 정말로 귀한 문화유산이다. 전통문화 중에서 한글로 된 문학 작품을 보면 당시 지배자인 왕이나 양반을 풍자하고 비판하는 것을 쉽게 볼 수 있기 때문이다. 서양에서는 산업혁명 이후 상공업에 종사하는 중산층과 자본가도 지배자와 같이 예술과 문화에 돈을 쓰기 시작했다. 그리고 시민혁명으로 귀족이 몰락하면서 문화는 시민의 손에 넘어간다.

지배자가 귀족에서 시민으로 바뀌었어도 지배수단이라는 문화의 기능은 크게 달라지지 않았다. 예를 들어 예전에 '문화국민'이나 '문화시민'이라는 말이 많이 쓰였다. 다른 사람의 모범이 되는 국민으로 문화국민은 문명화한 혹은 계몽된 국민을 말했다. 국민교육은 이런 문화국민을 길러내기 위함이고 누구나 문화국민이 되려고 노력했다. 표준어 규정을 보면, "교양 있는 사람들이 두루 쓰는 현대의 서울말"로 표준어를 규정한다. 이 규정만 보면 교양 있는 사람이라면 표준어를 사용하는 것이 당연한 것 같다. 이렇게 문화는 문화국민과 문화국민이 아닌 국민을 구별함으로써 강제하지 않고 국민 생활을 지배할 수 있다.

그런데 지배수단인 문화는 이념적으로 이용되기 쉽다. 20세기 전체주의자나 공산주의자는 문화를 매우 효과적으로 사용했다. 특히 일본 제국주의자는 문화를 앞세워 우리 민족성을 말살하려고 했다. 일제 '신민臣民'은 우월하고 식민지 조선인은 열등하다는 의식을 끊임없이 주입해서 식민지 조선인이 자신을 그리고 동족인 조선인을 부끄러워하도록 만들었다. 그리고 우월한 일본 제국주의에 반대하고 투쟁하는 사람을 미개하고 어리석은 사람으로 인식하게 만들었다. 더 나아가 적극적으로 그 우월한 일제 신민이 되고자 했던 조선인을 식민지배와 독립운동 탄압의 수단으로 이용했다. 이를 식민지 '문화통치'라고 한다.

제2차 세계대전이 끝나고 민주주의 국가들은 문화가 이렇게 이념적 지배수단으로 악용된 것을 반성했다. 그래서 오늘날 민주사회 대부분에서는 국가가 문화를 지원하더라도 그 내용에는 개입하지 않는다는 원칙이 있다. 이를 '문화국가'라고 한다. 그리고 이 문화국가는 헌법 제9조에 규정됐다. 헌법에는 그 밖에도 문화에 관한 규정이 여럿 있다. 헌법 전문은 "유구한 역사와 전통에 빛나는 우리 대한국민"을 주어로 쓴다. 그리고 "정치 · 경제 · 사회 · 문화의 모든 영역에서 각인의 기회를 균등히 하고, 능력을 최고도로 발휘하게 하며"라는 구절이 있다. 헌법 제69조에 있는 대통령의 취임선서에도 "민족문화의 창달에 노력하여"라는 구절이 있다.

독립운동가 김구는 우리나라가 '문화국가'가 되기를 희망했다. 그

희망과 같이 오늘날 우리 대중문화는 '한류'라는 이름으로 세계인의 주목을 받고 있다. 그리고 이렇게 문화가 꽃피울 수 있게 된 것은 민주화 이후 국민의 자유와 창의가 신장이 됐기 때문이다. 과거에 문화는 지배자의 것이었고 이념적 지배수단으로 악용되기도 했다. 그러나 현대 민주주의 국가에서 문화는 주권자인 국민이 만들어간다. 즉 유구한 역사와 전통에 빛나는 '대한국민'이 민족문화를 창달한다. 다만, 국가는 이를 위해서 각인의 기회를 균등히 하고 능력을 최고도로 발휘할 수 있도록 도와줄 수 있을 뿐이다.

루브르 박물관에 가면, 우리가 교과서에서 사진으로 본 세계적인 문화유산 밑에 학생들이 편히 둘러앉아서 선생님과 함께 토론하는 모습을 많이 볼 수 있었다. 국립박물관이라는 공공서비스는 학생들이 이렇게 문화적으로 풍요로운 환경 속에서 교육받을 수 있게 해 준다. 루브르 박물관과 같이 거대한 시설은 국가가 아니면 유지하기 어렵다. 그리고 국가가 아니면 국민 누구나 그 전시품들을 볼 수 있게 해 주지 않을 것이다. 공공도서관, 미술관, 공연장 같은 문화시설과 공영방송도 국민에게 균등한 문화적 기회를 제공하려고 만든 것이다. 국가는 전통문화는 물론 고급문화와 대중문화 구별 없이 다양한 문화가 고루 발전하고 보전될 수 있도록 노력해야 한다.

20
인권과 기본권의 개념

헌법

제10조 모든 국민은 인간으로서의 존엄과 가치를 가지며, 행복을 추구할 권리를 가진다. 국가는 개인이 가지는 불가침의 기본적 인권을 확인하고 이를 보장할 의무를 진다.

1948년 헌법

제5조 대한민국은 정치, 경제, 사회, 문화의 모든 영역에 있어서 각인의 자유, 평등과 창의를 존중하고 보장하며 공공복리의 향상을 위하여 이를 보호하고 조정하는 의무를 진다.

대한민국 임시약헌(1940년 10월 9일)

제2조 대한민국의 인민은 일체 평등하며, 또한 법률의 범위내에서 자유 및 권리를 가진다.

대한민국 임시약헌(1927년 3월 5일)

제3조 대한민국의 인민은 법률상 일체의 자유와 권리를 가진다.

한성정부 약법(1919년 4월 23일)

제3조　국시國是는 국민의 자유와 권리를 존중하고 세계평화의 행복을 증진하게 함.

독일 기본법

제1조 제1항　인간의 존엄은 침해할 수 없다. 이를 존중하고 보호하는 것은 모든 국가권력의 의무이다.

　　제2항　따라서 독일 국민은 침해할 수 없고 양도할 수 없는 인권을 세계 모든 인간공동체와 평화 그리고 정의 기초로서 인정한다.

　　제3항　이하의 기본권은 직접 효력이 있는 법으로서 입법과 집행 그리고 사법을 구속한다.

일본 헌법

제11조　국민은 모든 기본적 인권의 향유를 방해받지 아니한다. 이 헌법이 국민에게 보장하는 기본적 인권은 침해될 수 없는 영구적 권리로서 현재와 장래의 국민에게 주어진다.

제12조　이 헌법이 국민에게 보장하는 자유와 권리를 보유하기 위하여 국민은 끊임없이 노력하지 않으면 아니 된다. 그리고 국민은 이를 남용하여서는 아니되고 언제나 공공복지를 위하여 이용할 책임을 진다.

제13조　모든 국민은 개인으로서 존중된다. 생명, 자유와 행복추구에 대한 국민의 권리는 공공복지에 어긋나지 않는 한 입법과 그 밖의 국정에서 최대한 존중된다.

권리를 가리키는 다양한 말 중에서 우리가 자주 듣는 것은 인권이다. 그런데 헌법재판소는 위헌결정을 내릴 때 기본권이 침해됐다고 하지 인권이 침해됐다고 하지 않는다. 즉 헌법재판소는 인권이 아니라 기본권이라는 말을 즐겨 쓴다. 기본권이라는 것을 유심히 살펴보면 일반적으로 인권이라고 부르는 것과 별 차이가 없는 것 같다. 그럼 인권과 기본권은 같은 것인가? 아니면 다른 것인가?

인권은 말 그대로 인간의 권리이다. 물론 인간이 누리는 권리라고 해서 모두 인권은 아니다. 인권은 모든 인간이 오로지 인간이라는 이유만으로 누리는 권리이다. 즉 인간이라는 종에 속하기만 하면 '당연히' 누리는 권리가 인권이다. 인권은 국가와 상관없이 존재한다. 인권은 국가 이전에 천부적으로 이미 있었다. 그래서 성문법 형식으로 규정될 필요도 없고 국가권력이 그 효력을 담보할 필요도 없다. 이러한 점에서 인권은 자연권이다.

인권은 때와 장소를 가리지 않고 누구나 주장할 수 있다는 장점이 있다. 그러나 누구나 주장할 수 있다는 것은 반대로 누구나 부정할 수도 있다는 것이다. 여기서 인권은 그 내용이 명확하지 않다는 단점이 발견된다. 그리고 인권은 어떠한 권력이나 강제력을 전제하지 않는다는 점에서 인권을 관철하기 어렵다는 문제점도 있다. 이러한 약점은 수백 년에 걸친 투쟁 끝에 권리를 문서에 명시하여 확정하고 국가에 인권을 보장할 의무를 부여함으로써 해결했다. 이러한 과정에서 인권은 기본권으로 거듭났다.

기본권은 헌법이 보장하는 국민의 기본적 권리이다. 기본권은 반드시 헌법에 근거가 있어야 한다. 즉 헌법이 명시적으로 권리로 규정하거나 최소한 해석을 통해서 도출할 수 있어야 비로소 기본권이라고 한다. 기본권은 그 존재와 효력을 모두 헌법이 보장한다는 점에 특색이 있다. 기본권 보호는 헌법의 유일한 목적으로서 국가는 기본권을 보장할 의무를 진다. 따라서 기본권을 보장하지 않는 국가는 헌법적 측면에서 더는 국가로 볼 수 없다.

그런데 우리 헌법전에서는 기본권이라는 용어를 찾을 수 없다. 자유와 권리 그리고 기본적 인권이라는 용어만 발견된다. 여기서 자유는 인권에서 직접 유래하는 헌법적 권리를 말하고, 권리는 인권에서 직접 유래하지 않는 헌법적 권리를 가리킨다. 기본적 인권은 헌법이 보장하는 모든 권리를 가리키는 것으로서 자유와 권리를 아우른다. 따라서 기본권은 기본적 인권의 준말로 볼 수 있다.

인권은 헌법에 규정됨으로써 법적 의미를 얻는다. 하지만 인권을 헌법전이라는 문서에 적어도 인권의 자연법적 성격이 사라지지 않는다. 자연법적 성격은 본디 법전이라는 문서에 적었는지와 상관없이 인정되기 때문이다. 이러한 점에서 인권을 헌법이라는 문서에 적으면(실정화) 자연권인 인권에 법전에 적힌 권리(실정권)라는 성격이 붙는다. 따라서 이러한 실정화로 말미암아 인권이 약화하는 것이 아닐 뿐 아니라 실정화한 인권이 헌법전과 운명을 같이 하는 것도 아니다. 헌법전의 기본권목록이 인권의 수준 이상을 보장한다면 인권은 헌법의 그늘 아래에서 잠자지만, 인권의 수준에 미치지 못하면 인권은 깨어나 헌법전과 무관하게 효력이 생긴다. 이러한 점에서 인권은 기본권의 최소한으로 기능한다. 따라서 인권과 기본권의 관계는 가치 우열 문제가 아니라 다른 효력 근거 문제이다.

인권이 헌법에 규정되면 그 인권에는 아주 중요한 변화가 따른다. 인권을 헌법전에 적으면 헌법규정이 권리요건을 구체화하여 해당 권리의 보장범위가 명확하게 확정되고, 법원과 헌법재판소는 해당 권리를 재판규범으로 원용해야 한다. 특히 인권은 주장하는 사람이 그 내용과 효력을 증명하지 못하면 보장받지 못하지만, 기본권은 그것을 주장하기만 하면 국가가 그것이 기본권에 해당하지 않거나 기본권에 해당하지만 제한될 수 있음을 증명하지 못하는 한 국가는 그것을 기본권으로 보장해야 한다.

하지만 기본권이 인정되어도 인권의 의미는 여전히 살아 있다. 기본권은 그 목록을 반드시 헌법전에서 찾아야 하므로 그 보장범위가 고정되거나 좁아질 위험성이 있다. 이러한 문제점은 개방적 성격이 있는 인권의 도움으로 해결할 수 있다. 즉 인권은 다양한 새로운 권리를 발굴하여 주장할 수 있게 함으로써 기본권목록이 확대될 가능성을 열어준다. 이러한 점에서 인권과 기본권은 배척관계가 아니라 서로 보완하는 관계에 있다. 따라서 국민의 권리는 인권과 기본권이 서로의 약점을 보완하며 공존할 때 비로소 충실하게 보장될 수 있다.

21
인간의 존엄과 가치

헌법

제10조 제1문 <u>모든 국민은 인간으로서의 존엄과 가치를 가지며, 행복을 추구</u>할 권리를 가진다.

독일 기본법

제1조 제1항 인간의 존엄은 침해될 수 없다. 이를 존중하고 보호하는 것은 모든 국가권력의 의무이다.

한국을 방문한 프란치스코 교황은 강론에서 인간의 존엄성을 모독하는 죽음의 문화를 배척할 것을 강조했다. 인간을 목적이 아니라 생산과 경쟁의 수단으로 몰아넣는 작금의 물질주의 풍조에 경종을 울린 것이다. 태국의 대리모를 통해 태어난 장애아가 호주인 친부모에게서 버림을 받았다는 외신 보도도 있었다. 절대적인 가난에서 벗어나려는 부득이한 선택이라고 하지만, 새로운 생명 탄생을 준비하기 위한 여성의 소중한 몸이 돈벌이를 위한 수단으로 전락한 셈이다.

국민의 권리와 의무를 규정하는 헌법 제2장은 인간의 존엄과 가치를 선언하는 것으로 시작한다. 그것은 헌법이 보장하는 국민의 모든 자유와 권리가 궁극적으로는 인간의 존엄과 가치를 지키고 실현하기 위함에 있다는 뜻이다.

국민 개개인이 정치, 경제, 사회, 문화의 모든 생활 영역에서 자유롭게 개성을 신장하고 최소한의 물질적인 삶을 보장받을 수 있어야 비로소 인간의 존엄과 가치가 실현된다. 그런 의미에서 인간의 존엄과 가치는 헌법의 이념적 출발점이자 핵심적 가치이다. 나아가 인간의 존엄성 보장은 국가의 존재 이유이기도 하다. 국가는 그 자체로 독자적인 가치가 있지도 않고 목적도 아니다. 인간의 존엄과 가치를 더욱 잘 실현할 수 있는 도구의 기능이 있을 뿐이다. 국민 생명을 경시하는 국가, 국가 이익을 위해 국민 희생을 강요하는 국가가 정당성이 없는 이유가 여기에 있다.

인간은 동물과 달리 이성에 기초하여 인식하고 행동하며 자신의 삶을 만들어 가는 유일한 존재이다. 인간은 개개인이 하나의 자율적인 인격체이므로 모두 동등하게 존중을 받아야 하는 목적적 존재이지, 다른 무엇을 위한 수단일 수 없다. 그래서 교도소나 정신병원에서는 수형자의 교화와 사회 복귀, 환자 치료를 위해서만 강제수용이 허용된다. 범죄자를 엄히 처벌하는 것을 보여줌으로써 일반인에게 경각심을 주거나 환자를 둔 가족의 편안한 삶을 위해서 강제수용이 이루어져서는 안 된다. 또한 수사 과정에서 자백을 받으려고 고문을 하거나 밤샘 수사를 하는 것도, 제품을 더 생산하려고 종업원을 노예처럼 부리는 것도 모두 사람을 수사나 돈벌이의 수단으로 이용하려는 것으로 인간의 존엄과 가치를 침해한다.

인간의 존엄과 가치 보장은 물질적인 최저생계 보장에서 출발한다. 개인이 자신의 생계를 유지할 수 없다면 인간의 존엄은 빈말에 그칠 것이기 때문이다. 따라서 국가는 자력으로 살아갈 수 없는 국민에게 물질적 급부를 통해 최저생계를 보장해야 하고, 세금을 부과할 때도 늘 국민의 생계능력을 고려해야 한다. 독일에서 망명 신청을 한 외국인에게 독일 국민에게 지급하는 최저생계비보다 적은 액수의 생계비를 지급하는 것에 대해서 독일 연방헌법재판소가 인간의 존엄성을 해치는 차별대우라고 판단한 것은 인간 존엄성의 헌법적 의미와 관련해 우리에게도 큰 시사점을 준다.

존엄사 문제도 인간의 존엄과 관련하여 생각해 보아야 한다. 죽음을 눈앞에 두고 그 과정을 다른 사람에게 보이고 싶지 않거나 남은 가족에게 부담을 주기 싫다는 이유로 자신의 결정에 따라 존엄하게 죽는 길을 선택하는 것을 '존엄사'라고 한다. 실제로 치료 과정에서 식물인간이 된 어느 할머니에게서 인공호흡기를 떼어 달라고 자녀가 요구한 적이 있었다. 이에 대해 대법원은 무의미한 연명치료 중단을 허용하는 판단을 했다. 환자가 의식이 있을 때 미리 생명 연장을 위한 의학적 조치를 하지 않도록 당부했고, 의학적으로 살아날 가능성이 없다는 객관적 진단이 내려져 생명을 연장하려는 조치를 중단했다면 인간의 존엄성이 훼손된 것으로 보기 어렵다는 것이다. 같은 이유로 죽음 과정에서 본인의 확고한 뜻에 따라 이루어지는 다른 사람을 치료하기 위한 장기 적출도 인간의 존엄성에 어긋난다고 볼 수 없다.

인간의 존엄과 가치는 우리 모두가 당연하게 받아들이고 헌법에서도 가장 앞자리에 있는 기본권 중의 기본권이다. 그런데도 구체적인 삶의 현장에서는 가장 낯설고 멀리 떨어져 있는 것으로 느껴지기도 한다. 국가가 세우는 모든 정책과 활동은 그 주파수를 '인간의 존엄성'에 민감하게 맞추어야 한다. 그것은 인간의 존엄과 가치 선언이 헌법의 최고 이념이자 국가의 존재 이유이기도 하기 때문이다.

22
행복추구권

제10조 제1문 <u>모든 국민은</u> 인간으로서의 존엄과 가치를 가지며, <u>행복을 추구할 권리를 가진다.</u>

미국 버지니아 권리선언(1776년)

제1조 모든 인간은 태어날 때부터 자유롭고 독립적이며, 태어날 때부터 일정한 권리가 있다. 이러한 권리는 인민이 사회를 조직할 때 어떠한 계약에 따라서도 인민 자손에게서 박탈할 수 없다. 이러한 권리는 재산을 취득·소유하고 <u>행복과 안녕을 추구·획득하는 수단을 포함하여</u> 생명과 자유를 누리는 권리이다.

제3조 정부는 인민·국가나 사회의 이익·보호와 안전을 위해서 수립됐고 수립돼야 한다. 정부 형태는 각기 다르지만 <u>최대한의 행복과 안녕을 가져올 수 있고,</u> 실정 위험에 대한 보장이 가장 효과적인 것이 최선의 것이다. 어떠한 정부라도 그것이 이러한 목적에 어긋나거나 불충분한 것이면 사회 다수인이 그 정부를 개량하고 변혁하고 폐지할 권리가 있다. 이러한 권리는 의심할 여지없이 양도할 수 없고 버릴 수도 없다. 다만, 이러한 (권리 행사) 방법은 공공복리에 가장 이바지할 수 있다고 판단되는 것이어야 한다.

미국 독립선언서(1776년)

우리는 다음의 사실을 자명의 진리로 확신한다. 즉 모든 사람은 평등하게 창조됐고, 창조주는 그들에게 일정한 양도할 수 없는 천부의 권리를 부여했으며, 그중에는 생명·자유와 행복을 추구할 권리가 포함된다.

일본 헌법

제13조 모든 국민은 개인으로서 존중된다. 생명, 자유와 행복추구에 대한 국민의 권리는 공공복지에 어긋나지 않는 한 입법과 그 밖의 국정에서 최대한 존중된다.

운전자 A는 안전띠를 착용하지 않고 승용차를 운전하던 중 경찰관에게 적발되어 범칙금 납부 통고를 받고 이를 냈다. 이에 A는 안전띠를 매도록 의무화하는 것과 이를 어겼을 때 범칙금을 내도록 통고하는 것은 헌법 제10조의 행복추구권 등을 침해하는 것으로 생각했다. 과연 안전띠를 매도록 한 것은 행복추구권을 침해할까?

행복추구권은 1980년 헌법에서 처음으로 규정됐고, 1987년 현행 헌법에도 규정되어 있다. '행복'이라는 말이 법조문으로 만들 수 있는 성격의 개념이 아니라서 행복추구권의 구체적 권리성을 부정하는 견해도 있다. 하지만 헌법재판소는 헌법에 열거되지 않은 자유와 권리로서 '포괄적 기본권'으로 인정한다. 비록 행복추구권이 포괄적 기본권이더라도 국민이 행복을 추구하는 데 필요한 금전이나 물건 등을 국가에 적극적으로 요구할 수 있는 것이 아니라, 국민이 행복을 추구하기 위한 활동을 국가권력 간섭 없이 자유롭게 할 수 있다는 소극적인 의미에서 포괄적인 자유권의 성격을 띤다.

행복추구권 내용으로 가장 많이 언급되는 구체적인 권리로는 '자기결정권'과 '일반적 행동의 자유'를 들 수 있다. 자기결정권에는 출산에 대한 자기결정권, 생명·신체에 대한 자기결정권, 성적 자기결정권 등이 포함된다. 헌법재판소는 형법상 간통죄와 혼인빙자간음죄는 국민의 성적 자기결정권을 침해한다는 이유로 위헌으로 선언한 적이 있다. 민법상 동성동본 사이의 결혼을 금지하는 규정에 대해서도 국민의 성적 자기결정권을 근거로 헌법에 합치하지 않는다는 결정을 내린 적이 있다.

한편, 일반적 행동의 자유는 행복을 추구하기 위해서 자유롭게 행동할 수 있는 자유를 가리킨다. 일반적 행동의 자유는 개인이 행위를 할 것인지에 관해서 자유롭게 결정하는 것을 전제로 이성적이고 책임감 있는 사람이라면 자기에 관한 사항은 스스로 처리할 수 있을 것이라는 생각에서 인정된다.

일반적 행동의 자유는 '적극적'으로 자유롭게 행동을 하는 것은 물론 '소극적'으로 행동을 하지 않을 자유, 즉 부작위의 자유도 포함하며, 포괄적인 의미의 자유권으로서 일반조항적인 성격도 있다. 즉 일반적 행동의 자유는 모든 행위를 할 자유와 행위를 하지 않을 자유로서 가치 있는 행동만 그 보호영역으로 하지 않는다. 따라서 그 보호영역에는 개인의 생활방식과 취미에 관한 사항도 포함되며, 여기에는 위험한 스포츠를 즐길 권리와 같은 위험한 생활방식으로 살아갈 권리도 아우른다.

안전띠를 매도록 하는 것과 관련하여 생각해 보면, 안전띠를 매지 않을 자유는 헌법 제10조의 행복추구권에서 나오는 일반적 행동의 자유에 포섭된다. 따라서 운전할 때 안전띠를 매야 할 의무를 지우고 이에 위반했을 때 범칙금을 부과하는 것은 운전자 A의 행복추구권의 구체적인 내용으로서 일반적 행동의 자유를 제약한다.

그러나 안전띠를 매지 않는 행위는 그로 말미암아 받을 위험이나 불이익을 운전자 스스로 회피하지 못하고 매우 큰 사회적 부담을 발생시키는 점 등에 비추어 보면, 운전자 자신만이 아니라 사회공동체 전체의 이익에 해를 끼치므로 국가 개입을 정당화한다. 그리고 안전띠 착용으로 달성하려는 공익은 국민의 생명과 신체를 보호하는 것으로서 이는 재산적인 가치로 환산할 수 없는 것일 뿐 아니라 교통사고로 말미암은 사회적인 비용을 줄여 사회공동체 이익을 증진하기 위한 것이다.

따라서 운전자의 안전띠 착용을 의무화하고 이를 어겼을 때 범칙금을 부과하는 것은 정당한 공익을 실현하는 데 필요한 제한에 국한되는 것으로 운전자 A의 일반적 행동의 자유를 과도하게 침해하지 않는다고 할 것이다.

23
기본권보장의무

2011년 1월 15일 삼호해운 소속 삼호주얼리호가 소말리아 해안에서 동북쪽으로 2,000km 떨어진 인도양 해역에서 소말리아 해적에게 납치됐다. 2010년 12월부터 청해부대 6진으로 아덴만에 파견됐던 한국 해군 구축함 최영함은 피랍된 삼호주얼리호를 추격했다. 그리고 2011년 1월 21일 청해부대는 '아덴만 여명작전'이라는 구출 작전을 펼쳐 소말리아 아덴만 해상에서 작전을 시작한 지 5시간 만에 선원 21명과 선박을 모두 안전하게 구출했다.

우리는 기본권을 보장하려고 헌법을 만들었다. 따라서 기본권 보장이 헌법을 만든 유일한 목적이다. 이러한 목적을 달성하려고 헌법은 국가를 창설했다. 그래서 국가는 기본권을 보장할 의무를 진다. 헌법이 기본권을 통해서 보호하는 이익을 지키기 위해서 국가가 지는 의무가 기본권보장의무이다. 기본권보장의무의 주체인 국가는 공권력을 행사하는 모든 주체이다. 보장되는 기본권은 헌법이 보장하는 모든 권리이다. 이러한 권리는 기본권규정에서 직접 도출될 수도 있지만, 다른 헌법규정에서 도출될 수도 있다. 보장은 기본권을 인정하는 목적에 맞게 실현되도록 하거나 기본권 내용이 침해되는 것을 막는 것이다.

기본권은 다양한 관계에서 여러 주체가 침해할 수 있다. 기본권보장의무는 누가 기본권을 침해하는지에 따라 기본권존중의무, 기본권구조의무, 기본권보호의무, 국제적 보호의무, 자연재해방재의무로 나눌 수 있다.

본래 국가의 침해에서 개인의 권리를 보호하려고 기본권이 논의됐다. 그래서 국가가 전통적인 기본권침해자이다. 시위 도중 물대포에 맞아 사망한 고故 백남기 농민처럼 국가의 적극적 행위 때문에 기본권이 침해되는 것이 일반적이다. 하지만 경찰서 앞에 피를 흘리며 쓰러진 사람을 경찰이 발견하고도 바로 병원에 이송하지 않고 내버려두어 죽도록 하는 것처럼 국가의 소극적 행위가 기본권을 침해할 수도 있다. 이처럼 어떠한 형태로든 국가의 행위로 말미암아 기본권이 침해됐을 때 기본권을 보장해야 할 국가의 의무가 기본권존중의무이다. 이것은 (주관적) 권리로서 이해되는 기본권에 대응한다. 즉 이때 개인은 국가에 기본권을 보장해 달라고 요구할 수 있다.

자신의 사과를 먹을지 남에게 줄지 버릴지는 사과 주인이 마음대로 결정할 수 있다. 그러나 사람에게 하나뿐인 목숨은 아무리 자신이라도 마음대로 버릴 수 없다. 특히 실연의 상처 때문에 죽으려고 한강대교 위를 오르는 것은 정상적인 판단의 결과로 보기 어렵다. 그리고 사망보험금을 노리고 같이 죽자는 내연녀의 꼬임에 빠져 한강에 뛰어든 사람이 있을 수도 있다. 또한 운전 중 휴대전화를 사용하다가 실수로 차가 다리 난간에 부딪혀 사람이 한강에 빠질 수도 있다. 이때 국가, 구체적으로 이들을 목격한 경찰은 죽을 위기에 처한 이러한 사람들을 구해야 한다. 기본권주체 자신이 자기 기본권을 위험에 빠뜨리는 것을 자초위해라고 한다. 그리고 이러한 상황에서 기본권주체를 위험에서 벗어나게 할 국가의 의무가 기본권구조의무이다.

기본권은 바로 옆에 있는 사람이 침해할 수도 있다. 예를 들어 자신을 기분 나쁘게 째려봤다고 지나가는 여자를 두들겨 패는 조직폭력배가 있을 수 있다. 이때 이를 목격한 경찰은 조직폭력배가 여자를 패지 못하도록 조처를 해야 한다. 한강에 독극물을 대량으로 뿌리는 사람이 있으면 국가는 한강에 스며든 독극물이 사람들을 해하지 않도록 가능한 모든 조처를 해야 한다. 이처럼 어떤 사람이 다른 사람의 기본권을 침해할 때 피해를 당한 사람을 구해야 할 국가의 의무가 기본권보호의무이다. 기본권존중의무에서 국가는 기본권침해자이지만, 기본권보호의무에서 국가는 기본권보호자라는 점에서 다르다.

중국을 여행하려고 인천공항에서 비행기를 타고 북경에 갔다가 중국 공안이 아무런 증거 없이 마약밀수자로 붙잡은 국민이 있을 수 있다. 이때 북경은 중국 영토라서 대한민국 헌법을 비롯한 한국법이 미칠 수 없어 대한민국은 공권력을 행사할 수 없다. 그렇다고 해서 대한민국이 자기 국민을 내팽개칠 수는 없다. 즉 대한민국은 자국민을 보호하기 위해서 모든 외교적 노력을 기울여야 한다. 이처럼 외국을 포함한 국제법주체가 자국민의 기본권을 침해할 때 국가가 지는 기본권보장의무를 국제적 보호의무라고 한다.

갑작스럽게 비가 내려 온 동네 집이 물에 잠길 수 있다. 이때 집에서 자던 사람들은 살고자 지붕 위로 올라갈 수 있다. 이렇게 고립된 사람을 인지한 구급대원은 이들을 살리고자 배를 타고 가야 한다. 홍수를 일으킨 것은 국가가 아니다. 하지만 이러한 상황에서 사람들을 구할 힘이 있는 것은 국가뿐이다. 개인이나 단체가 이러한 상황을 스스로 극복하기는 어렵다. 이때 국가가 지는 기본권보장의무가 자연재해방재의무이다.

기본권 보장은 대부분 국가영역 안에서 이루어진다. 그러나 국가영역 밖에서 국민의 기본권이 침해되어도 국가는 해당 기본권을 보장해야 한다. 기본권의 침해나 침해될 가능성을 제거하는 것이 보장의 구체적 내용이기 때문이다. 따라서 소말리아 해안이라는 외국에서 국민이 납치되어 생명과 재산권이 침해됐다면 국가는 국민의 생명과 재산권을 보호해야 한다. 이때 국가는 최소한 국민의 생명과 재산권에 대한 침해를 옹글게(완벽하게) 제거해야 한다. 이러한 점에서 청해부대의 아덴만 여명작전은 국가가 국민에게 은혜를 베푼 것이 아니라 자기 의무를 이행한 것에 불과하다.

24
평등권

헌법

제11조 제1항 모든 국민은 법 앞에 평등하다. 누구든지 성별·종교 또는 사회적 신분에 의하여 정치적·경제적·사회적·문화적 생활의 모든 영역에 있어서 차별을 받지 아니한다.

제2항 사회적 특수계급의 제도는 인정되지 아니하며, 어떠한 형태로도 이를 창설할 수 없다.

제3항 훈장 등의 영전은 이를 받은 자에게만 효력이 있고, 어떠한 특권도 이에 따르지 아니한다.

형평운동 취지문(경남 진주, 1923. 4. 25.)

공평은 사회의 근본이고 애정은 인류의 본령이다. 그런 고로 우리는 계급을 타파하고 모욕적 칭호를 폐지하여 교육을 장려하며 우리도 참다운 인간이 되는 것을 기하는 것은 본사(형평사)의 주지이다. 지금까지 조선의 백정은 어떠한 지위와 어떠한 압박을 받아왔던가?

과거를 회상하면 종일토록 통곡하여도 혈루血淚(피눈물)를 금할 길 없다. 여기에 지위와 조건문제 등을 제기할 여유도 없이 일전의 압박을 절규하는 것이 우리의 실정이다. 이 문제를 선결하는 것이 우리의 급무라고 설정하는 것은 적확한 것이다. 비하고 천하게 굴한 자는 누구였던가? 아아 그것은 우리의 백정이 아니었던가?

소위 지식계급을 위한 압박과 멸시만이 아니었던가? 직업의 구별이 있다고 하면 금수의 생명을 빼앗는 자 우리만이 아닌 것이다. 사회는 시대의 요구보다도 사회의 실정에 응하여 창립됐을 뿐 아니라 우리도 조선민족 2천만의 분자로서 갑오년(1894년) 6월부터 칙령으로써 백정의 칭호가 없어지고 평민이 된 우리들이다. 애정으로써 상호부조하며 생명의 안정을 도모하고 공동의 존영을 기하려 한다.

이에 40여 만의 단결로써 본사(형평사)의 목적인 그 주지를 선명하게 표방코자 하는 바이다.

우리 사회에서 차별 사유로 지역, 종교, 학력 등과 함께 남녀 문제가 주로 거론된다. 남녀차별은 직장에서 임신이나 출산으로 말미암은 업무 공백을 우려한 채용 기피와 부당 해고 등의 형태로 주로 나타난다. 하지만 애당초 법적 제도적인 남녀차별이 문제되기도 한다. 예를 들어 남자만 의무적으로 군대에 가야 하는 병역법을 들 수 있다. 헌법 제39조에서 모든 국민에게 국방의 의무를 부과하는데도, 정작 국방의 의무를 구체화하는 병역법에서는 여성을 제외한 남성에게만 병역의무를 부과하기 때문이다.

헌법 제11조는 모든 국민은 법 앞에서 평등하다고 규정한다. 평등이라는 관념은 헌법이 있기 전인 아주 먼 옛날부터 사람들에게 당연한 것으로 여겨졌다. 동물과 달리 이성과 도덕에 기초하여 인식하고 행동하는 사람은 개개인이 모두 하나의 인격체로서 태어나면서부터 평등하기 때문이다. 그런데 현실은 전혀 그렇지 못했다. 자신의 능력이나 노력과 관계없이 어떤 사람은 귀족으로, 어떤 사람은 노예로 태어나서 그러한 차별적인 삶을 당연한 것으로 여기며 살았다. 그러던 것이 중세에 이르러 기독교 영향으로 모든 사람은 '신 앞에 평등'하다는 사상이 등장했다. 헌법의 '법 앞에 평등'도 사상적으로는 여기에 연원을 둔다.

하지만 신이라는 절대자 앞에서 모든 사람이 같다는 의미로, 법 앞에 평등도 모든 사람에게 절대적으로 같은 대우를 하라고 요구하지는 않는다. 각자가 처해 있는 구체적인 상황의 다양성을 존중하고 이를 일정한 기준에 따라 평가하여 같은 상황에 부닥쳐 있으면 같게, 다른 상황에 부닥쳐 있으면 다르게 평가하고 대우할 것을 요청한다.

행정기관이나 법원이 법률을 해석하고 적용할 때는 대상자의 지위나 신분, 권위 등과 관계없이 법률이 정한 요건에 해당하면 같은 해석과 적용을 해야 한다. 국회도 법률을 만들 때 정당한 이유 없이 특정한 사람이나 계층에게만 혜택을 줄 수 없다. 따라서 오늘날 평등은 일체의 차별적 대우를 인정하지 않는 절대적 평등이 아니라 법을 제정하고 적용할 때 정당한 근거가 없는 차별을 인정하지 않는 상대적 평등을 뜻한다.

병역법은 남녀라는 성별을 기준으로 차별적인 병역의무를 부과한다. 하지만 차별대우가 있다고 해서 바로 평등권이 침해되는 것은 아니다. 그러한 차별에 정당성이 없을 때 평등권은 침해된다.

일반적으로 여성보다는 남성이 전투에 더욱 적합한 신체적 능력을 갖추고 있다. 그렇지 않더라도 여성은 임신, 출산 등 생리적 특성과 출산 후 일정 기간의 수유와 양육의 부담으로 말미암아 전투 수행이나 군사훈련이 거의 불가능할 수도 있다. 그런 이유에서 헌법재판소는 남성과 여성의 신체적 특성 차이에 기초하여 최적의 전투력 확보를 위해 남성에게만 병역의무를 부과한 것은 정당한 이유가 있어서 평등권을 침해하지 않는다고 판단했다.

차별 문제는 그 나라의 역사와 사회구조를 반영한다. 미국에서는 특히 인종에 근거한 차별이 중요한 문제로 인식됐다. 한때 백인용과 흑인용의 열차 객실을 따로 만들도록 하는 조치가 문제됐다. 이에 대해 미국 연방대법원은 1896년 플레시 대 퍼거슨 판결에서 '분리하되 평등separate but equal 원칙'을 통해 시설이나 서비스가 같아서 평등권을 침해하지 않는다고 판단했다. 그러나 이 원칙은 1954년 브라운 판결로 폐기됐다. 연방대법원은 아무리 같은 시설과 서비스를 제공하더라도 백인과 흑인을 분리하는 것 자체가 인종을 차별한다고 보았다. 이를 계기로 극장이나 식당 등 공공장소에서 인종분리정책이 사라지게 됐다.

여성의 사회참여가 활발한 독일에서는 여성의 건강 보호와 양육 부담을 고려한, 여성 근로자의 야간근로시간을 제한하는 법률이 문제됐다. 독일 연방헌법재판소는 근로시간을 제한하는 목적이 남성과 여성에 대한 전통적이고 정형적인 성적 역할 분담에 근거한 것이라는 이유로 이것이 정당한 차별이 아니라고 판단했다.

평등 문제는 이처럼 사회의 갈등이나 분열이 생기면 언제나 나타날 수 있다. 하지만 평등 관념은 언제나 절대적이지 않고 시대나 상황에 따라 달라진다. 이러한 상대적 평등은 불합리한 현실을 고착화하려는 수단으로 악용되어서는 안 되고, 실질적 평등을 실현하기 위한 것으로 이해되어야 할 것이다.

25
신체의 자유

헌법

제12조 제1항 모든 국민은 신체의 자유를 가진다. 누구든지 법률에 의하지 아니하고는 체포·구속·압수·수색 또는 심문을 받지 아니하며, 법률과 적법한 절차에 의하지 아니하고는 처벌·보안처분 또는 강제노역을 받지 아니한다.

제2항 모든 국민은 고문을 받지 아니하며, 형사상 자기에게 불리한 진술을 강요당하지 아니한다.

제3항 체포·구속·압수 또는 수색을 할 때에는 적법한 절차에 따라 검사의 신청에 의하여 법관이 발부한 영장을 제시하여야 한다. 다만, 현행범인인 경우와 장기 3년 이상의 형에 해당하는 죄를 범하고 도피 또는 증거인멸의 염려가 있을 때에는 사후에 영장을 청구할 수 있다.

제4항 누구든지 체포 또는 구속을 당한 때에는 즉시 변호인의 조력을 받을 권리를 가진다. 다만, 형사피고인이 스스로 변호인을 구할 수 없을 때에는 법률이 정하는 바에 의하여 국가가 변호인을 붙인다.

제5항 누구든지 체포 또는 구속의 이유와 변호인의 조력을 받을 권리가 있음을 고지받지 아니하고는 체포 또는 구속을 당하지 아니한다. 체포 또는 구속을 당한 자의 가족등 법률이 정하는 자에게는 그 이유와 일시·장소가 지체없이 통지되어야 한다.

제6항 누구든지 체포 또는 구속을 당한 때에는 적부의 심사를 법원에 청구할 권리를 가진다.

제7항 피고인의 자백이 고문·폭행·협박·구속의 부당한 장기화 또는 기망 기타의 방법에 의하여 자의로 진술된 것이 아니라고 인정될 때 또는 정식재판에 있어서 피고인의 자백이 그에게 불리한 유일한 증거일 때에는 이를 유죄의 증거로 삼거나 이를 이유로 처벌할 수 없다.

제13조 제1항 모든 국민은 행위시의 법률에 의하여 범죄를 구성하지 아니하는 행위로 소추되지 아니하며, 동일한 범죄에 대하여 거듭 처벌받지 아니한다.

제3항 모든 국민은 자기의 행위가 아닌 친족의 행위로 인하여 불이익한 처우를 받지 아니한다.

제27조 제4항 형사피고인은 유죄의 판결이 확정될 때까지는 무죄로 추정된다.

자유의 박탈이란 누군가를 체포하거나 구금하여 그 자유를 박탈하는 것을 말한다. 누군가를 제압하는 가장 효과적인 수단이 그를 감옥에 가두고 그의 신체에 해를 가하는 것이다. 그만큼 신체의 안전과 활동의 자유를 보장받는 것은 중요하다. 물론 사회의 안전과 질서유지를 위하여 그렇게 하는 것이 꼭 필요할 때도 있다. 사람들을 마구 해치고 다니는 강도가 있다면, 그를 물리력으로 제압하여 감옥에 가두어 놓을 필요가 있다. 그러나 그 힘이 꼭 그렇게 필요한 상황에만 사용된다는 보장은 없다. 그것도 사람이 하는 일이기 때문이다. 로빈후드 이야기에 나오는 잉글랜드 존 왕은 남의 재산을 빼앗고 저항하는 사람들을 가두고 고문했다고 한다. 그랬던 존 왕이 잉글랜드 사람들과 영주들의 힘을 빌려서 프랑스 침략을 겨우 막아내고 "합법적인 재판이나 국법에 따르지 아니하고는 체포나 구금하지 않는다."라는 내용이 포함된 문서에 서명했다. 이 문서가 대헌장Magna Carta이다. 얼마나 폭정이 심했으면 당시 귀족들이 이런 약속을 문서로 받아냈을까. 국가권력 남용에서 시민을 보호하려는 이런 약속은 오늘날 형사소송법으로 그리고 시민혁명으로 만들어진 오늘날의 헌법정신으로 계속 이어진다. 특히 국가권력이 시민에게 남용되는 이러한 상황은 우리에게도 그리 낯설지 않다. 독재정권과 권위주의 체제에 저항하는 시민을 법적 근거 없이 감금하고, 강압적인 수사와 형식뿐인 재판을 거쳐 처벌함으로써 탄압했던 역사가 있었기 때문이다.

그런 역사를 거쳐 탄생한 현행 헌법 제12조는 신체의 자유를 제한하는 데 필요한 내용적 · 절차적 요건을 상세하게 규정했다. 헌법 제13조와 제27조에서도 국가의 형벌권을 정당화하는 헌법상 원칙을 규정한다. 국민의 자유와 권리 보장은 개인의 신체적 안전과 활동의 자유를 보장하는 것에서 출발한다. 그러므로 신체의 자유는 기본권 보장의 전제조건이라고 할 수 있다.

국가의 형벌권 발동은 국민의 대표인 국회가 만든 법률에 근거해야 한다. 무엇이 처벌 대상이 되는 행위인지, 위반할 때 가해지는 형벌의 종류와 정도가 어떠한 것인지를 법률이 명확하게 미리 정해야 비로소 책임을 물을 수 있기 때문이다. 따라서 범죄 행위와 형벌을 미리 법률이 명확하게 규정하지 않거나 범행 후에 만든 법률을 소급해서 지난날의 범죄 행위를 처벌하는 것은 헌법 제12조와 제13조에서 보장하는 죄형법정원칙에 어긋난다.

나아가 범죄와 형벌을 정한 법률이 있더라도 법원의 재판 과정을 통해서 확인된 사실과 그에 근거한 법 적용 그리고 형 선고가 있기 전에는 처벌할 수 없다. 피해자 진술 등 증거자료에 비추어 범죄 사실이 명백히 인정되더라도 독립적이고 신분이 보장된 법관의 판단으로 유죄가 인정될 때만 처벌할 수 있다. 헌법은 이를 '적법한 절차' 보장이라고 한다.

따라서 종종 언론을 통해 보도되는 검찰의 수사 결과나 기소 내용은 확정된 사실이 아니라 수사기관이 벌인 수사의 결론일 뿐이다. 이를 두고 마치 법원의 재판으로 확정된 사실로 오해하고 비난하는 때가 있다. 그런데 그것은 어디까지나 재판 절차의 한쪽 당사자인 검사의 일방적인 주장일 뿐이다. 헌법 제27조 제4항은 유죄 판결이 확정되기 전에는 무죄임을 분명히 밝힌다.

경찰이나 검찰이 범죄를 수사하는 과정에서 필요하면 범죄 혐의가 있는 사람을 체포·구속하거나 범죄에 사용된 물건 등을 압수·수색할 수 있다. 이때 반드시 법관이 발부한 영장을 제시해야 한다. 다만, 범죄 행위 중이거나 범행 직후에는 그리고 영장을 미리 발부받기 어려운 긴급한 예외적인 상황에는 사후 영장 발부를 조건으로 범죄자를 체포할 수 있는 예외가 있다. 하지만 그런 때가 아니면 반드시 사전에 영장을 발부받아야 한다.

경찰이 수사를 위해 누군가를 체포·구속할 때는 그 이유를 말해야 하고, 변호인의 도움을 받을 권리와 자신에게 불리한 증언은 강요받지 않는다는 사실도 미리 알려야 한다[미란다원칙Miranda rule, Miranda warning, Miranda rights]. 이러한 절차를 거치지 않고 체포·구금된 사람의 진술은 원칙적으로 재판에서 유죄 증거로 사용할 수 없다.

수사 과정에서 영장에 따라 적법하게 체포되더라도 계속 신체를 가둘 필요가 있다면 구속영장을 발부받아야 한다. 이때 법관은 검사가 제출한 서류나 자료만으로 판단하는 것이 아니라, 구속에 직면한 피의자를 직접 심문하여 증거를 없애거나 도망할 염려가 있는 것 등 구속 사유가 인정될 때만 구속영장을 발부해야 한다.

아무리 구속할 필요가 있더라도 아직 죄가 확정되지 않는 사람을 장기간 가두어 둘 수는 없다. 수사를 위해서 구속영장으로 피의자를 구속할 수 있는 기간은 경찰에서 10일, 검찰에서 1회 연장을 포함하여 20일, 최대 30일을 넘을 수 없다. 과거 국가보안법을 위반한 피의자에 대해서는 20일을 연장하여 최대 50일까지도 구속할 수 있었다. 그러나 헌법재판소는 이것이 신체의 자유를 침해하고 무죄추정원칙에 어긋나서 위헌이라고 선언했다.

인권 발전 역사는 국가의 형벌권에서 시민의 신체의 자유가 어떻게 확보되고 보장됐는지를 확인하는 것에서 출발한다. 영국에서 대헌장이 나오고 800년이 지난 오늘날에도 우리 사회에서는 아직 임의연행의 두려움을 떨쳐내지 못하고 있다. 신체의 자유가 얼마나 중요한 것인지 다시 돌아보게 하는 대목이다.

26
거주 · 이전의 자유

헌법

제14조 모든 국민은 거주 · 이전의 자유를 가진다.

우리는 더 나은 일자리(나 일자리 그 자체), 더 나은 자연환경, 더 나은 교육, 더 나은 문화 등을 찾아서 자기가 살던 곳을 떠나 새로운 곳으로 가서 머문다. 아마도 대한민국 사람 중에서 이렇게 어디를 떠나고 어디에 머무는 것이 개인의 자유라고 생각하지 않는 사람은 없을 것이다. 물론 새로운 곳으로 갈 돈이 없거나 그곳에 거처를 마련할 돈이 없어서 그렇게 할 수 없다든지 가족이 반대한다든지 하여 그렇게 할 수 없는 때도 있을 수 있다. 하지만 적어도 위에서 말한 다양한 목적을 이루려고 자기가 살던 곳을 떠나 새로운 곳으로 가서 머물고자 할 때 우리는 국가의 허가나 승인을 받을 필요는 없다. 그리고 그곳에서 얼마나 머물지도 국가가 정하는 것이 아니라 개인이 자유롭게 정할 수 있다. 또한 국가는 원칙적으로 우리가 어느 곳에서 살거나 머물지를 명령하거나 금지할 수도 없다. 이러한 자유를 거주·이전의 자유라고 부른다. 우리 헌법 제14조에서는 "모든 국민은 거주·이전의 자유를 가진다."라고 하여 이를 분명하게 보장한다.

거주·이전의 자유는 역사적으로 경제활동의 자유 보장과 더불어 발전했다. 경제활동을 자유롭게 하려면 자기가 원하는 곳으로 가서 원하는 만큼 머물 수 있어야 하기 때문이다. 하지만 위에서 말한 바와 같이 어떤 곳으로 가서 거기서 머무는 목적은 매우 다양하다는 점에서 보면 거주·이전의 자유 보장은 직업의 자유, 학문·예술의 자유, 표현의 자유 등과 같은 다양한 기본적인 자유가 실현될 수 있도록 하는 중요한 조건이다. 이는 곧 거주·이전의 자유 보장이 궁극적으로 인간의 존엄과 가치 그리고 행복추구권 실현에서 매우 중요한 의미가 있다는 것을 가리킨다.

이러한 거주·이전의 자유는 국내에서 거주와 체류 장소를 정하는 자유에 그치지 않는다. 거주·이전의 자유는 외국에서 국내로 입국할 자유 그리고 국내에서 외국으로 출국할 수 있는 자유도 포함한다. 즉 헌법에서 보장하는 거주·이전의 자유는 대한민국 안에서만 누릴 수 있는 자유가 아니다. 이때 주의해야 할 것은 거주·이전의 자유는 대한민국 국민만 누릴 수 있고 외국인은 누릴 수 없다는 점이다. 만약 외국인에게도 헌법의 거주·이전의 자유가 보장된다고 한다면 원칙적으로 외국인에게도 대한민국에 입국할 자유가 보장되어야 하기 때문이다. 물론 단기간 국내에 체류하는 때만 일부 국가 국민에게 입국사증, 즉 비자 없이 입국할 수 있도록 하는 때가 있다. 하지만 이는 관광 증진 등과 같은 정책적인 목적에서 그런 것이지 외국인에게 거주·이전의 자유를 보장하기 위해서 그런 것이 아니다.

거주·이전의 자유가 이러한 매우 중요한 가치가 있다고 할지라도 이를 제한하는 것이 절대적으로 불가능한 것은 아니다. 헌법 제37조 제2항이 규정하는 것과 같이 "국가안전보장, 질서유지, 공공복리"를 위해서는 필요한 범위에서 거주·이전의 자유는 최소한도로 법률로써 제한될 수 있다. 거주·이전의 자유를 제한하는 법률은 매우 다양하다. 군사안보를 위해서 군사지역과 그에 인접한 곳에서 거주를 금지하거나(군사기지 및 군사시설 보호법) 형사범에 대해서 법관이 발부한 영장이나 법원의 확정 판결에 따라서 교도소나 구치소와 같은 구금시설로 거주를 제한하는 때(형사소송법, 형의 집행 및 수용자의 처우에 관한 법률, 소년법, 치료감호 등에 관한 법률 등), 감염병 전파를 막기 위해서 감염병에 걸린 사람을 자신의 주거나 일정한 의료 시설로 거주를 제한하는 때(감염병의 예방 및 관리에 관한 법률) 등이 그러한 예이다. 이러한 제한의 예는 국내에서 거주·이전의 자유에 대한 제한이지만, 국외로 이전하거나 국외에 거주하는 것을 제한하는 법률도 있다. 여권법에서는 천재지변·전쟁·내란·폭동·테러 등으로 말미암아 국민의 생명·신체나 재산을 보호하기 위해서 국민이 특정 국가나 지역을 방문하거나 체류하는 것을 중지시키는 것이 필요하다고 인정하면 기간을 정하여 해당 국가나 지역에서 여권 사용을 제한하거나 방문·체류를 금지할 수 있다. 그리고 출입국관리법은 형사재판을 받는 사람이나 일정 금액 이상의 벌금이나 세금을 내지 아니한 사람 등에 대해서는 6개월 이내의 기간을 정하여 출국을 금지할 수도 있다.

이상과 같은 제한은 거주·이전의 자유를 직접적인 방법으로 제한하는 것이라고 할 수 있는데, 거주·이전의 자유는 간접적인 방법으로도 제한될 수 있다. 예를 들어서 서울로 인구가 집중하는 것을 방지할 목적으로 서울에서 집을 사 등기하면 등록세를 지방보다 5배 이상 부과할 때 이러한 중과세는 거주·이전의 자유에 대한 제한이라고 할 수 있다. 하지만 이러한 세금을 무겁게 부과하는 방법이 아니라 서울에서 취업을 한 사람만 서울에 거주할 수 있다고 한다면 이는 거주·이전의 자유에 대한 직접적인 제한이 될 것이다.

그런데 현재까지 우리나라에서는 위에서 말한 바와 같이 불가피한 사유에 따라서 각각의 개인에 대하여 필요한 범위에서 거주·이전의 자유 제한이 이루어져 왔다. 따라서 1948년 헌법 제정 이래로 거주·이전의 자유 제한이 심각하게 논의된 적이 없다. 역사적으로 볼 때 거주·이전의 자유 제한이 심각하게 논의되는 때는 정치적·사회적·경제적 혼란기라고 할 수 있다. 특히 추방, 피난, 소개 등을 특징으로 하는 전쟁의 결과로서 발생하는 대규모의 피난민이나 난민을 수용하거나 극심한 주거 부족 문제를 해결하려고 주거공간을 강제적으로 관리해야 하는 상황에서는 거주·이전의 자유에 대한 대폭적인 제한이 문제될 수 있다. 예를 들어 남북이 통일되어 북한 주민이 남한으로 대량 이주하게 될 가능성이 크면 허가제를 통하여 이주를 엄격하게 억제·통제해야 할 것인지를 놓고 심각하게 고민하지 않을 수 없다. 짧은 기간 안에 수십만 명의 북한 주민이 남한으로 이주하게 되면 남한 지역(이나 남한의 몇몇 지역)은 막대한 사회적·경제적 비용을 부담하게 될 것이다. 나아가 북한 지역 주민이 대거 남하함에 따라 북한 지역의 생산가능인구가 급격히 감소하여 향후 북한 지역의 경제 발전에 큰 장애 요인이 될 수도 있기 때문이다. 이러한 상황에서는 북한 주민의 거주·이전에 대한 강력한 억제 방법이 논의될 가능성이 크다. 물론 친지 방문이나 관광과 같이 비경제적인 목적으로 일시적으로 남한에 체류하는 것은 폭넓게 허용될 수 있다. 하지만 통일이 되면 북한 지역 주민에게도 거주·이전의 자유가 보장될 것이므로 허가제를 통한 거주·이전에 대한 강력한 통제는 심각한 위헌 시비를 불러일으킬 수 있다. 따라서 북한 지역 주민의 주거·이전의 자유를 허가제와 같은 방법으로 '직접' 제한하는 것보다는 '간접적으로' 제한하는 방법을 모색해야 할 것이다. 이러한 방법으로서 가장 유력하게 생각해 볼 수 있는 것이 북한 지역 주민이 북한 지역에 거주할 것을 조건으로 하여 각종 사회보장급부를 제공하는 것이다. 여기에 추가로 주택이나 농지 불하(혹은 불하 약속), 기업의 민영화를 실시할 때 기업 지분 배정(이나 배정 약속) 등과 같은 경제적 이득 부여에 대해서 통일 이후 북한 지역에 일정 기간 이상 거주해야 한다는 조건을 붙인다면 그 간접적 제한 효과는 더 커질 수 있다.

이처럼 향후 남북통일 과정에서 북한 지역 주민의 거주·이전의 자유 보장이 심각한 문제가 될 가능성이 있다는 점에서 그리고 난민(이나 난민신청자)이 늘어가는 상황에서 이들의 거주지를 어떤 특정한 지역으로 제한할 수 있는지가 심각한 문제가 될 수 있다. 이러한 점에서 우리는 거주·이전의 자유 보장을 마냥 당연한 것으로 생각하지 말고 대폭 제한해야 할 때도 심도 있게 고민해야 할 것이다.

27
직업의 자유

2006년 국회는 시각장애인만 안마사를 할 수 있도록 의료법을 개정했다. 그러자 비장애인 스포츠 마사지사가 "헌법에 보장된 직업선택의 자유를 침해한다."라며 헌법소원을 제기했다. 이에 대해 헌법재판소는 합헌결정을 내렸다. 왜 합헌이라고 판단했을까? 2008년에 헌법재판소는 "비장애인의 직업선택 자유가 제한될 수는 있지만 시각장애인들의 경우 안마사 외에 생계 보장을 위한 대안이 별로 없다. 사회적 약자 우대라는 불가피한 점을 고려해야 한다. 따라서 직업선택의 자유를 침해하거나 평등 원칙을 침해한다고 볼 수 없다."라고 결정했다.

헌법재판소는 2010년에도 시각장애인이 아닌 사람이 영리 목적으로 안마 시술을 할 때 형사 처벌하도록 하는 내용의 의료법 조항에 대해서도 합헌결정을 내렸다. 3년 뒤 서울중앙지방법원과 광주지방법원이 같은 내용의 위헌법률심판을 제청했을 때도 재판관 전원 일치 의견으로 합헌결정을 내렸다.

이 위헌법률심판은 우리에게 헌법이 보장한 직업선택의 자유가 무엇인지에 관해서 진지한 물음을 던진다. 헌법 15조는 "모든 국민은 직업선택의 자유를 가진다."라고 규정한다.

그렇다면 이때 말하는 '직업'이란 무엇일까? 이 질문에 대해서 답을 못하는 사람은 별로 없을 것이다. 직업이란 한마디로 사람이 살아가는 데 필요한 생활의 기본적인 수요를 맞추려고 계속하는 일이다. 여가활동이나 취미활동은 직업이 아니다. 예를 들어 가수가 부업으로 식당 운영을 한다면 정도 차이는 있겠지만 이는 생활의 기본적인 수요를 맞추기 위한 소득활동으로 볼 수 있어서 직업에 해당한다. 직업 활동에 따른 소득은 영구적일 필요는 없지만 어느 정도는 지속되어야 한다. 교수의 1회적인 강사활동은 직업으로 보기 어렵지만, 방학이나 휴직 기간 동안 강사 활동은 직업으로 봐야 한다.

먼저 직업을 이렇게 정의해 놓고 볼 때 직업선택의 자유라는 것은 단순히 직업을 자유롭게 선택할 수 있다는 의미 이상이다. 즉 직업을 영위하면서 생활에 필요한 의식주를 마련하고, 이를 통해 삶의 만족과 보람을 느끼는 것까지를 포함한다. 따라서 자본주의 경제질서 아래에서 '직업선택의 자유'는 개인의 경제적 자유와 창의까지 보장하는 넓은 의미가 있다.

중세 유럽은 엄격한 신분 제도와 그에 따른 직업 세습을 특징으로 한다. 시민혁명을 통해 이러한 체계는 무너졌다. 근대 사회를 건설한 세력은 시민 계급이었다. 그들은 자유로운 경제활동을 통해 부를 축적했다. 만약 그들이 자유로이 직업을 선택하지 못했더라면 근대는 없었다. 따라서 현대 사회는 직업선택의 자유를 최대한 보장하는 것이 원칙이다. 하지만 모든 자유에는 책임이 따른다는 것이 여기에도 적용된다. 즉 공익 보호를 위해 최소한의 범위에서 직업선택의 자유를 법률로 제한할 수 있다.

현대 한국 사회에서 소득 격차는 갈수록 커진다. 저소득계층은 빈곤의 악순환에 허덕인다. 특히 장애인 등 사회적 약자는 자신의 노력만으로 삶을 영위해 나가는 데 큰 어려움을 겪는다. 헌법이 창설한 국가는 이런 사회적 약자의 생존권을 보호할 의무가 있다.

아무리 헌법이 직업의 자유를 보장하더라도 다른 사람과 함께 평화롭게 살아가기 위해서 그 자유는 제한될 수 있다. 무제한의 자유는 무질서로 이어질 수 있기 때문이다.

　이 대목에서 한 가지 짚고 넘어갈 대목이 있다. 얼핏 보기엔 공익에 해가 가더라도 '제한적 조치'를 통해서 공공의 이익을 해하지 않는 직업이라면 이를 허용해야 한다는 것이다. 예를 들어 폭발물 제조는 그 자체로 공공에 위협이나 해를 줄 수 있지만, 제조자가 안전성을 입증한다면 그것을 제조하는 직업을 막을 수는 없다.

28
주거의 자유

A는 조찬모임에서 이루어지는 대화 내용을 도청하여 불법선거운동을 적발하고자 했다. 그래서 A는 손님으로 가장하여 음식점에 들어가 도청용 송신기를 설치했다. A의 이러한 식당 출입은 주거의 평온을 침해하는 것일까?

주거의 자유에서 말하는 주거는 사적 활동이 이루어지는 공간이다. 주거의 자유가 침해되면 사생활의 가장 기본적인 조건이 침해받는다. 따라서 주거의 자유는 국가나 제3자에게서 주거의 평온을 보호한다. 주거의 자유는 현재 사실상 주거를 보호하므로 주거자가 주거지에 지금 있는지는 중요하지 않다.

주거의 자유는 주거자의 의사에 어긋나거나 주거자의 명시적 혹은 묵시적 승낙 없이 주거에 침입하는 것을 금지한다. 불법적인 목적이 있으면 주거자의 의사와 관계없이 주거의 자유를 침해한다. 제3자의 주거 침입은 형법에 따라 처벌받는다. 즉 형법 제319조에 따라 주거 침입죄로 처벌받는다.

주거의 자유가 보장하는 주거는 주택에 한정되지 않는다. 즉 사적인 활동이 이루어지는 공간에 한정되지 않는다. 작업장, 음식점과 같은 영업장소, 학교 연구실이나 강의실 등도 주거에 속한다. 대법원 판례를 따르면, 공공 출입이 허용된 장소일지라도 관리자의 명시적인 의사에 어긋나게 들어가면 주거침입죄가 성립하고, 일반인 출입이 허용되는 음식점이라도 영업주의 명시적 혹은 추정적 의사에 어긋나게 들어가면 주거침입죄가 성립한다고 한다.

특히, 주거의 자유는 주거에 대한 압수·수색과 관련하여 중요한 의미가 있다. 주거를 압수·수색할 때는 검사의 신청에 따라 법관이 발부한 영장을 제시하도록 헌법이 규정한다. 이에 따라 검사는 범죄수사에 필요할 때 피의자가 죄를 범했다고 의심할 만한 정황이 있고 해당 사건과 관계가 있다고 인정할 수 있는 것만 법관에게 청구하여 발부받은 영장에 따라 압수·수색할 수 있다. 따라서 영장을 발부받으려면 범죄 혐의가 있거나 증거물 보전 필요성이 있어야 한다. 그리고 영장에는 압수할 물건과 수색할 장소 등이 구체적으로 명시되어야 한다.

다만, 형사소송법을 따르면 체포·구속하고자 하는 피의자가 다른 사람의 주거 안에 있을 때 피의자를 체포·구속하려는 수색은 영장 없이 할 수 있다. 그리고 체포영장에 따른 체포, 긴급체포 그리고 현행범인을 체포할 때 필요하면 영장 없이 체포현장에서 압수·수색할 수 있다. 구속영장을 집행할 때도 별도의 영장 없이 구속현장에서 압수·수색할 수 있다. 또한 범행 중이거나 범행 직후의 장소에서 긴급하여 영장을 발부받을 수 없을 때도 영장 없이 압수·수색할 수 있다.

한편, 사람의 주거 안에 도청장치를 설치하여 주거 안에서 이루어지는 사적인 대화를 도청하거나 녹음하는 행위는 사생활의 비밀에 대한 침해일 뿐 아니라 주거의 자유에 대한 침해이기도 하다. 도청장치 설치로 말미암아 주거의 기능이 상실되기 때문이다. 이와 관련하여 위에서 언급한 사건에 비추어 보면, A가 도청장치를 설치할 목적으로 손님을 가장하여 음식점에 들어간 것은 불법적인 목적이 있어서 영업주가 그 출입을 허용하지 않았을 것이다.

따라서 A의 행동이 비록 불법선거운동을 적발하려는 목적으로 이루어진 것이라도, 이 사건에서와 같이 다른 사람의 주거에 도청장치를 설치하는 행위는 그 수단과 방법의 상당성을 갖추지 못한 것으로서 정당행위에 해당할 수 없다. 결과적으로 A의 행위는 음식점 주인의 주거의 자유를 침해할 뿐 아니라, 주거침입죄에 해당한다.

29
사생활의 비밀과 자유

A씨는 학창 시절에 당한 사고로 한쪽 눈이 파열돼 실명했다. 결국 그는 의안을 넣었고, 그 사유로 병역을 면제받았다. 그 후 그는 공무원이 됐고, 공직을 천직으로 알고 열심히 일했다. 그런데 4급으로 승진한 며칠 후 병역사항을 신고하라는 통보를 받았다. 4급 이상 공무원은 본인과 직계비속의 병역사항을 신고해야 하며, 이를 인터넷 등으로 공개해야 하는 법률이 있었기 때문이다. A씨는 비록 부끄러운 사실은 아니었지만, 지금까지 한쪽 눈이 의안임을 동료에게 밝히지 않았다. 그런데 A씨는 이를 공개해야만 하는 것에 당혹스러웠다. 2005년 A씨는 이 법률이 사생활의 비밀과 자유를 침해한다며 헌법소원을 냈다.

헌법재판소는 2007년 이에 대해서 헌법불합치결정을 내렸다. 국민이 모두 알아야 하는 공직자의 공직 활동에 관한 정보가 아니라, 공직자 개인의 인격과 밀접하게 결부된 질병이나 심신장애 사유를 일률적으로 공개하도록 하는 것은 사생활 보호라는 헌법적 의미를 전혀 고려하지 않은 것이라는 이유였다. 결국 법률이 개정되어 지금은 4급 이상 공무원이라고 할지라도 당사자가 비공개를 요청하면 질병을 공개하지 않는다.

우리말보다는 '프라이버시Privacy'란 영어 단어가 더 익숙한 사생활의 자유는 산업화·도시화에 따른 사회변동과 함께 등장한 현대적 기본권이다. 농촌을 중심으로 서로 숟가락 수까지 알고 지내던 시절과는 달리, 오늘날은 도시에서 일면식도 없는 사람들과 이웃하며 살아간다. 그래서 집에서 속옷만 입고 뒹구는 일상을 낯선 사람들이 관찰하거나 가족만 알고 있어야 할 비밀스러운 대화에 관해서 낯선 사람들이 이야기한다면, 그 자체로 끔찍한 일이다. 치열한 일상을 살아가는 현대인에게 다른 사람 눈치를 보지 않고 자기만의 시간과 공간을 확보하는 것은 무엇보다 중요하다.

사생활 보호는 선정적인 언론 보도로 사생활을 폭로 당한 사람이 법원에 손해배상을 청구하면서 시작됐다. 유명 연예인의 사생활이나 가족사에 관한 폭로성 기사를 생각해 보자. 이러한 기사는 동화 속 주인공과도 같은 연예인 이미지를 하루아침에 망가뜨릴 수 있다. 이런 일은 연예인뿐 아니라 누구에게나 일어날 수 있다. 사생활 폭로는 존경과 신뢰를 받는 상사나 동료의 이미지를 망가뜨려 사회생활을 못 하게 할 수도 있다.

사생활의 비밀과 자유를 국가도 침해할 수 있다. 여러 해 전 국무총리실에서 벌어졌던 민간인 사찰 사건이 있었다. 더 오래전에는 과거 국군보안부대에서 정치인, 법조인, 언론인, 종교인, 교수, 재야인사 등 민간인을 대상으로 인적사항, 가족사항, 학력과 경력, 자격, 해외여행 정보, 대인관계, 시위 참가 전력 등 개인정보를 수집했던 적도 있었다. 당시 감시를 받았던 사람들이 국가를 상대로 손해배상 청구를 했고, 대법원은 국가가 함부로 사생활의 비밀과 자유를 침해했다는 이유로 손해배상 책임을 인정했다.

한편 정보 공개가 허용되는 때도 있다. '아동·청소년의 성보호에 관한 법률'은 아동과 청소년을 대상으로 성범죄를 저지른 사람의 이름, 나이, 주소, 키와 몸무게, 사진 등 신상정보와 범죄 사실을 인터넷을 통해 공개하도록 한다. 이를 통해 신상정보가 공개된 사람은 성범죄자라는 사회적 낙인이 찍히고, 개인정보가 공중에게 알려져 사생활의 비밀과 자유가 심각하게 제한된다. 하지만 헌법재판소는 이 법률이 헌법에 위반되지 않는다고 판단했다. 성범죄자 개인의 사생활 보호보다는 성범죄에서 청소년을 보호하는 공익이 더 크고 중요하다고 판단했기 때문이다.

국가는 광범위하게 국민의 개인정보를 수집해 보유한다. 예를 들어 빈곤과 장애 등으로 복지혜택을 받으려면 의료기록이나 재산, 소득 등 민감하고 세세한 개인정보를 국가에 제공해야 한다. 관련 법률을 만드는 과정에서도 이런 개인정보가 직·간접으로 활용된다.

이러한 국가의 개인정보 수집과 보관 자체가 직접 사생활의 비밀과 자유를 침해하지는 않는다. 그러나 그 정보가 자신도 모르는 사이에 다른 누군가에게 공개되거나 수집 목적과 다른 용도로 활용된다면 사생활 침해가 될 수 있다. 그래서 헌법재판소는 이런 개인정보의 공개와 사용 여부를 스스로 결정할 수 있는 기본권이 정보 주체인 개인에게 있다고 판단했다. 이를 '개인정보자기결정권'이라고 한다.

최근 은행이나 신용카드회사, 통신회사 등에서 수백만 내지 수천만 건의 개인정보가 유출된 적이 있었다. 국가뿐 아니라 회사나 병원, 학교 등에서도 엄청난 규모의 개인정보를 가지고 있고, 이들 정보 중에는 개인의 인격과 밀접하게 관련된 매우 민감한 내용도 있다. 따라서 사생활의 비밀과 자유 보장에서 국가 행위와 더불어 기업 등 민간 행위에 대한 감시와 통제도 중요하다.

30
개인정보자기결정권

개인정보 보호법

제1조(목적) 이 법은 개인정보의 처리 및 보호에 관한 사항을 정함으로써 개인의 자유와 권리를 보호하고, 나아가 개인의 존엄과 가치를 구현함을 목적으로 한다.

제2조(정의) 이 법에서 사용하는 용어의 뜻은 다음과 같다.

1. "개인정보"란 살아 있는 개인에 관한 정보로서 다음 각 목의 어느 하나에 해당하는 정보를 말한다.

　가. 성명, 주민등록번호 및 영상 등을 통하여 개인을 알아볼 수 있는 정보

　나. 해당 정보만으로는 특정 개인을 알아볼 수 없더라도 다른 정보와 쉽게 결합하여 알아볼 수 있는 정보. 이 경우 쉽게 결합할 수 있는지 여부는 다른 정보의 입수 가능성 등 개인을 알아보는 데 소요되는 시간, 비용, 기술 등을 합리적으로 고려하여야 한다.

　다. 가목 또는 나목을 제1호의2에 따라 가명처리함으로써 원래의 상태로 복원하기 위한 추가 정보의 사용·결합 없이는 특정 개인을 알아볼 수 없는 정보(이하 "가명정보"라 한다)

2. "처리"란 개인정보의 수집, 생성, 연계, 연동, 기록, 저장, 보유, 가공, 편집, 검색, 출력, 정정訂正, 복구, 이용, 제공, 공개, 파기破棄, 그 밖에 이와 유사한 행위를 말한다.

3. "정보주체"란 처리되는 정보에 의하여 알아볼 수 있는 사람으로서 그 정보의 주체가 되는 사람을 말한다.

4. "개인정보파일"이란 개인정보를 쉽게 검색할 수 있도록 일정한 규칙에 따라 체계적으로 배열하거나 구성한 개인정보의 집합물集合物을 말한다.

5. "개인정보처리자"란 업무를 목적으로 개인정보파일을 운용하기 위하여 스스로 또는 다른 사람을 통하여 개인정보를 처리하는 공공기관, 법인, 단체 및 개인 등을 말한다.

6. "공공기관"이란 다음 각 목의 기관을 말한다.

가. 국회, 법원, 헌법재판소, 중앙선거관리위원회의 행정사무를 처리하는 기관, 중앙행정기관(대통령 소속 기관과 국무총리 소속 기관을 포함한다) 및 그 소속 기관, 지방자치단체

나. 그 밖의 국가기관 및 공공단체 중 대통령령으로 정하는 기관

7. "영상정보처리기기"란 일정한 공간에 지속적으로 설치되어 사람 또는 사물의 영상 등을 촬영하거나 이를 유·무선망을 통하여 전송하는 장치로서 대통령령으로 정하는 장치를 말한다.

8. "과학적 연구"란 기술의 개발과 실증, 기초연구, 응용연구 및 민간 투자 연구 등 과학적 방법을 적용하는 연구를 말한다.

제3조(개인정보 보호 원칙) ① 개인정보처리자는 개인정보의 처리 목적을 명확하게 하여야 하고 그 목적에 필요한 범위에서 최소한의 개인정보만을 적법하고 정당하게 수집하여야 한다.

② 개인정보처리자는 개인정보의 처리 목적에 필요한 범위에서 적합하게 개인정보를 처리하여야 하며, 그 목적 외의 용도로 활용하여서는 아니 된다.

③ 개인정보처리자는 개인정보의 처리 목적에 필요한 범위에서 개인정보의 정확성, 완전성 및 최신성이 보장되도록 하여야 한다.

④ 개인정보처리자는 개인정보의 처리 방법 및 종류 등에 따라 정보주체의 권리가 침해받을 가능성과 그 위험 정도를 고려하여 개인정보를 안전하게 관리하여야 한다.

⑤ 개인정보처리자는 개인정보 처리방침 등 개인정보의 처리에 관한 사항을 공개하여야 하며, 열람청구권 등 정보주체의 권리를 보장하여야 한다.

⑥ 개인정보처리자는 정보주체의 사생활 침해를 최소화하는 방법으로 개인정보를 처리하여야 한다.

⑦ 개인정보처리자는 개인정보를 익명 또는 가명으로 처리하여도 개인정보 수집목적을 달성할 수 있는 경우 익명처리가 가능한 경우에는 익명에 의하여, 익명처리로 목적을 달성할 수 없는 경우에는 가명에 의하여 처리될 수 있도록 하여야 한다.

⑧ 개인정보처리자는 이 법 및 관계 법령에서 규정하고 있는 책임과 의무를 준수하고 실천함으로써 정보주체의 신뢰를 얻기 위하여 노력하여야 한다.

제4조(정보주체의 권리)   정보주체는 자신의 개인정보 처리와 관련하여 다음 각 호의 권리를 가진다.

 1. 개인정보의 처리에 관한 정보를 제공받을 권리

 2. 개인정보의 처리에 관한 동의 여부, 동의 범위 등을 선택하고 결정할 권리

 3. 개인정보의 처리 여부를 확인하고 개인정보에 대하여 열람(사본의 발급을 포함한다. 이하 같다)을 요구할 권리

4. 개인정보의 처리 정지, 정정·삭제 및 파기를 요구할 권리

5. 개인정보의 처리로 인하여 발생한 피해를 신속하고 공정한 절차에 따라 구제받을 권리

제5조(국가 등의 책무) ① 국가와 지방자치단체는 개인정보의 목적 외 수집, 오용·남용 및 무분별한 감시·추적 등에 따른 폐해를 방지하여 인간의 존엄과 개인의 사생활 보호를 도모하기 위한 시책을 강구하여야 한다.

② 국가와 지방자치단체는 제4조에 따른 정보주체의 권리를 보호하기 위하여 법령의 개선 등 필요한 시책을 마련하여야 한다.

③ 국가와 지방자치단체는 개인정보의 처리에 관한 불합리한 사회적 관행을 개선하기 위하여 개인정보처리자의 자율적인 개인정보 보호활동을 존중하고 촉진·지원하여야 한다.

④ 국가와 지방자치단체는 개인정보의 처리에 관한 법령 또는 조례를 제정하거나 개정하는 경우에는 이 법의 목적에 부합되도록 하여야 한다.

헌법이 제정되던 1948년은 물론이고 현행 헌법이 개정되던 1987년에도 사람들은 개인용 컴퓨터나 인터넷 자체를 잘 알지 못했다. 그러나 현행 헌법이 공포된 이후 30년이 지나면서 가히 '디지털 혁명'이라고 부를 수 있는 엄청난 변화가 있었다. 이후로 우리 생활 방식은 너무나도 빠르게 달라지고 있다. 예를 들어 버스카드를 사용하게 되면서 개개인의 대중교통 이용 현황이 드러나게 되고, 신용카드 사용으로 개인의 소비패턴이 나타나게 된다. 우리나라는 전 국민이 주민등록번호를 보유한다. 이것이 정보사회로 나아가게 되면서 개인정보를 집적하고 연결하고 활용하는 데 매우 유용한 만능열쇠가 된다. 정보화 사회에서 개인정보 사용이 급격히 증가하면서 개인의 사생활이 직접적인 침해를 받게 되는 문제도 드러나게 됐다. 이에 대한 적절한 보호 장치가 절실하게 요구되기 시작했다.

헌법은 비록 이러한 현실 변화를 직접 예상하지는 못했다. 하지만 헌법재판소는 헌법해석을 통해 인권적 가치를 보호할 수 있는 장치를 인정해 주었다. 바로 '개인정보자기결정권'이라는 새로운 기본권을 헌법적으로 인정하고 보장한다. 헌법재판소 판례를 따르면 "현대의 정보통신기술의 발달은 그 그림자도 짙게 드리우고 있다. … 현대사회는 개인의 인적 사항이나 생활상의 각종 정보가 정보주체의 의사와는 전혀 무관하게 타인의 수중에서 무한대로 집적되고 이용 또는 공개될 수 있는 새로운 정보환경에 처하게 됐고, 개인정보의 수집·처리에 있어서의 국가적 역량의 강화로 국가의 개인에 대한 감시능력이 현격히 증대되어 국가가 개인의 일상사를 낱낱이 파악할 수 있게 됐다. 이와 같은 사회적 상황하에서 개인정보자기결정권을 헌법

상 기본권으로 승인하는 것은 현대의 정보통신기술의 발달에 내재
된 위험성으로부터 개인정보를 보호함으로써 궁극적으로는 개인의
결정의 자유를 보호하고, 나아가 자유민주체제의 근간이 총체적으
로 훼손될 가능성을 차단하기 위하여 필요한 최소한의 헌법적 보장
장치라고 할 수 있다."

　개인정보자기결정권이란 자신에 관한 정보가 언제 누구에게 어느
범위까지 알려지고 이용되도록 할 것인지를 그 정보주체가 스스로
결정할 수 있는 권리를 뜻한다. 한마디로 정보주체가 개인정보의 공
개와 이용에 관해서 스스로 결정할 권리이다. 여기서 말하는 개인정
보란 개인의 신체, 신념, 사회적 지위, 신분 등과 같이 개인의 인격주
체성을 특징짓는 사항으로서 그 개인의 동일성을 식별할 수 있게 하
는 일체의 정보라고 할 수 있다. 이것은 반드시 개인의 내밀한 영역이
나 사사私事 영역에 속하는 정보에 국한되지 않고 공적 생활에서 형성
됐거나 이미 공개된 개인정보까지 포함한다.

　앞으로 제4차 산업혁명 시대가 예고되는데, 그때도 개인정보자기
결정권의 중요성은 여전하거나 더욱 커질 것으로 예상해 볼 수 있다.
제4차 산업혁명이 인공지능과 로봇기술, 3D프린터, 특히 빅데이터
기술 등의 발달로 우리 사회가 더욱 긴밀하게 초연결사회로 나아갈
것을 내용으로 하는 만큼, 개인정보의 무한한 집적과 활용이 함께 예
상되기 때문이다.

　그러나 개인정보자기결정권 보장에도 허점이 적지 않다. 개인정
보자기결정권의 핵심은 개인정보에 대한 정보주체의 결정권을 보장
하는 것이다. 하지만 정작 현실에서는 서비스 이용을 거부당하지 않

으려면 반강제적으로 개인정보를 제공해야 한다는 점에서 사실상 정보주체에게 결정권이 없는 때가 잦기 때문이다. 개인정보를 제공하지 않더라도 여러 가지 서비스를 이용하는 데 어려움이 없어야 결정권이 의미가 있을 수 있다. 그러나 현실 속에서는 개인정보를 경제적 가치로 여기거나 서비스 제공 대가로 인식하는 경향이 많다.

31
통신의 비밀

헌법

제18조 모든 국민은 통신의 비밀을 침해받지 아니한다.

A씨는 간첩 혐의로 기소되어 재판을 받고 있었다. 검사가 증거 자료로 제출한 것을 살펴보니 수사기관이 자신을 수년 동안 감청했음을 확인할 수 있었다. 수사기관이 A씨를 감청할 수 있는 근거가 되는 법률은 통신비밀보호법이었다. 이 법은 감청 기간을 2개월로 제한하고, 필요하면 감청 기간을 연장할 수 있다. 그러나 법률은 단지 2개월 단위로 연장할 수 있다고만 명시해 놓았다. 기간 상한이나 연장 횟수 제한 같은 것은 없었다. A씨는 이러한 감청이 헌법에 위반된다면서 헌법소송을 제기했다. 2010년 헌법재판소는 A씨의 손을 들어줬다.

감청은 몰래 한다. 당사자는 자신이 감청당한다는 사실을 알 수 없다. 그래서 연장 필요성 여부도 따질 수 없다. 사정이 그러하니 한번 감청이 허가되면 수사기관은 계속 감청 기간 연장을 신청할 수 있었다. 감청 기간에 뚜렷한 범죄 혐의를 발견할 수 없었더라도 그랬다. 이에 대해 헌법재판소는 아무리 법원 허가를 받아 이루어지는 감청이라도 기간 상한이나 연장 횟수에 제한을 두지 않는 것은 개인의 통신비밀을 침해한다고 판단했다. 헌법재판소 결정으로 수사기관이 별다른 근거 없이 감청을 연장할 수 있었던 법적인 근거가 없어졌다.

우리 삶의 일부가 된 통신수단에 대해 상시적인 감시와 검열이 이뤄진다면 이는 명백한 사생활 침해이다. 통신수단인 우편이나 전신, 전화망 등은 국가의 중요한 시설이다. 국가의 적극적인 보급과 관리가 필요한 분야이다 보니 통신의 비밀을 국가가 침해할 가능성이 매우 크다. 실제로 경찰이 편지와 통신을 검열하고 집을 도청함으로써 국민의 일거수일투족을 감시하는 일이 공산주의 국가나 독재국가에서 일어났다.

국민의 자유로운 의사소통은 물론이고 사상의 자유까지 위협하는 이런 일은 민주국가에서는 도저히 용납할 수 없다. 국민의 자유와 권리를 보호해야 할 국가가 반대로 국민의 삶을 짓밟는 것이고 민주주의의 기초를 부정하는 것이다. 이 때문에 우리 헌법은 제정될 때부터 지금까지 통신의 비밀을 헌법상 기본권으로 보호한다.

1993년에 제정된 통신비밀보호법은 누구든 일상에서 통신수단을 이용하여 나누는 사적인 대화를 몰래 엿듣는 것을 금지한다. 통신수단을 이용해 나눈 대화가 개인적인 대화인지, 직장생활에 관한 것인지, 정치적인 대화인지 그 내용은 중요하지 않다. 언제, 어디서, 어떤 통신수단으로, 누구와 얼마 동안 통신을 하든지 그것은 개인의 자유이다. 중요한 것은 국민의 의사소통이 위축되지 않는 것이다.

하지만 통신의 비밀을 보장할 자유도 제한 없이 보장되는 것은 아니다. 국가는 안전보장을 위하여 혹은 중대 범죄에 대처하기 위하여 통신 내용을 '감청'할 수 있다. 감청은 국가기관이 법원의 영장을 받아 합법적으로 당사자 동의 없이 통신의 내용을 알아내는 것으로 불법적인 '도청'과는 구별된다. 통신비밀보호법을 따르면 수사기관은 국가보안법 위반이나 살인 등 중대 범죄와 관련된 때만 법원의 허가를 받아 감청할 수 있다.

다만, 앞서 본 A씨 사례와 헌법재판소 판례에서 알 수 있듯이 감청이 남용되어 상시적인 감시가 된다면, 그것은 국민의 통신비밀에 관한 자유를 의미 없게 만드는 것으로 헌법에 어긋난다.

한때 검찰이 대통령과 관련된 풍문을 수사하기 위해 국내의 대표적인 메신저 서비스 회사의 협조를 받았다는 사실이 알려지면서 대한민국 사회가 요동쳤다. 사람들이 국내 메신저 서비스에서 외국의 메신저 서비스로 이른바 '사이버 망명'을 떠났기 때문이다. 통신의 비밀 보호가 사회 통합을 위해서도 헌법적으로 얼마나 가치가 큰 것인지를 확인할 수 있는 사례였다.

32
양심의 자유

'여호와의 증인' 신도인 A씨는 지방병무청장의 현역입영 통지를 받고도 종교적 신념을 이유로 입영을 거부했다. 병역법 제88조 제1항 제1호는 현역입영 통지를 받은 사람이 정당한 사유 없이 거부하면 처벌하도록 규정한다. 이 법에 따라 A씨는 기소되어 법원에서 형사재판을 받았다.

법원은 재판 과정에서 위 병역법 조항이 A씨의 양심의 자유를 침해하여 위헌 의심이 있다고 하면서 헌법재판소에 위헌법률심판을 제청했다. 하지만 헌법재판소는 헌법에 어긋나지 않는다고 판단했다. 우리가 이 대목에서 생각할 것은 바로 '양심'의 의미이다.

양심은 옳고 그름의 판단을 내리는 도덕적·윤리적 결정을 말한다. 옳고 그름에 관한 내면의 확신이라는 점에서 종교나 일반적 신조와는 구별된다. 양심은 우리 사회 다수를 형성하는 사람들의 생각이나 가치관과 언제나 일치하지는 않는다. 개인의 고유한 것으로서 지극히 주관적이다. 그래서 사람마다 생각이 다르듯이 양심상 결정도 제각기 다를 수 있다.

미성년 자녀가 수술을 받는 과정에서 수혈을 거부해 자녀를 사망에 이르게 한 부모의 사례를 보자. 친권자인 부모는 미성년 자녀를 보호할 법적 의무가 있다. 따라서 수혈만이 자녀의 생명을 지킬 수 있는 긴급한 상황에서 수혈을 거부한 행위는 형법상 살인죄나 과실치사죄에 해당할 수 있다. 그러나 부모의 수혈 거부 결정이 종교적 교리에 기초한 옳고 그름에 관한 진지한 내면의 판단에서 비롯한 것이라면 그것은 양심의 자유가 보호하는 양심에 해당한다. 재판 과정에서도 그 헌법적 의미가 충분히 고려되어야 한다.

양심은 '그렇게' 행동하지 않고서는 자신의 인격적 존재가 허물어지고 말 것이라는 강력하고 진지한 마음의 소리로서 절박하고 구체적인 것이다. 즉 일상생활에서 일어나는 구체적인 상황에 즈음해서 어떻게 행동하는 것이 옳은 것인지에 관한 마음에서 우러나오는 확신이다. 그 결정이 어떤 동기에서 비롯했는지는 따지지 않는다.

기독교나 불교처럼 종교를 근거로 양심이 형성될 수도 있고, 자유주의나 공동체주의와 같이 사상이나 철학을 근거로 양심이 형성될 수도 있다. 어떤 종교관, 세계관이나 가치세계에 기초하는지와 상관없이 양심에 따른 결정을 할 수 있다. 그래서 국가는 양심이 만들어진 동기나 원인에 따라 보호 여부나 정도를 달리할 수 없다.

양심의 자유는 먼저 어떠한 외부 간섭이나 압력, 강제 없이 스스로 양심을 형성하는 것을 보호한다. 이러한 점에서 국가가 특정 사상이나 세계관만을 집중적으로 선전하거나 그에 대한 부정적 비판을 반복하는 것은 양심의 자유를 보장하는 취지에 어긋난다.

하지만 헌법이 이렇게 양심의 자유를 보호한다고 해서 표현하고 행동하는 모든 것이 언제나 양심의 자유로 보호되지는 않는다. 예를 들어 교통사고 현장에 출동한 경찰관에게서 음주 측정을 요구받은 상황에서 측정에 응할 것인지 말 것인지 하는 고민이 선과 악에 관한 진지한 윤리적 판단을 위한 고민이라고 할 수는 없다. 음주 측정에 응할 것을 요구하는 법에 따라 측정에 응했다고 해서 내면적으로 만들어진 양심상 결정이 왜곡·굴절됐다고도 할 수 없다. 다시 말해 내면의 결정을 표현하고 행동하는 모든 것이 양심의 자유로 보호되는 것은 아니다.

도덕적으로 옳다고 생각만 하고 외부로 드러나지 않는 양심은 다른 사람의 권리나 공익과 충돌하지 않기 때문에 제한되지 않는다. 하지만 이것을 표현할 때 다른 사람의 권리나 공익과 충돌할 수 있다면 국회는 법률로써 양심의 표현이나 실현을 필요한 범위에서 제한할 수 있다. 전쟁 목적의 군사훈련을 반대하는 진지한 양심에서 비롯해 병역을 거부했다면, 양심의 자유가 보장하는 '진지한 내면의 결정'으로서 양심에 해당한다. 이러한 양심에 따른 행위도 국가의 안전보장이라는 헌법적 법익과 조화를 이루어야 한다. 물론 개인의 양심도 국가 존립에 우선하여 무제한으로 보호될 수 없지만, 국가의 안전보장을 이유로 개인의 양심이 무시될 수도 없다. 따라서 국가는 대체복무제도를 마련하여 개인이 양심을 지키면서 병역의무를 이행할 길을 열어줘야 한다.

최근 헌법재판소는 양심적 병역거부자에 대한 대체복무제를 규정하지 않은 병역법은 양심적 병역거부자의 양심의 자유를 침해한다고 했다. 대법원도 양심적 병역거부는 소극적 양심실현으로서 양심적 병역거부자에게 형사처벌 등 제재를 통해서 집총과 군사훈련을 수반하는 병역의무 이행을 강제하는 것은 양심의 자유에 대한 과도한 제한이 되거나 양심의 자유의 본질적 내용에 대한 위협이 된다고 했다.

33
종교의 자유

특정 종교를 믿지 않는 A군은 일반계 고등학교 전형 절차에 따라 B재단이 설립한 고등학교에 배정됐다. B재단은 건학이념인 기독교 정신에 따라 담임교사 입회 아래 아침마다 찬송과 기도를 하고, 정규 과목으로 따로 예배시간을 두었다. 예배시간에 참석하지 않으면 결석으로 처리하는 것 등 불이익을 주었다.

A군은 B재단이 학생 개인에게 선택권을 주지 않고 종교교육을 명목으로 특정 종교를 강제한다고 주장하면서 법원에 손해배상청구의 소를 제기했다. 대법원은 B재단의 강제적인 종교교육으로 말미암아 A군의 종교의 자유가 침해됐다고 판단했다.

종교란 무한의 절대적·초월적 존재에 대한 내적 확신과 관련된 영역이다. 헌법은 인간의 내면적인 정신영역에서 개성 신장을 돕는 수단으로 종교의 자유를 보장한다. 종교의 자유는 종교 탄생과 함께 시작된 인류의 가장 오래된 기본권 중 하나이다. 그러나 종교 문제를 개인의 자유로운 결정에 맡기게 되기까지는 우여곡절과 긴 시간이 필요했다.

중세 유럽 국가들은 기독교를 국교로 공인하면서 다른 종교를 허용하지 않았다. 다른 종교를 믿는 사람을 이단자로 가혹하게 처벌했다. 왕과 같은 세속의 권력자들은 자신을 보호하려고 종교의 권위를 등에 업었다. 종교는 세속 권력을 이용해 교세를 확장했다. 정치권력과 결탁한 종교의 타락과 부패는 모든 문제의 근원이었다. 결국 종교개혁으로 이어졌고 오랜 종교전쟁을 거친 끝에 마침내 정치와 종교가 분리됐다.

헌법 제20조 제2항이 국교를 부인하고 종교와 정치의 분리를 선언한 것도 이러한 역사적 배경에서 비롯한다. 국가는 특정 종교를 탄압해서도 우대해서도 안 된다. 종교적 의식에 따라 국가 행사를 진행하거나 종교적 교리를 정치에 반영할 목적으로 종교정당을 설립하는 것이 종교의 자유와 조화할 수 없는 이유이다.

종교의 자유는 신앙의 자유와 신앙을 실현하는 자유로 나눌 수 있다. 신앙의 자유는 개인이 신앙을 선택·변경하거나 포기하는 자유를 말한다. 신앙을 가지지 않을 자유도 신앙의 자유로 보호된다. 신앙 실현의 자유는 종교적 교리와 확신에 따라 삶을 형성하고 신앙을 실천하는 자유이다. 그것은 종교적 의식이나 종교선전, 종교교육, 종교적 집회와 결사 등을 보호하고, 자신의 종교적 확신에 어긋나는 행위를 하도록 강요받지 않을 수 있는 자유를 말한다.

1970년대 국기에 대한 경례를 우상숭배라며 거부한 여고생을 학교장이 학칙 위반으로 제적한 사건이 있었다. 이에 대해 대법원은 제적 처분이 정당하다고 판결했다. 하지만 최근에는 이 판결 내용이 종교의 자유를 보장하는 취지와 어긋난다는 지적이 많다. 많은 법학자는 "판결이 지나쳤다. 학칙을 위반했다고 하더라도 징계 중 가장 무거운 제적 처분을 내린 학교장의 행위가 과도하다."라고 말한다.

기독교재단인 B재단은 종교의 자유의 하나로 종교행사를 할 수 있다. 하지만 B재단이 실시하는 종교행사는 보편적인 교양을 내용으로 하는 종교교육이 아니라 기독교라는 특정 종교의 교리를 기도, 설교 그리고 찬송 등의 방법으로 전파하는 종교행사로 볼 수 있다. 그런데도 B재단이 행사에 참석하지 아니하는 학생들에게 불이익을 줌으로써 사실상 참석을 강요하는 것은 문제가 있다. A군과 같이 기독교 신앙이 없는 학생들은 자기 선택에 따라서 종교행사에 참석하지 않을 자유와 신앙을 가지지 않을 자유를 침해받을 수 있기 때문이다.

종교의 자유는 마음 영역에 머물면 제한할 수 없는 절대적 자유이다. 그러나 종교의 자유가 마음 영역을 벗어나 밖으로 표출되어 다른 기본권이나 법익, 가치와 충돌하면 제한될 수 있다. 특히 종교의 자유가 보장되려면 다른 사람의 종교를 서로 존중하고 종교 사이에 평화로운 공존 관계를 유지할 필요가 있으며, 종교가 없는 사람들에 대한 충분한 배려도 있어야 한다.

따라서 종교의식이라는 명목 아래 이루어지는 폭행이나 학대, 비과학적 치료행위, 인간 제물 등 반사회적이고 반인륜적인 행위는 보호되지 않는다. 인근 주민을 소음공해에서 보호하려고 야간의 교회 종소리도 제한될 수 있다. 헌법재판소도 이런 관점에서 "전쟁이나 테러 위험이 있는 지역에 선교 목적의 방문이나 체류를 금지한 것이 종교의 자유를 침해하지 않는다."라고 판단한 바 있다. 사법시험이나 각종 국가시험의 시행일을 왜 일요일로만 정하느냐는 주장에 대해서도 "일요일로 정한 것도 시험 장소의 확보나 시험 관리에 필요한 인원의 소집을 위해 불가피한 제한"이라고 판단했다.

A군은 자기 의사와 상관없이 B재단이 설립한 고등학교에 강제 배정됐다. 이러한 학교배정제도에서는 아무리 종교이념에 따라 설립된 사립학교라도 공교육 역할을 다해야 한다. 그래서 국가는 사립학교에도 보조금을 준다. 따라서 B재단은 학생들의 종교의 자유를 고려해 종교가 없거나 다른 종교를 믿는 학생들을 위한 대안 프로그램을 마련해야 할 책임이 있다.

34
언론 · 출판의 자유

헌법

제21조 제1항 모든 국민은 언론 · 출판의 자유와 집회 · 결사의 자유를 가진다.

제2항 언론 · 출판에 대한 허가나 검열과 집회 · 결사에 대한 허가는 인정되지 아니한다.

제3항 통신 · 방송의 시설기준과 신문의 기능을 보장하기 위하여 필요한 사항은 법률로 정한다.

제4항 언론 · 출판은 타인의 명예나 권리 또는 공중도덕이나 사회윤리를 침해하여서는 아니된다. 언론 · 출판이 타인의 명예나 권리를 침해한 때에는 피해자는 이에 대한 피해의 배상을 청구할 수 있다.

'PC통신'이 젊은이들 사이에서 애용되던 시절, 대학생 A씨는 언론 기사를 보고 PC통신 동호회 게시판에 정부를 비판하는 글을 썼다. 그런데 그 글은 채 일주일도 지나기 전에 삭제됐고, A씨는 PC통신을 한 달간 사용하지 못하게 됐다. 당시 전기통신사업법은 공공의 안녕질서와 미풍양속을 해치는 이른바 '불온통신'을 금지했다. 정부는 이에 해당하는 것으로 판단되는 게시글을 삭제하고 게시자의 통신 이용을 금지할 권한이 있었다.

A씨는 이처럼 개인의 통신 이용을 제한하는 전기통신사업법이 헌법에 위반된다며 헌법재판소에 헌법소원을 냈다. 이에 대해 헌법재판소는 정부가 '불온통신'이라는 모호하고 불명확한 규정으로 국민의 통신 이용을 제한하는 것은 표현의 자유를 지나치게 위축시키므로 헌법에 어긋난다고 결정했다.

민주주의 국가에서는 모든 국민이 자유롭게 제 생각을 말하고 표현하며 들을 수 있어야 한다. 자유로운 분위기에서 표현되는 사람들 제각각의 생각이 모이면 '여론'이 형성된다. 여론은 민주주의 국가 정책이나 중요한 의사 결정에 영향을 미친다.

대의민주주의 국가에서 주권자인 국민의 뜻은 선거가 없을 때는 여론으로 대변되고 국가 정책에 반영된다. 정부가 국민의 자유로운 의사 표현과 소통 분위기를 위축시키면 국민의 표현의 자유를 침해하면서 동시에 민주주의 체제를 위협하는 것이 된다.

헌법은 제21조 제1항에서 언론·출판의 자유를 보장한다. 모든 국민은 말이나 글, 출판 등의 형태로 스스로 의사를 자유롭게 표현할 자유가 있다. 다른 사람의 말과 글, 의견이나 정보 등을 접할 때 걸림돌이 없어야 자유롭게 의견을 형성할 수 있다. 국가는 국민이 자유롭게 의사소통을 할 수 있도록 그에 적합한 소통의 구조와 환경을 마련할 헌법적인 의무가 있다.

더 나아가 국가는 국민이 더 자유롭게 정보와 지식을 공유하고 소통할 수 있도록 신문, 방송, 통신 등의 매체를 이용한 소통공간을 마련하고 관리할 의무가 있다. 이러한 소통공간은 국민이 자유롭게 필요한 지식과 정보를 얻을 자유, 즉 '알 권리'를 보장하기 위한 수단이다. 만일 국가가 정보를 모두 독점하고 국민에게 "당신들은 아무것도 모르니 그냥 조용히 있어라."라고 한다면, 그것은 민주주의 국가가 아니다. 자유로운 의사 표현은 의사 형성에 필요한 지식과 정보를 접하고 그것을 이용하는 것에서 시작한다. 이 때문에 언론·출판의 자유는 언론매체가 국민에게 필요한 정보와 지식, 특히 국가의 공적 업무에 관해서 취재하고 보도하는 것도 보호한다.

헌법 제21조 제2항에서는 생각이나 의견을 표현하기 전에 미리 막는 국가의 '검열'도 금지한다. 어떤 생각이나 의견의 옳고 그름은 사람들 속에서 논의되고 토론되는 과정에서 자연스럽게 결정되는 것이지, 그것이 옳지 않거나 위험한 생각이라는 선입견으로 국가가 사전에 개입하여 그 표현 자체를 막아버리는 것은 절대 바람직하지 않기 때문이다. 헌법재판소는 여기서 더 나아가 국가의 사전 검열이 아니라도, 사실상 검열로 볼 수 있다면 금지된다고 판단했다. 즉 국가기관의 지원을 받아 설립된 민간 자율 단체의 방송 광고 사전심의도 검열에 해당한다.

그러나 이런 언론·출판의 자유는 무한정 보장되는 것이 아니다.

예를 들어 식품을 치유 효능이 있는 의약품인 것처럼 과장하거나 부작용을 알리지 않고 광고하는 것은 사기에 가깝다. 이런 표현까지 헌법상 언론·출판의 자유로 보호하지 않는다. 음란한 표현은 어떨까? 그것도 표현의 자유로 보장되는 것일까? 헌법재판소는 표현이 음란하다는 이유 하나 때문에 헌법적으로 보호를 못 받는 것은 아니라고 판단했지만, 인터넷 등을 통해 전파되는 음란물은 자라나는 청소년의 건전한 성 관념에 악영향을 미칠 수 있으므로 법률로 필요하면 제한할 수 있다고 판단했다.

35

집회의 자유

직장인 A씨는 퇴근 후 서울 세종대로 일대 촛불집회에 참여했다가 오후 10시경 체포됐다. 당시 '집회 및 시위에 관한 법률(집시법)' 제10조 등은 야간옥외집회를 금지했고, 이를 위반한 사람을 처벌했다. 담당 재판부는 집시법 조항에 위헌 소지가 있다며 헌법재판소에 위헌법률심판을 제청했다. 헌법재판소는 '해가 진 후부터 뜨기 전'까지의 야간이라는 광범위한 시간대에 옥외집회를 전면 금지하는 것은 직장인, 학생 등의 집회 참여 자유를 과도하게 제한하므로 위헌이라고 판단했다. 다만, 심야 시간에는 시위를 금지할 필요가 있다며 자정 이후 시위는 금지하도록 했다.

집회는 사람들이 공동으로 의견을 형성하고 표현하기 위한 일시적인 모임이다. 도로를 행진하거나 구호를 외치는 시위도 집회의 한 유형이다. 이를 통해 사람들은 다른 사람과 접촉하고 서로의 생각을 나누며 공동체 의사 결정에도 참여한다. 신문이나 방송 등 언론매체에 접근하기 어려운 소수자에게는 집회나 시위가 자신들의 권익을 보호하고 의사를 표현할 수 있는 효과적인 방법이기도 하다.

우리 사회가 세계사에 유례없이 짧은 시간에 민주주의를 정착시킬 수 있었던 배경에는 집회와 시위의 자유가 있다. 민주주의가 후퇴하는 중요한 시점마다 학생과 시민이 뜻을 같이하여 집단으로 항의하고 정치적 의사를 표현했다. 집회의 자유를 보장하는 것은 소수의 발언 기회를 보장하는 것이다. 그럼으로써 민주주의의 요체인 다수의 지배를 정당화하고, 우리 사회를 다양한 생각이나 의견이 공존하는 열린 사회로 만든다.

집회의 자유는 집회의 목적이나 시간, 장소, 방법 등을 스스로 결정할 권리를 말한다. 집회에 참여하는 행위뿐 아니라 집회 장소로 이동하거나 종료 후 귀가하는 것 등 집회와 관련한 모든 행위를 보호한다. 그래서 국가가 특정한 목적의 집회에 참여하는 것을 막거나, 반대로 참여를 강요하거나, 질서유지를 명분으로 내세우며 검문을 강화해 집회 장소에 접근하기 어렵게 만드는 것 모두 집회의 자유에 어긋난다.

여러 사람이 모이는 집회는 그 자체로 개인이나 공공에 해를 줄 수 있다. 집회 소음에, 교통 방해에, 때로는 인근 상인들의 영업에 지장까지 초래한다. 그러나 그것은 민주주의의 일상적인 모습이고, 민주주의가 제대로 작동하기 위한 비용이다.

국가는 집회·시위의 자유를 부당하게 방해를 해서는 안 됨은 물론이고 나아가 이를 적극적으로 보호해야 할 책임이 있다. 집시법 제1조는 집회와 시위를 최대한 보장하고 위법한 시위에서 국민을 보호하는 게 목적임을 분명히 밝힌다. 그러므로 집회 현장에서 경찰의 임무는 집회가 안전하고 원만하게 끝날 수 있도록 집회를 보호하고 질서를 유지하는 것이다. 집회나 시위에 적극적으로 개입하기보다는 질서유지를 위해 교통 통제를 하거나 다른 집회와 충돌하는 것을 예방하고 막는 것에 머물러야 한다.

경찰이 이러한 역할을 넘어 오히려 집회를 위축시키고 방해한다면 위법한 공무집행이 될 수 있다. 많은 사람이 집회에 참석할 것이 예상되거나 집회 장소가 교통이 혼잡한 도심이라는 이유로 경찰이 일반인 통행을 불편하게 하는 차단벽을 설치하거나 과잉 검문을 한다면 그것은 집회의 자유를 보장하는 헌법 취지에 어긋날 수 있다.

다만, 국가안전보장이나 질서유지 등을 위해 필요하다면 집회의 자유도 법률로 제한할 수 있다. 심야 시간대 옥외집회나 시위, 국가 기능의 원활한 수행을 방해하는 시위 등이다. 차량 소통을 위해 필요하거나 다른 사람에게 심각한 피해를 주는 소음을 동반하는 집회나 시위도 제한될 수 있다.

폭력적인 집회와 시위는 애당초 집회의 자유로 보장되지 않는다. 이는 민주주의 사회의 정상적인 의사 표현 방식이 아니기 때문이다. 집시법 제5조는 이를 분명히 밝혀서 폭행·협박·손괴·방화 등 공공의 안녕질서에 직접적인 위협을 끼칠 것이 명백한 집회나 시위를 금지한다.

법률이 제한하는 때가 아니라면, 옥외집회는 관할 경찰서에 48시간 이내에 신고만 하면 누구나 할 수 있다. 경찰은 집회의 목적이나 성격을 고려해 허가 여부를 결정해서는 안 된다. 헌법재판소는 집회 신고의 진위나 선후 등을 따지지도 않고 집회 신고가 동시에 있었다는 이유만으로 집회를 모두 금지하는 것은 신고제의 의미를 제대로 이해하지 못한 것으로 판단한 바 있다.

36
결사의 자유

시각장애인 안마사 A는 안마원을 개설하기 위하여 대한안마사협회에 개설신고 경유 신청을 했다. 그러나 정관에 따른 연회비와 보수교육비가 체납됐다는 이유로 이것이 거부됐다. 그러자 그는 체납된 금액을 낸 뒤, 자신이 강제적으로 대한안마사협회 회원이 되어 그 회비와 보수교육비를 부담하는 것은 부당하다고 판단하여 소를 제기했다. 과연 대한안마사협회에 강제로 가입하도록 하는 것이 A의 소극적 결사의 자유를 침해하는 것일까?

결사의 자유에서 결사는 사람이나 법인의 다수가 상당한 기간 공동 목적을 위해서 자유의사에 따라 결합하고 조직된 의사를 형성할 수 있는 단체를 말한다. 단체 결성은 자발적이어야 한다. 따라서 가입 강제가 인정되는 '공법상 결사'는 결사의 자유가 보호하지 않는다. 예를 들어 농지개량조합은 공법인으로서 결사의 자유가 보장되는 단체로 볼 수 없다. 즉 공공목적을 위해 국가가 조직한 특수단체나 공법상 단체는 국가 개입으로 자율성이 없어서 결사의 자유로 보호되지 않는다. 다만, 공법인적 성격과 사법인적 성격이 동시에 있으면, 예를 들면 구 축산업협동조합법상 축산업협동조합이나 축산업협동조합중앙회 등은 그 사법인적 성격으로 말미암아 결사의 자유가 인정된다.

특히 현행 헌법은 집회와 더불어 결사에 대한 허가는 인정되지 않는다고 분명히 밝힌다. 따라서 단체 설립에 대한 허가제는 언제나 인정되지 않는다. 다만, 행정상 이유로 등록제나 신고제는 가능하다. 헌법재판소는 노동조합의 설립 신고제나 정당의 등록제는 결사에 대한 허가제로 볼 수 없다고 판단한 바 있다.

헌법 제21조가 규정하는 결사의 자유는 '일반'결사의 자유를 뜻한다. 이에 대해 '특수'결사로서 정치 목적의 결사는 정당 설립의 자유(제8조 제1항)에서, 종교 목적의 결사는 종교의 자유(제20조 제1항)에서, 학문과 예술 목적의 결사는 학문과 예술의 자유(제22조 제1항)에서, 근로자의 단체는 근로자의 단결권(제33조 제1항)에서 각각 보장된다. 그래서 이러한 '특수'결사는 '일반'결사의 자유를 규정하는 헌법 제21조에 우선하여 보장받는다.

결사의 자유에는 단체 결성의 자유, 단체 존속의 자유 그리고 단체 활동의 자유가 속한다. 단체 활동의 자유에는 단체 외부에 관한 활동뿐 아니라 단체의 조직과 의사 형성 절차 등 단체 내부에 관한 활동을 스스로 결정하고 형성할 단체 내부 활동의 자유를 포함한다. 그리고 단체 소속과 관련해서는 적극적으로 단체에 가입하거나 잔류할 자유를 보장한다. 이와 동시에 소극적으로는 단체에 가입하지 않거나 탈퇴할 자유를 보장한다.

소극적 결사의 자유와 관련하여 위 대한안마사협회 강제가입 사건을 살펴보면, 안마사협회는 안마사들이 공동 목적을 위하여 결합하고 조직하는 사법상 결사에 해당한다. 이에 따라 안마사들은 안마사협회에 자유롭게 가입하고 탈퇴할 수 있는 헌법상 결사의 자유를 누릴 수 있다. 그러므로 안마사들이 안마사협회에 의무적으로 가입하도록 한 것은 결과적으로 소극적 결사의 자유를 제한한다.

하지만 안마사들은 시각장애로 말미암아 공동 이익을 증진하기 위해서 개인적으로나 이익단체를 조직하여 활동하기가 쉽지 않다. 그리고 안마사들이 안마사협회에 마음대로 가입하거나 여러 안마사 단체를 설립한 뒤 마음대로 가입하도록 하면 대표성이 강한 안마사협회 결성 자체가 어려울 수 있다. 그리고 여러 안마사협회가 난립하면 안마사들의 공동 이익을 위한 사업을 추진하는 데 지장을 줄 우려도 있다.

따라서 안마사들이 전국적인 조직을 갖춘 중앙회에 가입하도록 하는 것은 안마사들의 업무활동 증진에 도움이 된다. 이를 통해서 안마사 업무의 효과적인 개선을 도모할 수 있다. 그리고 국가가 그러한 시각장애인 직업 보호를 위하여 단체 가입을 강제함으로써 얻게 되는 공익 비중이 결코 적다고 할 수 없다. 그러므로 안마사들이 중앙회에 가입하도록 하는 것은 공익 실현을 위해서 필요한 제한에 국한되는 것으로서 안마사들의 결사의 자유를 과도하게 침해하지 않는다고 할 것이다.

37
학문의 자유

진리는 우리를 자유롭게 한다. 학문은 진리를 탐구하는 것이다. 연구하고, 그 결과를 공유하고, 여러 세대에 걸쳐 그 성과를 축적해서 인류는 미지의 세계를 발견하고 무지의 두려움에서 조금씩 벗어날 수 있다. 옛날 위대한 선진 문명을 이루었던 곳에서는 학문을 아주 진지하게 대했다. 오늘날 선진국에서도 정부가 나서서 연구활동을 지원하고 인재들이 자신의 역량을 충분히 발휘할 수 있도록 학문의 자유를 보장한다.

진리를 탐구하고 발표하는 것은 사상과 양심의 자유나 표현의 자유를 통해서도 보장될 수 있다. 그러나 진리 탐구는 그보다 넓은 범위에서 이루어진다. 사색과 대화라는 고전적인 방법은 물론 관찰, 실험, 조사, 탐험, 발굴, 응용과 적용, 제작과 실천 등 학문의 자유로 보호받아야 할 영역은 넓고 다양하다. 예를 들어 에라토스테네스(B.C. 274~196)는 최초로 지구 둘레를 거의 정확하게 측정한 사람이다. 시에네 지방에서 하지에 정오가 되면 수직으로 꽂은 막대의 그림자가 없어지고 깊은 우물 속에 해가 비치어 보인다는 문장을 도서관에서 읽는다. 그래서 하짓날 알렉산드리아에서 막대기를 수직으로 세워 본다. 그림자가 생기자 그는 지구가 구(球)라는 가설을 세우고 그 각도를 잰다. 그리고 사람을 시켜 알렉산드리아에서 시에네까지 걸어가서 거리를 재도록 한다. 그 값으로 지구 둘레가 4만 km에 이른다는 사실을 알아낸다. 그리고 지구가 구라는 가설을 입증하려고 선원들을 구해 직접 항해해 보려고도 했다. 물론 그것은 성공하지 못했다. 하지만 인류 최초로 아프리카 대륙을 한 바퀴 돌도록 하는 데는 성공했다. 이렇게 보면, 사람을 시켜 시에네까지 거리를 재도록 하거나 아프리카 대륙을 한 바퀴 돌도록 했던 것도 모두 진리 추구의 연장이었다. 이것만 봐도 학문의 자유는 표현의 자유나 사상의 자유와 같이 어느 한 가지 기본권으로 보호할 수 없을 만큼 다양하고 넓은 영역을 보호한다. 그뿐 아니라 학문의 자유를 보장하려면 많은 돈과 노력이 든다는 것을 알 수 있다.

학문의 자유를 보장하려면 대학이나 도서관, 연구기관과 같은 인적·물적·제도적인 기반이 있어야 한다. 그래서 학문의 자유는 사상과 양심의 자유 및 표현의 자유와 달리 모든 국민에게 보편적으로 인정되는 권리는 아니다. 어떻게 보면 이른바 '학자'라는 일부 지식인 계층이 주로 누릴 수 있는 특권과 같은 권리라고 할 수 있다. 그들은 주로 대학과 같은 고등교육기관이나 연구기관 같은 사회·문화적 제도를 통해서 양성되고 인정되는 일정한 사람들이다. 학생은 학문 활동에 참여하는 범위에서 제한적으로 학문의 자유를 누린다.

미국에서는 이렇게 일반 시민이 누리지 않는 특별한 학문의 자유를 헌법에 규정하지 않았다. 그런데 1950년대 미국에서 매카시J. R. McCarthy라는 의원이 사회의 저명인사elite 중에 상당수가 공산주의자라고 주장하며 그 명단을 만들어 발표한 적이 있었다. 그들 대부분은 대학교수나 저명한 문화예술인 등으로 그 명단에 올라간 사람들은 연방의회에 불려 가 사상검증에 가까운 조사를 받거나 부당한 퇴임 압박을 받았다. 그들의 학술과 학예 활동 내용이 매카시 의원과 같은 반공주의자로서는 공산주의에 찬동하는 것으로 보였기 때문이다. 그러나 학문 내용에 대한 외부 개입이나 제한은 학문의 자유에 대한 침해이다. 더불어 외부세력의 퇴임 압박은 대학 자율성에 대한 침해이기도 하다. 미국 연방대법원은 연구와 강의의 자유를 미국 연방헌법 수정 1조의 사상 및 종교의 자유와 언론·출판의 자유로 보장하기 시작했다. 이렇게 학문의 자유는 표현의 자유와 사상 및 양심의 자유로 보호하는 범위에서 모든 국민의 기본적 인권으로 보호된다. 일부 정권의 인사들이 문화예술계 '요주의자 명단blacklist'을 만들었고, 그 명단에 올라간 사람들은 문화예술 활동에 대한 국가적 지원을 받지 못하도록 한 적이 있다. 공직자의 이런 행위는 학문과 예술의 자유를 침해한다. 따라서 그들은 직권남용으로 처벌받았다.

학문의 자유는 때로는 그 시대의 금기를 깨는 것도 허용해야 한다. 갈릴레오Galileo Galilei는 천동설이 지배적이던 시대에 지동설을 주장했다가 신성모독으로 목숨을 잃을 뻔했다. 그러나 지금은 지동설이 상식이다. 그렇다면 어디까지가 학문이고 어디까지가 말도 안 되는 헛소리인가? 그것은 기본적으로 학문하는 사람들이 스스로 결정해야 한다. 지동설이 지금 과학적 상식이듯이 천동설도 그전에는 과학적 상식이었다. 이렇게 학자들에게 사회적 윤리나 상식에서도 자유로울 수 있는 학문의 자유를 보장하는 이유는 그것이 진리에 한 발 더 다가가는 과정이라는 믿음이 있기 때문이다. 그렇게 하려고 노력하는 것이 학자의 직업윤리이다.

무엇보다 이런 특권에는 그에 상응하여 책임이 뒤따른다. 만일 이런 윤리와 책임을 무시하고 진행된 연구와 실험은 학문의 자유로 보호받지 못한다. 예를 들어 예전에 세계 최초로 배아줄기세포 복제에 성공했다고 주장한 사람이 있었다. 그러나 그 실험결과는 조작된 것으로 밝혀졌다. 그리고 실험에 사용된 난자도 문제가 되어 관련된 사

람들이 형사처벌을 받았다. 실험결과를 조작하여 진실을 왜곡한다
면, 그에 근거한 주장은 학문의 자유로 보호받지 못한다. 더 나아가
사람에 대한 연구나 실험에 대해서는 엄격한 윤리적 책임이 뒤따른
다. 아무리 학문발전을 위해서라도 인간의 존엄성을 훼손할 수 있는
것은 아니기 때문이다. 학자적 윤리와 사회적 책임에 따른 학문의 자
유의 한계는 기본적으로 학계와 사회의 소통과 자율적인 논의를 통
해서 결정된다.

38
예술의 자유

헌법

제22조 제1항 <u>모든 국민은</u> 학문과 <u>예술의 자유를 가진다.</u>

학교보건법은 유치원, 초·중·고교와 대학 등 모든 학교의 주변에서 무대 공연 및 영화 상영을 포함한 일체의 극장업을 할 수 없도록 했다. 물론 이를 위반하면 처벌을 받는다.

A씨는 초등학교 주변에서 극장을 인수해 운영했다. 법률 조항을 어긋나게 극장 영업을 한 셈인데, 결국 재판을 받게 됐다. 담당 법원은 재판 중에 이 법률 조항이 위헌이라면서 위헌제청을 했다.

헌법재판소는 이 법률 조항의 목적이 학교의 보건·위생 및 학습 환경을 보호하기 위한 것이더라도 극장 운영자의 직업의 자유와 예술의 자유를 과잉 제한하므로 위헌이라고 판단했다.

예부터 미를 추구하거나 진리를 탐구하는 행위는 국가나 사회에서 많은 박해와 탄압을 받았다. 당시 지배 세력이 공유하던 정치·사회·문화·종교적 관념에서 벗어난 예술이나 학문 활동은 받아들여지기 어려웠다. 지배 세력은 체제 안전과 질서유지를 위해 이를 금지할 필요가 있었다. 그래서 수많은 예술 작품이나 서적이 세상의 빛을 보지도 못한 채 사라졌고 그것을 창작하고 궁리한 예술가와 학자는 목숨을 잃기까지 했다. 이러한 인류의 역사적 경험에 대한 반성으로 국가를 비롯한 지배 세력의 방해와 간섭이 없는 상태에서 자유로운 지적·미적 활동을 추구하려고 헌법 제22조 제1항에서 학문과 예술의 자유를 규정한다.

예술가의 감정, 경험, 인식 등을 일정한 매체를 통해 나타내는 자유로운 창조의 결과물이 모두 예술의 자유를 통해서 보호된다. 예술가들은 매우 개성적이며 주관적인 측면이 강하고 기존의 미적 기준이나 가치를 넘어서려는 경향이 있다. 그 때문에 예술 개념을 정의하기는 매우 어렵다.

예술가 관점으로 이를 정의하면 예술의 이름으로 이루어지는 사이비 예술을 막을 수 없다. 하지만 국가가 이를 독점하면 독일 나치스 시대나 과거 소련처럼 국가체제에 봉사하는 예술만 보호되고 허용되는 극단적인 상황이 발생할 수 있다. 예술은 본질적으로 법 이전의 현상이다. 하지만 헌법상 기본권으로 보장되려면 국가, 궁극적으로는 헌법재판소의 개념 정의가 불가피하다. 그러나 이는 예술가의 주관적인 관점을 모두 포괄하는 개방적이고 가치중립적인 기준에 따른 것이어야 한다.

따라서 국가는 예술을 정의하고 이해하는 데 획일적인 사고가 아니라 다원주의에 기초한 중립과 관용의 자세를 가져야 한다. 그리고 예술은 미적 표현 그 자체에 목적이 있어서 다른 목적을 위한 수단이 아니다. 상품 판매를 위한 수단으로 예술 활동이 이루어지는 상품광고가 예술의 자유로 보호되지 못하는 이유이다.

예술의 자유는 크게 예술 창작의 자유와 예술 표현의 자유로 나눌 수 있다. 그리고 그 핵심은 예술 활동을 통한 자유로운 인격 발현을 보장하는 데 있다. 예술 창작의 자유는 예술 창작 활동을 할 수 있는 자유로서 창작에 필요한 소재나 형태, 창작에 이르는 구체적인 과정 등을 자유롭게 결정할 수 있는 권리를 포함한다. 공연·영상을 위한 수단으로 창작 활동을 하더라도 그 결과인 공연물·영상물은 당연히 예술 창작의 자유로 보장된다. 하지만 사진 촬영을 위해 입산이 금지된 산림보호구역에 들어가 수령 200년이 넘은 금강송을 무단으로 벌목하는 것까지 예술 창작의 자유로 보호될 수는 없다.

예술 표현의 자유는 예술 작품의 자유로운 연주·공연·상영 등을 보장하는 것을 내용으로 한다. 따라서 연극을 공연하거나 영화를 상영하는 것은 예술 표현의 자유로 보장된다. 이러한 측면에서 보면 공연이나 영화를 관람할 수 있는 극장의 설치와 운영은 예술 표현의 자유를 보장하기 위한 필수적인 전제가 된다. 따라서 극장의 장소적 의미와 기능에 비추어 그 운영자도 예술 표현의 자유를 누린다. 헌법재판소도 예술품을 일반 대중에게 보급할 수 있는 자유가 예술 표현의 자유에 포함된다고 함으로써 음반제작자나 예술출판자가 예술의 자유의 보호를 받는다고 판시한 바 있다.

예술 표현의 자유도 제한 없는 기본권은 아니다. 예술 표현의 자유는 다른 사람의 권리와 명예 또는 공중도덕이나 사회윤리를 침해할 수 없다. 국가안전보장, 질서유지 또는 공공복리를 위해서 필요하다면 법률로 제한할 수 있다. 다만, 이때도 공익 목적 달성에 필요한 최소한의 수준에 머물러야 한다.

39
재산권

제23조 제1항 모든 국민의 재산권은 보장된다. 그 내용과 한계는 법률로 정한다.

제2항 재산권의 행사는 공공복리에 적합하도록 하여야 한다.

제3항 공공필요에 의한 재산권의 수용·사용 또는 제한 및 그에 대한 보상은 법률로써 하되, 정당한 보상을 지급하여야 한다.

제22조 제2항 저작자·발명가·과학기술자와 예술가의 권리는 법률로써 보호한다.

A씨는 개발제한구역 안에 있는 자기 땅에 허가를 받지 않고 별장을 지었다. 그러자 담당 구청장은 허가를 받지 않은 건축물이라는 이유로 별장을 철거하라는 행정처분을 내렸다. 이에 A씨는 구청장을 상대로 철거 처분의 취소를 구하는 소를 제기했다. 이와 함께 A씨는 개발제한구역을 지정해 그 안에서는 건축물 건축 등 개발행위를 할 수 없도록 규정한 도시계획법 조항이 위헌이라고 주장하며 담당 법원에 위헌제청을 신청했다. 하지만 법원은 위 도시계획법 조항에 위헌성을 발견할 수 없다면서 제청 신청을 기각했다. A씨는 헌법재판소에 직접 위 조항의 위헌 판단을 구하는 헌법소원심판을 청구했다.

사람이 살아가려면 많은 것이 필요하다. 그리고 사람에게는 그것을 가지려는 본능적인 욕구가 있다. 이러한 욕구를 권리로 보장하는 것이 재산권이다.

재산권이란 경제적 가치가 있는 각종 권리를 말한다. 재산권은 사람이 삶의 모든 영역에서 자유를 누리기 위한 물질적 기초이다. 그래서 시민혁명 결과로 탄생한 입헌주의 헌법에는 가장 중요한 기본권의 하나로 재산권이 규정됐다. 우리 헌법도 제23조에서 국민의 재산권을 보장한다. 재산권은 재산적 가치가 있는 권리를 개인의 뜻대로 사용하고 마음대로 처분하는 것을 주된 내용으로 한다. 따라서 개인은 재산권을 보유하고 마음대로 사용하며 그것에서 이익을 얻고 다른 사람에게 빌려주거나 팔 수도 있다.

국민이 누리는 재산권의 내용과 종류는 시대에 따라 다르고 나라마다 다르다. 그래서 헌법이 재산권을 보장하더라도 구체적으로 무엇이 재산권으로 보장되고 그 내용이 무엇인지를 세세하게 규정할 수는 없다. 그래서 재산권이 제대로 보장되려면 국회가 법률을 통해서 재산권의 내용과 한계를 확정해야 한다.

재산권이 있다고 해서 국민이 재산권을 마음대로 행사할 수 있는 것도 아니다. 특히 재산권은 다른 기본권과 달리 그 권리자에게 공공복리에 적합하게 행사할 의무를 지운다. 재산권은 나 혼자만이 누리는 것이 아니라 모든 국민이 함께 누리는 것이기 때문이다. 그래서 재산권도 다른 자유권과 마찬가지로 상대적으로만 보장된다.

근대 초기에는 재산권이 신성불가침한 자연권으로서 절대적 권리로 인정됐다. 이러한 인식은 시장경제원리, 사적 자치의 원칙 등과 더불어 자본주의 발달의 핵심적인 임무를 수행했다. 그러나 재산권의 배타성·절대성은 오늘날에 이르러 힘을 잃고 소유자만을 위한 것이 아니라 사회 전체 이익에 봉사하고 공공 이익을 위해서 제한될 수 있는 상대적인 권리로 바뀠다.

나아가 도로를 만들거나 공공기관 건물을 짓는 것 등 공공필요 때문에 재산권을 강제로 뺏길 수도 있다. 다만, 이러할 때는 반드시 법률을 통해서 정당한 보상을 해야 한다. 정당한 보상은 수용되는 재산의 객관적인 가치를 그대로 보상하는 완전보상을 말한다. 물론 재산권을 제한하더라도 본질적 내용을 침해할 수는 없다. 예를 들어 생산수단을 모두 국유화하는 것 등 사유재산제도를 전면적으로 부정하거나 보상도 없이 재산권을 몰수하는 것, 사후에 법률을 제정해 재산권을 박탈하는 것은 재산권의 본질적 내용을 침해한다.

토지는 수요가 늘어난다고 공급을 늘릴 수 없다. 따라서 토지에 대해서는 시장경제원리가 그대로 적용될 수 없다. 그리고 토지는 옮길 수 없고 인간이 디디고 살아가는 삶의 기본적인 바탕이 되는 것으로서 자손 대대로 누리고 그 위에서 함께 살아야 한다. 따라서 토지재산권은 다른 재산권과 비교해 공공적인 성격이 강하고 인근 토지와 맺는 관계에서 이해관계가 서로 부딪히는 때가 잦다. 이러한 토지의 특수성은 그 이용이나 수익, 처분을 개인에게 전적으로 맡길 수 없도록하고 토지재산권에 더 많은 제한 가능성을 열어준다.

A씨가 땅을 사서 소유하고 그 위에 별장을 건축하는 것은 재산권의 내용에 속한다. 그러나 이러한 재산권이 제한 없이 보장되는 것은 아니다. 헌법재판소는 개발제한구역 설정을 토지재산권에 내재하는 본래의 내용으로서 토지 소유자가 마땅히 참아야 하는 일종의 의무라고 보았다. 그러므로 개발제한구역 지정으로 별장을 지을 수 없는 불이익이 발생하더라도 따로 보상할 필요는 없다. 다만, 개발제한구역 지정으로 말미암아 지정 전의 용도와 방법으로 토지를 사용하거나 활용할 방법이 전혀 없어졌다면 예외적으로 그와 같은 불이익이 상쇄될 수 있도록 하는 보상 등의 조치가 이루어져야 한다.

40
선거권

1996년 19세였던 대학생 A씨는 다가올 국회의원 총선거에서 주권자로서 처음 투표를 하려 했지만, 선거권이 없어 참여할 수 없었다. 당시 선거법에서 선거연령을 20세 이상으로 정하였기 때문이었다. A씨는 선거연령을 20세 이상으로 정한 공직선거법 조항이 자신의 선거권을 침해한다며 헌법소원을 제기했다.

이에 대해 헌법재판소는 우리 정치문화와 국민 의식 수준, 당시 민법에서 성년을 20세로 정한 취지 등을 고려할 때 해당 공직선거법 조항이 선거권을 침해하지 않는다고 판단했다.

민주주의 국가에서 주권은 국민에게 있다. 그러나 고대 그리스 도시국가와 달리 모든 국민이 주권자로서 직접 국정에 참여해 국가정책을 결정하지는 않는다. 대신 대의제원리에 따라 국민이 선거를 통해 대표자를 선출해 그에게 국정을 운영할 권한과 책임을 부여한다. 그리고 다음 선거에서 임기 동안의 정치적 성과를 평가함으로써 대의과정을 통제한다. 결국 민주주의 성패는 국민의사를 왜곡 없이 그대로 대의기관 구성에 반영할 수 있는 공정하고 자유로운 선거제도를 마련하는 데 달려 있다.

헌법 제24조는 모든 국민이 법률이 정하는 바에 따라서 선거권이 있다고 규정한다. 국민의 선거권을 기본권으로 보장하지만, 누구에게 선거권을 부여할 것인지, 어떤 방법과 절차를 거쳐 대표자를 정할 것인지는 국회가 법률로써 구체적으로 정하도록 했다.

국회가 선거제도를 법률로 구체화할 때 반드시 지켜야 할 원칙이 있다. 헌법 제41조와 제67조 제1항에서 규정하는 보통·평등·직접·비밀의 선거원칙이 바로 그것이다. 따라서 헌법이 보장하는 선거권이란 헌법이 규정하는 선거원칙에 부합하는 선거권이어야지, 선거가 국가권력을 정당화하는 수단으로 악용된 과거 3·15 부정선거와 같은 선거이어서는 안 된다.

평등선거는 모든 유권자가 동등하게 한 표를 가질 뿐 아니라 한 표가 대표자 선출에 미치는 영향도 같아지길 요구한다. 따라서 국회의원 선거구 사이의 인구편차가 너무 벌어져 유권자의 투표가치가 다르면 평등선거에 어긋난다. 헌법재판소는 최근 선거구 간 인구편차가 상하 33.3%를 넘어서면 평등선거원칙에 어긋난다고 판단했다.

직접선거는 간접선거에 반대되는 것으로 유권자가 직접 대표자를 선출하는 선거를 말한다. 유권자의 의사가 대표자를 뽑는 데 직접 영향을 미쳐야 한다는 취지이다. 과거 국회의원 선거에서 비례대표 의원의 의석 배분을 정당의 득표수가 아니라 지역구 선거에서 소속 국회의원이 받은 득표수를 기준으로 한 것을 헌법재판소는 직접선거원칙에 어긋난다고 판단했다.

비밀선거는 유권자의 의사 결정, 즉 투표 내용이 알려지지 않도록 요청한다. 유권자의 자유로운 의사를 보호하기 위함이다. 특정 후보를 지지할 목적으로 자신이 투표한 투표용지 사진을 배포한다면 다른 유권자에게 심리적인 압박을 가할 수 있어서 비밀선거원칙과 관련해 문제될 수 있다.

보통선거원칙은 국민이라면 누구나 선거권이 있으며 재산·인종·성별·종교·교육 수준 등을 이유로 선거권을 제한할 수 없다는 것이다. 역사적으로 선거권은 귀족 등 특정한 사회적 신분이나 일정 재산이 있는 남자에게만 인정됐다. 그러나 오랫동안의 선거권 확대 운동

에 따라 선거권은 신분이나 재산 정도에 관계없이 성인 남자로 확대
됐고 20세기 중반에 이르러 성인 여성까지 선거권이 인정됐다.

우리 헌법은 1948년 처음 헌법을 제정할 때부터 여성을 포함한 모
든 국민에게 선거권을 보장했다. 그러나 누구나 선거에 참여하여 투
표할 수 있는 것은 아니다. 예를 들어 어린이들은 자기 힘으로 투표를
할 수는 있지만, 투표라는 행위의 법적·정치적 의미와 후보자를 선
택할 수 있는 판단능력이 부족하다. 헌법상 보통선거원칙이 인정되
지만, 그 나라의 역사와 전통, 문화·교육적 여건, 국민의 의식수준
및 미성년자의 신체적·정신적 자율성 등 여러 사정을 종합해 선거권
을 행사할 나이의 하한을 정하는 것이 불가피한 이유이다. 하지만 입
법자가 선거연령을 지나치게 높게 설정한다면 보통선거원칙에 어긋
나 국민의 선거권을 침해한다.

1997년 당시 헌법재판소는 선거연령을 20세로 규정한 것이 보통
선거원칙에 비추어 지나치게 불합리하거나 불공정하지 않다고 보았
다. 그 후 입법자는 시민사회의 성숙도와 국민의 정치적 의식수준 등
우리 사회 변화를 고려해 선거연령을 19세로 낮췄다. 그런데도 선거
연령을 18세 이하로 낮추자는 요구가 뜨겁다.

41
공무담임권

지방의 한 도시에서 공무원으로 재직하는 A씨는 교통사고를 낸 뒤 피해자에 대한 구호 조치를 하지 않았다는 혐의로 기소됐다. A씨는 법원에서 징역 6개월의 선고유예 판결을 받았다.

당시 지방공무원법은 공무원이 금고 이상 형의 선고유예 판결을 받았다면 공무원의 당연퇴직 사유로 규정했다. 그에 따라 당연퇴직한 A씨는 이 조항이 위헌이라며 헌법소원을 제기했다. 뇌물죄처럼 직무와 관련된 범죄가 아니라 교통사고로 말미암은 선고유예 판결을 받은 때까지 이 법을 일률적으로 적용해 공직에서 물러나도록 하는 건 공무담임권 등 기본권을 침해한다는 것이다.

이에 대해 헌법재판소는 "공무원에 대한 국민의 신뢰와 공직 질서를 유지하려는 입법 목적은 정당하지만 범죄의 종류와 내용을 불문하고 일률적으로 공직에서 추방하는 것은 A씨의 공무담임권을 지나치게 제한하는 것으로 위헌이다."라고 판단했다.

공무담임권은 공직에 취임해 공무를 담당할 수 있는 권리이다. 각종 선거에 입후보해 당선될 수 있는 피선거권과 국가 및 지방의 공무원으로 임명될 수 있는 공직취임권 등을 모두 포괄한다. 헌법 제25조는 "모든 국민은 법률이 정하는 바에 의하여 공무담임권을 가진다."라고 규정해 이를 기본권으로 보장한다.

오늘날 국민주권원리가 헌법의 기본원리로 인정되므로 국민이 공직에 취임하고 공무를 담당할 권리가 자명한 것으로 보일 수 있다. 그렇지만 공무담임권은 오랜 역사적 발전의 산물이다.

공무원 개념은 근대 초기에 국왕을 중심으로 하는 중앙집권적 권력체제를 만들기 위해 관료제도가 확립되면서 발생했다. 그 후 민주주의가 진행되고 정당정치가 뿌리를 내리자 정권을 획득한 정당이 정권 창출에 공로가 큰 당원들에게 관직을 분배하는 엽관제도獵官制度가 시작됐다. 그러나 엽관제도는 행정 능률 저하, 행정 질서 교란, 공무원이 단순히 정치 세력의 도구로 전락하는 것 등의 문제를 일으켰다. 이에 대한 반성으로 일정한 자격이 있는 사람을 공직에 임명하고 국가가 공직 수행 대가로서 생계유지 등 신분을 보장하는 직업공무원제도가 등장했다.

공무담임권은 피선거권 외에 공직을 담당할 기회를 평등하게 보장받는 공직취임권과 공무담임 중에 부당하게 공직을 박탈당하지 않을 공직유지권을 내용으로 한다.

공직취임권은 누구나 능력과 적성에 따라 자격을 갖추면 공직에 취임할 균등한 기회를 보장받는 권리이다. 따라서 공무원 채용은 시험 성적, 근무 성적, 공직에 대한 적성 등 공무원으로서 요구되는 능력과 적성이 기준이 되는 실적주의를 통해 실현돼야 한다.

이와 관련해 문제되는 것이 공무원시험 응시 연령의 상한과 하한을 정하는 문제이다. 지적·신체적 능력을 키워나가는 청소년에게 공직을 맡길 수는 없으므로 입법자는 공직의 취임과 수행에 필요한 최소한의 자격 요건으로 시험 응시 연령을 정할 수 있다. 그렇지만 이러한 조건은 합리적인 이유에 근거해야 한다. 합리적인 근거도 없이 능력이나 적성과 무관한 나이를 기준으로 공무원시험 응시 여부를 획일적으로 결정한다면 이는 공직 취임에 대한 중대한 장벽이 되기 때문이다. 헌법재판소는 7급 공무원 공채시험 응시 연령을 35세까지로 하면서 그 상급자인 5급 공무원 공채시험 응시 연령을 32세까지로 정한 것에는 합리적인 이유를 찾기 어려우므로 공직취임권을 침해한다고 판단한 바 있다.

공무원 신분의 부당한 박탈을 금지하는 공직유지권은 직업공무원제도 취지에서 유래한다. 즉 공무원이 자신의 신분 불안에 동요하지 않고 국민을 위해 일관성 있고 안정적으로 정책을 집행할 공직 환경을 만들어 주는 것이 본래 취지이다. 따라서 입법자는 법률로써 공무원 퇴직 사유와 같은 공직제도 내용을 만드는 데 폭넓은 재량이 있다. 하지만 이때도 직업공무원제도 취지를 충분히 고려해야 한다. 교통사고와 같이 일상생활에서 누구나 저지를 수 있는 대수롭지 않은 범죄를 이유로 아무런 절차도 없이 공직에서 퇴출한다면 공직에 대한 국민의 신뢰는 높아질 수 있다. 하지만 공직자 이전에 한 사람의 시민으로서 안정적인 생활을 영위하기는 어렵다. 앞에서 말한 헌법재판소 판단은 이러한 사정을 고려한 것이다.

42
청원권

청와대를 비롯한 여러 국가기관에서 개설한 국민의견 게시판에 올라오는 글들이 때때로 국민에게 화제가 되곤 한다. 각종 국가행위로 말미암아 발생한 피해 구제, 사고나 범죄의 진상에 대한 규명, 필요한 법률의 제·개정이나 정책 제안, 비리 공직자에 대한 처벌 등을 요구하는 내용이 대부분이다. 하지만 수사나 재판의 결과에 불만을 품고 판사 또는 검사에 대한 징계나 처벌을 요구하는 글들도 간혹 보인다.

청원권은 국민이 국가기관에 형식과 내용 제한 없이 공동의 관심사에 관해 의견을 표명하고, 권리나 이익 침해에 대해 구제를 요청하는 권리이다. 국민이 국정에 참여하는 길이 봉쇄되고 권익 구제를 위한 재판절차도 이름뿐인 시대에 청원권은 개인의 권익구제를 위한 중요한 수단이자 통치자에게 국민의 정치적 의사나 요구를 전달하는 유일한 방법이었다. 일찌감치 영국의 권리장전Bill of Rights(1689년)에서 청원권 보장을 언급하고, 미국 연방헌법 수정 제1조(1791년)에서 청원권을 보장하는 것도 바로 이 때문이다.

헌법의 기본원리인 민주주의원리와 법치국가원리는 주권자인 국민이 주기적인 선거나 정치적 의견 표현을 통해 국정에 참여하고, 법원의 재판절차 등을 통해 침해된 권익을 구제받도록 하는 것을 핵심적인 내용으로 한다. 따라서 선거권과 표현의 자유가 기본권으로서 보장되고, 다양한 권리구제절차가 완비되는 상황에서 청원권은 과거와 달리 그 기능이 크게 퇴색한 것이 사실이다. 그러나 여러 국가기관에서 앞을 다투어 국민의 의견이나 고충을 직접 들을 수 있도록 청원 게시판을 마련하는 것은 오늘날에도 여전히 청원권이 국민의 정치생활이나 권익구제 영역에서 나름의 중요한 기능을 수행하기 때문일 것이다.

먼저 청원권은 국민과 국가의 유대관계를 더욱 밀착시키는 기능을 한다. 오늘날 국민은 언론이나 인터넷 등을 통해 공동의 관심사를 표현하고 이를 통해 국정에 일상적으로 참여한다. 이에 더하여 청원권은 형식이나 매체 제한 없이 국민 의견을 직접 국가기관에 전달하고, 국가기관이 이를 직접 들을 수 있다는 측면에서 국민과 국가가 소통할 수 있게 하고 유대관계를 더욱 밀착시킨다.

아울러 청원권은 법원의 재판절차 등 통상적인 권리구제절차를 보완하는 역할을 한다. 헌법은 국민의 재판을 받을 권리를 기본권으로 보장함으로써 국가가 국민의 권익구제를 위해 재판제도 등 권리구제절차를 마련할 것을 요청한다. 그런데 재판절차를 통해 권리를 구제받으려면 자신의 법률상 이익을 침해받은 사람이 제소기간 안에 소송비용 납부와 함께 서면으로 소장을 제출해야 하는 것 등 여러 가지 형식적·절차적인 요건을 갖추어야만 한다. 그러나 청원권은 형식이나 절차, 비용 등에 구애받지 않고 개인적 이해관계뿐 아니라 환경 보호나 정부정책 등 공공 이익을 위해서도 권익구제를 요청할 수 있어 재판 등 통상적인 권리구제절차의 빈틈을 메우는 기능을 한다.

나아가 청원권은 청원 방식으로 국회에 공직자의 비리나 부조리, 정부의 법집행이나 정책상 오류 등에 관한 다양한 제보 등 정보를 제공함으로써 국회의 정부에 대한 감시·통제권한이 실질적으로 수행될 수 있도록 지원하는 기능을 한다. 그리고 이러한 정보를 토대로 하여 국회가 스스로 법률을 고치고 필요한 법률을 새로 만들도록 자극하는 역할도 한다.

헌법은 기본권으로서 청원권을 보장함으로써 모든 국민은 자유롭게 문서로 국가기관에 자신의 의견이나 희망, 요구를 진술할 수 있고, 청원을 받은 국가기관은 이를 수리하고 심사를 해야 하는 책임이 있다. 그리고 청원법은 청원권의 헌법적 취지와 기능을 존중하여 청원을 수리한 국가기관은 성실하고 공정하게 청원을 심사·처리해야 하고(제9조 제1항), 특별한 사유가 없는 한 90일 안에 그 처리결과를 통지해야 할 의무를 부과한다(제9조 제3항).

43
재판청구권

헌법

제27조 제1항　모든 국민은 헌법과 법률이 정한 법관에 의하여 법률에 의한 재판을 받을 권리를 가진다.

제2항　군인 또는 군무원이 아닌 국민은 대한민국의 영역안에서는 중대한 군사상 기밀·초병·초소·유독음식물공급·포로·군용물에 관한 죄중 법률이 정한 경우와 비상계엄이 선포된 경우를 제외하고는 군사법원의 재판을 받지 아니한다.

제3항　모든 국민은 신속한 재판을 받을 권리를 가진다. 형사피고인은 상당한 이유가 없는 한 지체없이 공개재판을 받을 권리를 가진다.

제4항　형사피고인은 유죄의 판결이 확정될 때까지는 무죄로 추정된다.

제5항　형사피해자는 법률이 정하는 바에 의하여 당해 사건의 재판절차에서 진술할 수 있다.

법원의 재판에 불복한 모 대학의 A교수가 자기 사건을 맡았던 판사에게 석궁을 쏘는 사건이 있었다. 이 일로 기소되어 형사재판을 받던 A교수는 피해자가 판사이므로 법원의 공정한 재판을 기대하기 어렵다고 주장하면서 일반 국민이 배심원으로 참여하는 국민참여재판을 원했다. 그러나 '국민의 형사재판 참여에 관한 법률'은 국민참여재판 대상이 되는 사건을 살인, 강도, 강간 등 중한 범죄로 제한했다. 이에 A교수는 국민참여재판 대상을 제한한 위 법률이 자신의 재판을 받을 권리를 침해한다며 헌법소원을 제기했다.

　　헌법재판소는 재판을 받을 권리는 직업 법관에 의한 재판을 받을 권리를 뜻하므로 국민참여재판은 재판을 받을 권리에 포함되지 않는다고 판단했다.

　　헌법 제27조 제1항은 "모든 국민은 헌법과 법률이 정한 법관에 의하여 법률에 의한 재판을 받을 권리를 가진다."라고 규정한다. 흔히 재판청구권이라고 부르는 재판을 받을 권리는 개인의 권리 보호를 핵심으로 하는 법치국가 실현을 위하여 가장 필수적인 기본권이다.

　　예를 들어 어떤 사람이 돈을 빌려주었는데도 정한 날에 채무자에게서 돈을 돌려받지 못한다면, 법의 힘으로 빌려준 돈을 받을 권리가 관철되어야 한다. 그리고 국가 행위 때문에 권리를 침해당한 사람은 그 행위 취소를 구하거나 그로 말미암은 손해를 배상받아야 한다. 즉 국민의 권리가 침해됐다면 재판청구권을 행사함으로써 법원의 재판 절차를 통해 침해된 권리를 구제받을 수 있어야 한다. 이 때문에 재판청구권은 법치국가의 꽃에 비유된다.

　　재판은 분쟁 대상이 되는 사실관계를 확정하고, 그렇게 확정된 사실관계에 법률을 해석하여 적용하는 것을 본질로 한다. 따라서 재판 청구권은 법관에게서 사실적 측면과 법률적 측면에서 적어도 한 차례의 판단 기회를 보장받는 것을 핵심적인 내용으로 한다. 만일 그러한 기회가 제대로 보장되지 않는다면, 재판청구권의 본질적 내용은 침해받게 될 것이다. 하지만 사실적 측면과 법률적 측면에서 법관에 의한 판단 기회가 주어졌다고 해서 그것만으로 충분한 것은 아니다.

먼저 법관은 헌법과 법률이 정한 자격과 절차에 의해 임명되고 신분이 독립된 법관이어야 한다. 만약 법관이 사건의 당사자 중 한쪽과 친분이 있다면, 그는 독립적이며 중립적인 법관이 아닐 수 있다. 그러므로 다른 쪽 당사자는 법관을 교체해 달라고 요구할 수 있어야 한다. 그리고 재판은 법관의 개인적인 상식이나 감정에 근거한 것이 아니라 헌법과 법률에 따른 재판이어야 한다. 이때 법률은 헌법에 합치하는 것이어야 하므로 법률이 위헌이라는 합리적인 의심이 들면 법관은 헌법재판소에 위헌 여부를 물어 그에 따라 재판을 해야 한다. 나아가 신속하고 공개적인 재판을 받을 수 있어야 한다. 지연된 재판은 이기더라도 당사자에게는 아무런 소용이 없을 수 있고, 재판 공개는 공정한 재판을 보장하는 전제가 되기 때문이다.

일반 국민이 배심원으로 재판에 참여하여 유죄 여부를 가리게 되는 배심재판을 받을 권리를 헌법상 권리로 보장하는 미국과 달리 우리 헌법에는 그에 관한 규정이 없다. 다만, 우리 헌법은 '헌법과 법률이 정한 법관에 의한 재판'을 기본권으로 보장한다. 헌법재판소는 법관에 의한 재판을 받을 권리를 신분이 보장되는 직업 법관에 의한 재판을 받을 권리로 이해하고, '국민참여재판을 받을 권리'는 헌법 제27

조 제1항의 재판청구권에 의해 보호되지 않는다고 판단했다.

헌법재판소 판단대로 '헌법과 법률이 정한 법관에 의한 재판'을 '직업 법관에 의한 재판'으로 이해하더라도, 이것이 곧 국민참여재판이나 배심재판 도입을 금지하는 것으로 단정할 수는 없다. '직업 법관'에 의한 재판을 받을 권리가 오직 직업 법관에 의한 재판만을 뜻하는 것은 아니기 때문이다. 직업 법관과 함께 일반 국민이 재판에 참여하더라도 직업 법관에 의한 재판이 아니라고 볼 수 없기 때문이다. 오히려 모든 국가권력이 국민에게서 나온다는 국민주권원리(헌법 제1조 제2항)가 사법부 구성과 그 권한 행사에도 그대로 적용되어야 한다면, 일반 국민의 사법 참여도 헌법에 근거한 것이기 때문이다.

44
형사보상청구권

국가는 범죄행위에 대한 수사와 형사재판을 통해 형벌권을 행사한다. 그 과정에서 수사기관, 법원 등 형사사법기관이 고의나 과실 등의 귀책사유 없이 혐의가 없거나 죄가 성립되지 않은 사람을 구금하는 것 등의 잘못을 할 수 있다. 범죄에 대한 수사는 피해자 등의 일방적인 고소나 고발에 기초하여 시작된다. 기소나 재판도 관계인의 진술이나 범죄현장에서 발견된 물건 등 관련 증거자료에 기초하여 이루어진다. 그만큼 그 과정에서 오류나 잘못의 가능성은 충분히 있을 수 있다.

형사보상청구권은 이때 범인이 아닌 사람이 범죄혐의자나 범죄인으로 취급되어 구치소 등 수용시설에 구금되는 것 등 신체의 자유를 침해받음으로써 입게 된 물질적·정신적 피해에 대한 보상을 국가에 청구할 수 있는 권리를 말한다.

형사보상청구권은 형사사법기관의 귀책사유 없이 구금 등의 조치로 신체의 자유를 침해받은 것에 대해 국가에 보상책임을 묻는 제도이다. 헌법은 범죄에 대한 수사나 재판 과정에서 수사기관이나 재판기관이 부당하게 강제력을 행사하거나 자유로운 신체활동을 제한하는 것 등의 상황에 대비하여 영장제도, 변호인의 조력을 받을 권리 등 국가의 형벌권 행사에서 국민을 보호하기 위한 여러 사법절차적인 권리를 보장한다. 이에 더하여 국가의 형벌권 행사를 통해 결과적으로 국민의 신체의 자유가 침해될 때를 대비하여 사후적인 구제제도로서 형사보상청구권을 보장한다. 따라서 형사보상청구권은 담당 공무원의 고의·과실을 요건으로 하지 않는다는 점에서 공무원의 위법한 행위에 대한 책임추궁 성격이 있는 국가배상청구권과 그 성격이 다르다. 따라서 담당 공무원의 고의·과실 등 귀책사유로 말미암아 위법한 구금조치가 이루어졌다면 형사보상청구권과 함께 국가배상청구권도 행사할 수 있다.

형사보상청구권은 형사피의자나 형사피고인으로 구금됐다가 법률이 정하는 불기소처분을 받거나 무죄판결을 받을 때 발생한다. 헌법 제28조에 근거하여 제정된 '형사보상 및 명예회복에 관한 법률'은 불기소처분 중 범죄를 인정할 증거가 없거나 부족한 때에 해당하는 '혐의없음'의 불기소처분이 있으면 청구권을 인정한다. 따라서 불기소처분 중 피의자의 소재불명으로 수사를 종결할 수 없을 때의 기소중지처분, 죄는 성립하지만 정상을 참작하여 기소를 하지 않는 기소유예처분이 있을 때는 청구권이 인정되지 아니한다(제27조). 그리고 형사피고인은 구금되고 나서 무죄판결을 받아야 한다. 이때 무죄판결은 해당 재판절차뿐 아니라 재심이나 비상상고절차에 따른 무죄판결을 포함한다. 면소나 공소기각의 재판도 그 효과가 실질적으로 무죄판결에 해당하므로 청구권이 발생한다(제2조, 제26조).

형사보상 청구는 원래 무죄판결이 확정된 때부터 1년 안에 해야 한다. 이에 대해서 헌법재판소는 "형사보상청구권의 행사에 특별히 1년이라고 하는 짧은 제소기간을 설정할 합리적인 이유를 찾기 어렵고, 오히려 국가의 잘못된 형사사법작용으로 신체의 자유라는 중대한 법익을 침해받았으므로 그 보호의 정도를 강화하여야 한다."라는 이유로 '1년 이내의 제소기간' 설정에 대해서 헌법불합치결정을 내렸다. 이에 따라 국회는 '형사보상 및 명예회복에 관한 법률'을 개정하여 보상 청구는 무죄재판이 확정된 사실을 안 날부터 3년, 무죄재판이 확정된 때부터 5년 이내에 할 수 있도록 제소기간을 연장했다.

45
국가배상청구권

오늘날 국가는 국민의 일상적인 생활 하나하나에 큰 영향을 미친다. 태어나고 죽을 때 하는 출생신고와 사망신고, 집을 사고팔 때 하는 등기와 세금 납부, 각종 사업이나 영업을 시작할 때 하는 인·허가나 지원, 도로나 하천 등의 건설과 보수, 유지, 수도 설치와 물 공급, 쓰레기 수거 등에 이르기까지 국가와 무관한 현대인의 삶을 상상하기 어렵다. 그 과정에서 국민은 국가에서 혜택이나 도움을 받는 때가 많다. 때로는 공무원의 잘못된 행위로 말미암아 재산적 또는 정신적인 손해를 입을 수도 있다. 이때 공무원 개인의 재산이 충분해 개인이 입은 손해를 모두 배상할 수 있다면 문제가 없다. 그렇지 않다면 국민은 공무원의 위법한 행위로 말미암아 입은 손해를 감수할 수밖에 없다. 이러한 상황에서 공무원이 한 직무상 불법행위에 대해 국가나 지방자치단체가 스스로 배상책임을 지는 것을 국가배상책임이라고 한다. 그리고 개인이 국가에 손해배상을 청구할 수 있는 권리를 국가배상청구권이라고 한다.

국가행위는 공무원을 통해 구체적으로 이루어지고 그 결과가 국가로 귀속된다. 그 과정에서 고의·과실에 따른 공무원의 위법한 직무행위까지 당연히 국가로 귀속되는 것으로 보기는 어렵다. 공무원에게는 성실하게 법률을 준수하여 직무를 수행할 책임이 부여되기 때문이다. 그래서 공무원의 직무상 불법행위에 대한 국가 책임이 나라마다 그 내용과 수준에서 같지 않다. 하지만 대체로 국민 권익 보장 차원에서 그 책임을 확대하는 방향으로 발전한다. 헌법의 기본원리인 법치국가원리도 헌법과 법률에 근거한 합헌(법)적인 국가행위를 전제한다. 따라서 국가의 위법한 행위 결과를 제거하고 그로 말미암은 손해를 효과적으로 보전할 것을 요구한다.

헌법은 국가배상청구권을 보장하면서 배상책임의 내용과 범위, 그 절차를 법률에서 정하도록 위임한다. 이에 근거하여 국가배상법이 이를 구체적으로 규정한다. 국가배상법은 배상책임 유형으로 공무원의 직무상 불법행위 외에 도로, 하천 등 공공시설의 설치·관리의 잘못에서 기인하는 손해에 대한 배상책임을 추가한다. 오늘날 국민 생활은 국가가 설치·관리하는 각종 공공시설의 편익 제공과 이용 등에 긴밀하게 의존하는데, 그 과정에서 발생하는 손해에 대한 충분한 보전 없이는 헌법이 보장하는 국가배상청구권의 실효성이 반감되기 때문이다. 겨울에 폭설로 말미암아 파손되거나 결빙된 도로에서 발생한 피해, 여름에 홍수로 불어난 강물 등으로 말미암은 피해가 국가나 지방자치단체의 도로 또는 제방 설치나 관리의 잘못에 기인하는 한 국민은 그 피해에 대한 손해배상을 청구할 수 있다.

한편, 국가배상법은 공무원의 직무상 불법행위에 대한 국가배상책임이 인정되기 위해서는 공무원 개인의 고의·과실에 기한 불법행위일 것을 요구한다. 연혁적으로 국가배상청구권은 공무원 개인의 불법행위책임을 전제하는데, 한정된 국가 재정사정에 비추어 법령에 어긋나는 공무원의 모든 행위로 국가배상책임 범위를 전면적으로 확대할 수도 없기 때문이다. 그러나 국가배상법에 명시적인 규정이 있어도 헌법재판소와 법원이 국가배상법 조항 해석을 통해 고의·과실 인정 범위를 적절하게 조정함으로써 국민 권익 보장 요청도 함께 고려한다.

나아가 헌법은 군인, 군무원, 경찰공무원 등의 직무집행과 관련한 손해에 대한 국가배상청구권을 제한한다. 통상적으로 군인 등의 특별한 공로와 희생에 대해서 국가 차원의 보상이 이루어지므로 이와 별도로 국가배상청구권이 제한 없이 인정된다면 이중배상이 우려된다는 것이 그 취지로 보인다. 그러나 공무원의 불법행위로 말미암아 발생한 개인의 손해에 대한 국가배상책임과 군인, 경찰관 등의 직무수행 중 특별한 공로와 희생에 대한 보상 차원의 국가책임은 그 책임의 성격이나 본질이 전혀 다르고, 특히 전투나 훈련 등 직무집행 중에 사고 발생 가능성이 큰 군인이나 경찰관 등에 국한하여 국가배상청구권을 제한하는 것에 국가의 재정사정에 관한 고려 외에 달리 합리적인 사유를 발견하기도 어렵다. 이런 이유로 헌법 제29조 제2항의 문제점을 지적하는 목소리가 높다.

46
범죄피해자구조청구권

헌법

제30조　타인의 범죄행위로 인하여 생명·신체에 대한 피해를 받은 국민은 법률이 정하는 바에 의하여 국가로부터 구조를 받을 수 있다.

다른 사람의 범죄 행위로 말미암아 생명을 잃거나 신체에 중대한 손상을 입으면 그 피해에 대한 배상책임은 그 범죄 행위자에게 물어야 한다. 즉 다른 사람에게 범죄 행위를 하여 생명, 신체에 손실을 발생하게 했다면, 그 범죄 행위자는 민법에 따라서 불법행위에 따른 손해를 배상할 책임을 진다. 하지만 그 범죄 행위자에게 손해를 배상할 만한 재산이 없다면 배상책임을 물을 수 있다는 것으로는 아무런 의미가 없다. 한 가정의 생계를 책임지는 가장이 범죄에 희생됐지만, 그 가해자에게 손해배상책임조차 제대로 물을 수 없다면 그 가정의 생계는 극도의 어려움에 부닥칠 수밖에 없다. 범죄에 희생된 때가 아니라도 중대한 부상을 입어서 막대한 치료비가 들고 치료받는 동안에는 제대로 일을 할 수 없어서 수입이 급감했는데도 이러한 손해에 대한 책임을 범죄자가 질 수 없다면, 역시 범죄피해자의 생계는 막막해질 수밖에 없다. 물론 우리나라에는 국민기초생활보장제도가 있어서 자기 힘으로 기초적인 수준의 생계조차 유지할 수 없는 국민에게는 국가가 경제적 지원을 하는 제도가 있어서 생계의 최저한도는 보장될 수 있다. 하지만 이 제도는 어디까지나 최저한도의 생활수준을 유지할 수 있도록 지원하는 제도라서 범죄피해자가 입은 손해를 보전하기에는 매우 불충분하다. 더군다나 국민기초생활보장제도에서 경제적 지원을 받으려면 자신의 재산과 소득으로는 기초적인 수준의 생계를 유지할 수 없다는 점을 증명해야 한다.

범죄피해자는 자신에게는 아무런 책임도 없는 범죄피해로 말미암아 경제적 곤궁을 겪을 수밖에 없다. 하지만 범죄피해로 발생한 손해를 고스란히 피해자 개인이나 그 피부양자에게 부담시키는 것은 사회정의에 어긋난다. 첫째, 범죄는 사회적 병리 현상이라는 에밀 뒤르껨Emile Durkheim의 말처럼 범죄는 개인적 병리 현상과 같은 개인적 특성에서 연유한 것이라기보다는 건전한 사회적 관계나 정서적 발달에 부적합한 사회적 환경에서 연유한 것이라는 점을 고려해야 한다. 즉 범죄 발생 원인이 그 사회의 구조나 갈등에 있다면 그 범죄로 말미암아 발생한 손해에 대해서는 사회 전체도 일정한 범위에서 책임을 부담해야 한다. 범죄에 따른 피해도 질병, 사고, 실업 등과 같은 사회적 위험이라고 생각하고, 그 위험에 대해서 사회가 함께 책임을 부담해야 한다. 둘째, 국가는 국민의 생명과 신체가 다른 사람에게서 침해되는 것을 막아야 할 의무를 진다는 점에서 범죄에 따른 피해에 대한 책임을 국가도 일정 범위에서 부담해야 한다. 국가에 범죄에서 국민을 보호할 의무가 있다고 하여 실제로 범죄피해가 발생했을 때 이는 국가가 보호의무를 제대로 이행하지 않은 탓이라고 할 수는 없다. 즉 피해가 발생했다고 하여 그 피해 발생의 원인과 책임을 전적으로 국가에 돌릴 수는 없다(다만, 범죄 신고가 있었는데도 경찰이 늦장 출동하여 충분히 막을 수 있었을 범죄피해를 막을 수 없었다면 국가는 당연히 범죄피해자에게 배상할 책임을 진다). 그렇지만 국가가 범죄예방의무와 국민보호의무를 지는 이상 범죄피해에 대한 윤리적·도덕적인 책임은 피할 수 없다. 나아가 범죄 발생률이 높고 치안 확보가 제대로 안 되는 상황이라면 범죄피해에 대한 국가 책임은 윤리적·도덕적 책임에 그친다고 할 수 없다.

이처럼 범죄피해에 대해서 사회와 국가도 일정 범위에서는 보상 책임을 져야 한다는 것이 사회정의 요청이다. 따라서 선진 각국에는 범죄피해자에게 일정한 보상금을 지급하는 법제도를 마련한다. 우리나라에도 1987년에 범죄피해자구조법이 제정됐고, 현재는 범죄피해자 보호법이라는 법률로 대체됐다. 그런데 다른 나라의 범죄피해자보호제도와 비교하여 특이한 것은 우리나라에서는 범죄피해자 보호를 헌법 제30조에서 규정한다는 것이다. 그것도 "타인의 범죄행위로 인하여 생명·신체에 대한 피해를 받은 국민은 법률이 정하는 바에 의하여 국가로부터 구조를 받을 수 있다."라고 하여 국가에 대해서 범죄피해에 관한 구조를 요구할 수 있는 권리를 보장한다. 따라서 우리나라에서는 범죄피해자를 보호해야 할 책임은 국가의 윤리적·도덕적인 책임이 아니라 국민의 기본권에서 비롯하는 국가의 헌법적 의무이다. 범죄피해자구조청구권은 1987년 헌법 개정으로 처음 규정됐다. 범죄피해자구조청구권에 따라서 국가에 어떠한 내용의 구조를 요구할 수 있는지에 관해서는 국가가 법률로 규정하도록 한다. 그런데 여기서 유의할 점은 헌법 제30조에서는 "생명·신체에 대한 피해"만을 구조청구권 대상으로 하여서 범죄로 말미암은 재산적·정신적 피해는 구조 대상이 아니다.

　범죄피해자구조청구권 보장을 위해서 가장 중요한 기능을 하는 것은 앞에서 말한 범죄피해자 보호법에서 규정하는 범죄피해자 보호·지원이다. 범죄피해자 보호법 이외에도 자동차 사고로 말미암아 생명과 신체에 피해를 받은 사람은 자동차손해배상 보장법에 따라서 일정한 보상을 받을 수 있다. 다만, 자동차손해배상 보장에 따라서 피해 보상을 받은 사람은 같은 이유로 범죄피해자 보호법에 따른 보상을 받을 수 없다. 가정폭력방지 및 피해자보호 등에 관한 법률이나 성폭력방지 및 피해자보호 등에 관한 법률에서도 보호·지원제도를 규정하지만, 피해보상에 관해서는 규정하지 않는다.

범죄피해자 보호법은 범죄피해자 보호·지원을 받을 수 있는 피해자를 대한민국 영역 안에서나 대한민국 영역 밖에 있는 대한민국의 선박이나 항공기 안에서 범한 사람의 생명이나 신체를 해치는 죄에 해당하는 행위로 말미암아 사망하거나 장해나 중상해를 입은 사람으로 규정한다. 나아가 이 법에서는 범죄피해 방지 및 범죄피해자 구조 활동으로 피해를 본 사람도 범죄피해자로 보고 보호·지원을 할 수 있도록 한다. 헌법 제30조에서 규정하는 것처럼 범죄피해자 보호법은 생명과 신체에 대한 피해를 본 사람에 대해서만 지원을 한다.

범죄피해자 보호·지원 제도 중에서 가장 중요한 것은 구조금救助金이라는 보상금 지급이다. 범죄피해자 보호법에서는 범죄피해를 받은 사람이 피해 전부나 일부를 범죄자에게 배상받지 못한 때나 자기나 다른 사람의 형사사건의 수사나 재판에서 고소·고발 등 수사 단서를 제공하거나 진술, 증언 또는 자료 제출을 하다가 범죄피해자가 된 때는 그 피해자나 그 유족에게 범죄피해구조금을 지급하도록 한다. 그런데 범죄피해자 보호법에서는 범죄행위자와 범죄피해자가 부부, 직계혈족, 4촌 이내의 친족, 동거친족의 관계에 있으면 원칙적으로 피해자는 구조금을 받을 수 없다. 이러한 구조금에는 유족이 받을 수 있는 구조금(유족구조금), 범죄로 말미암아 장해를 입은 범죄피해자가 받을 수 있는 구조금(장해구조금), 범죄로 말미암아 중상해를 입은 사람이 받을 수 있는 구조금(중상해구조금)이 있다. 구조금은 일시금으로 지급된다. 구조금 액수는 각각 다른데, 유족구조금은 범죄피해자의 사망 당시에 받고 있던 월급이나 월 실수입액 또는 평균임금에 24개월 이상 48개월 이하의 범위에서 유족의 수와 연령 및 생계유지상황 등을 고려하여 대통령령으로 정하는 개월 수를 곱한 금액으로 한다. 그리고 장해구조금과 중상해구조금은 범죄피해자가 신체에 손상을 입은 당시의 월급이나 월 실수입액 또는 평균임금에 2개월 이상 48개월 이하의 범위에서 피해자의 장해 또는 중상해의 정도와 부양가족의 수 및 생계유지상황 등을 고려하여 대통령령으로 정한 개월 수를 곱한 금액으로 한다. 이러한 구조금을 받으려면 전국의 각 지방검찰청에 설치된 범죄피해구조심의회에 신청해야 한다.

47
교육을 받을 권리

민립대학 발기 취지서(1920)

오인의 운명을 여하히 개척할까. 정치냐 외교냐 산업이냐. 물론 차등사가 모두 다 필요하도다. 그러나 그 기초가 되고 요건이 되며 가장 급무가 되고 가장 선결의 필요가 있으며 가장 힘있고 가장 필요한 수단은 교육이 아니기 불능하도다. 하고 오하면 알고야 동할 것이요, 알고야 일할 것이며 안 이후에야 정치나 외교도 가히 써 발달케 할 것이다. 알지 못하고 어찌 사업의 작위와 성공을 기대하리오.

경언하면 정치나 외교도 교육을 대하여서 비로소 그 작흥을 기할 것이니 교육은 오인의 진로를 개척함에 재하여 유일한 방편이요, 수단임이 명료하도다.

그런데 교육에도 계단과 종류가 유하여 민중의 보편적인 지식은 차를 보통교육으로써 능히 수여할 수 있으나 그러나 심원한 지식과 온오한 학리는 차를 고등교육에 기치 아니하면 불가할 것은 설명할 필요도 없거니와 사회 최고의 비판을 구하며 유능유위의 인물을 양성하려면 최고학부의 존재가 가장 필요하도다.

그뿐만 아니라, 대학은 인류의 진화에 실로 막대한 관계가 유하나니 문화의 발달과 생활의 향상은 대학을 대하여 비로소 기도할 수 있고, 획득할 수 있도다. 시관하라. 저 구미의 문화와 구미인의 생활도 그 발달과 향상의 원동력은 전혀 대학에 계재하나니 희라 저들의 운명은 실로 12, 13세기경에 파리대학을 위시하여 이, 영, 독 제국에 발연히 성립된 각처의 대학설립으로부터 빛나고 개초됐다 할 수 있도다.

환언하면 문예부흥도 대학발흥되고 종교개혁도 대학에서 생기고 영, 불의 정치개명도 대학에서 양출했고 산업혁명도 대학에서 최촉했으며 교통도 법률도 의약도 상공업도 모두 다 대학에서 주한 것이로다.

그러므로 금에 오인 조선인도 세계의 일우에서 문화민족의 일원으로 타인과 견을 병하여 오인의 생존을 유지하며 문화의 창조와 향상을 기도하려면 대학의 설립을 사하고는 경히 타도가 무하도다.

그런데 만근 수삼년 이래로 각지에 향학열이 울연히 발흥되어 학교의 설립과 교육의 시설이 피히 가관할 것이 다함은 이 실로 오인의 고귀한 자각으로서 출래한 것이다. 일체로 서로 경하할 일이나 그러나 유감되는 것은 우리에게 아직도 대학이 무한 일이라. 물론 관립대학도 불원에 개교될 터인즉 대학이 전무한 것은 아니나 그러나 반도문운의 장래는 결코 일개의 대학으로 만족할 바 아니요, 또한 그처럼 중대한 사업을 우리 민중이 직접으로 영위하는 것은 차라리 우리의 의무라 할 수 있도다.

그러므로 오제는 자에 감한 바 유여 감히 만천하 동포에게 향하여 민립대학의 설립을 제창하노니 자매형제로 내찬하여 진하여 성하라.

우리는 교육을 받아야 자신의 잠재적인 능력을 계발하여 인간다운 문화생활과 직업생활을 할 기초, 궁극적으로는 인간다운 삶을 살아갈 기초를 마련할 수 있다. 하지만 교육을 받는다는 것의 의미는 이러한 개인 차원을 넘어서서 사회와 국가 차원에서도 매우 중요한 의미가 있다. 첫째, 국민이 교육을 받음으로써 문화적이고 지적인 사회풍토가 조성되고 문화 창조의 바탕이 마련되어야 문화국가가 촉진된다. 둘째, 합리적인 계속 교육을 통해서 민주주의가 요구하는 민주시민의 윤리적 생활철학을 어렸을 때부터 몸에 익힘으로써 헌법이 추구하는 민주주의 토착화에 이바지한다. 셋째, 능력에 따른 균등한 교육을 받아 직업생활과 경제생활 영역에서 실질적인 평등을 실현함으로써 헌법이 추구하는 사회국가 이념을 실현할 수 있다.

교육을 받는 것이 이처럼 중요하므로 헌법에서는 매우 상세하게 교육에 관해서 규정한다. 이 중에서 가장 중요한 것이 바로 헌법 제31조 제1항에서 규정하는 교육을 받을 권리이다. 헌법 제31조 제1항에서는 "모든 국민은 능력에 따라 균등하게 교육을 받을 권리를 가진다."라고 규정함으로써 모든 국민의 교육 기회균등권을 보장한다. 이러한 교육을 받을 권리는 크게 두 가지 내용이 있다. 첫째, 정신적·육체적 능력 이외의 성별·종교·신분·출신·재력 등에 따라 교육을 받을 기회에서 차별을 받지 않는다. 둘째, 모든 국민이 자신의 경제적 능력이 부족하더라도 일정 수준 이상의 교육을 받을 수 있도록 국가가 교육의 제도적·물질적 기반을 적극적으로 마련해야 한다. 따라서 국가는 교육제도를 정비하고 학교를 비롯한 각종·각급 교육기관을 설립·운영하는 데 재정을 투입해야 한다. 나아가 교육을 받으려는 사람이나 받는 사람이 경제적인 이유로 교육을 받을 기회를 얻지 못하거나 교육을 포기하지 않도록 재정적으로 지원해야 한다. 하지만 그렇다고 하여 국민이 교육 기회의 실질적 평등을 확보하기 위한 교육비를 국가에 청구할 수 있는 것은 아니다.

이러한 교육의 권리를 더 구체적으로 보장하기 위해서 헌법 제31조 제2항과 제3항에서는 "모든 국민은 그 보호하는 자녀에게 적어도 초등교육과 법률이 정하는 교육을 받게 할 의무를 진다.", "의무교육은 무상으로 한다."라고 규정한다. 이 규정은 모든 국민 중에서도 특히 독립하여 생활할 수 없는 취학연령에 있는 미성년자의 교육을 받을 권리를 실효성 있게 확보하려고 학령아동의 친권자나 후견인에게 그 보호아동이 교육을 받게 할 의무를 부과하고, 그 의무교육을 무상으로 한다는 것이다. 의무교육은 무상으로 이루어져야 하므로 의무교육 범위를 초등교육을 넘어서 중등교육과 고등교육의 어느 범위까지 확대할 것인지는 국가 재정 형편을 고려하여 법률로써 정하도록 한다. 현재 교육기본법에서는 6년의 초등교육과 3년의 중등교육을 의무교육으로 한다. 이에 따라서 의무교육이 이루어질 수 있도록 국가와 지방자치단체는 교육을 위한 시설을 마련하고 운영해야 할 책임을 부담한다. 그런데 의무교육에서 무상 범위를 어디까지로 해야 하는지가 문제된다. 예를 들어 수업료만을 무상으로 할지, 이를 넘어서 교재비, 교복구매비, 학용품비, 급식비와 같이 학업에 필요한 모든 비용도 무상으로 해야 하는지가 문제된다. 초·중등교육법을 따르면 국립·공립·사립의 초·중등학교의 설립자·경영자는 의무교육을 받는 사람에게서 수업료와 학교운영지원비를 받을 수 없다는 점을 규정할 뿐이지 그 이상의 비용에 관해서는 아무런 언급이 없다. 헌법재판소는 이에 관해서 의무교육 무상 범위는 학교 교육에 필요한 모든 부분을 완전 무상으로 제공하는 것이 바람직한 방향이라고 하겠으나, 교육을 받을 권리와 같은 사회권을 실현하는 데는 국가의 재정 상황도 도외시할 수 없으므로, 원칙적으로 헌법상 교육의 기회 균등을 실현하는 데 필수불가결한 비용, 즉 모든 학생이 의무교육을 받을 때 경제적인 차별 없이 수학하는 데 필요한 비용에 한한다고 한다. 따라서 의무교육에서 무상 범위는 의무교육이 실질적이고 균등하게 이루어지기 위한 본질적 항목으로 수업료나 입학금 면제, 학교와 교사 등 인적·물적 시설과 그 시설을 유지하기 위한 인건비와 시설유지비, 신규시설투자비 등의 재원 부담 면제가 포함된다. 그 밖에도 의무교육을 받는 과정에 수반하는 비용으로서 의무교육의 실질적인 균등 보장을 위해서 필수불가결한 비용은 무상 범위에 포함된다. 하지만 의무교육에서 본질적이고 필수불가결한 비용 이외의 비용을 무상 범위에 포함할 것인지는 국가의 재정 상황과 국민의 소득수준, 학부모의 경제적 수준 및 사회적 합의 등을 고려하여 입법자가 입법정책적으로 해결해야 할 문제이다.

이상과 같이 헌법 제31조 제1항에서 보장하는 교육을 받을 권리를 구체적으로 보장하려면 국가의 적극적인 역할이 매우 중요하다. 그런데 이러한 국가의 적극적인 역할을 빌미로 집권세력이나 집행부가 자신의 이해관계에 따라 교육에 부당하게 개입·간섭할 우려가 있다. 따라서 교육이 특정 정치세력의 이해관계에서 독립하여 불편부당하게 이루어지도록 헌법 제31조 제4항에서는 "교육의 자주성·전문성·

정치적 중립성 및 대학의 자율성은 법률이 정하는 바에 의하여 보장
된다."라고 규정한다. 나아가 교육제도 등은 시대와 국가·사회공동
체의 이념 및 윤리와 조화되는 가운데서 형성·발전되어 나가야 하는
것이 바람직하다는 점을 생각해 볼 때 국가가 교육에 관한 중요 사항
을 구체적으로 형성하고 변경할 때는 반드시 국민의 대표기관인 입
법부가 그 시대의 구체적인 사회적 여건과 교육의 특수성을 고려하
여 민주적인 방법으로 합리적으로 하는 것이 바람직하다. 따라서 헌
법 제31조 제6항에서는 "학교교육 및 평생교육을 포함한 교육제도와
그 운영, 교육재정 및 교원의 지위에 관한 기본적인 사항은 법률로 정
한다."라고 한다. 이를 교육제도·교육재정·교원지위 법정주의라고
한다.

 이러한 교육을 받을 권리는 그 성격과 기능에서 사회권으로 분류
된다. 하지만 이에 더해서 교육의 자유도 포함하는지를 둘러싸고 논
란이 있다. 즉 자신이 원하는 내용의 교육을 자신이 선택한 학교에서
받을 수 있느냐이다. 예를 들어 초·중등교육법에서는 원칙적으로
학생의 거주지를 기준으로 학교를 배정한다. 이러한 배정이 학생의
학교 선택의 자유, 다시 말하면 자신이 원하는 학교에서 교육을 받을
권리를 침해하는지가 문제된다. 헌법재판소는 이와 비슷한 사건에
서 학교선택권은 인정했지만, 거주지를 기준으로 하는 학교 배정이
학교선택권을 침해하는 것은 아니라고 했다.

48
근로의 권리

헌법

제32조 제1항 모든 국민은 근로의 권리를 가진다. 국가는 사회적·경제적 방법으로 근로자의 고용의 증진과 적정임금의 보장에 노력하여야 하며, 법률이 정하는 바에 의하여 최저임금제를 시행하여야 한다.

제2항 모든 국민은 근로의 의무를 진다. 국가는 근로의 의무의 내용과 조건을 민주주의원칙에 따라 법률로 정한다.

제3항 근로조건의 기준은 인간의 존엄성을 보장하도록 법률로 정한다.

제4항 여자의 근로는 특별한 보호를 받으며, 고용·임금 및 근로조건에 있어서 부당한 차별을 받지 아니한다.

제5항 연소자의 근로는 특별한 보호를 받는다.

제6항 국가유공자·상이군경 및 전몰군경의 유가족은 법률이 정하는 바에 의하여 우선적으로 근로의 기회를 부여받는다.

헌법 제15조는 모든 국민에게 직업선택의 자유를 보장한다. 직업을 가지고 직업활동을 하는 것은 생존을 위한 경제적 기초를 확보하는 수단을 넘어서 개인의 인격 신장, 개성 발현, 자아실현의 수단이라는 점에서 직업의 자유 보장은 인간의 존엄과 가치 실현에서 매우 중요하다. 직업에는 매우 다양한 종류가 있는데, 자본주의·시장경제 사회에서는 직업을 가지고 직업활동을 하는 사람들 대다수는 기업에 취업하여 일한다. 이러한 사람들에게 직업을 가지고 직업 활동을 하는 것은 곧 '근로한다'나 '노동한다'라는 것을 가리킨다.

그런데 자본주의·시장경제질서에서는 직업선택의 자유가 보장되는 것만으로는 '근로한다'라는 것의 의의가 실현되는 데 많은 한계가 있다. 자유는 국가가 개입하지 않으면 않을수록 그만큼 더 많이 보장된다. 하지만 개인이 직업을 선택하는 것에 국가가 개입하지 않는다고 하여 근로 기회나 인간다운 근로조건이 자동으로 확보되는 것은 아니기 때문이다. 따라서 근로 기회와 인간다운 근로조건을 확보하는 데 국가가 적극적으로 나설 것이 요구된다. 헌법이 직업선택의 자유 이외에 근로의 권리를 제32조에서 보장하는 것도 바로 이 때문이다.

근로의 권리 보장은 1919년 8월에 시행된 독일 헌법, 이른바 바이마르 헌법에서 그 효시를 찾는다. 바이마르 헌법에서는 모든 국민에게 근로를 통하여 자기 생계를 유지할 기회가 부여되어야 하고, 만약 적절한 근로 기회가 주어질 수 없으면 생계유지를 위하여 필요한 경제적 지원을 받을 수 있다고 규정했다. 이러한 근로의 권리는 제2차 세계대전 이후에 사회주의·공산주의 국가 헌법뿐 아니라 자본주의 국가 헌법에서 그리고 세계인권선언을 비롯한 각종 국제조약에서 규정되면서 보편적인 인권으로 발전됐다. 최근에는 근로의 권리를 근로 기회 부여와 실업 시의 생계 보장을 넘어서 공정하고 양호한 근로조건 아래서 일할 권리도 포함하는 것으로 이해한다. 헌법 제32조는 근로의 권리에 대한 이러한 현대적 이해에 맞게 매우 상세하고 구체적으로 근로의 권리를 규정한다.

헌법 제32조는 총 6개의 조항으로 이루어진다. 헌법 제32조 제2항에서는 특이하게 근로의 의무를 규정한다. 근로의 권리에 관해서는 헌법 제32조 제1항 제1문에서 명확하게 "모든 국민은 근로의 권리를 가진다."라고 규정하고, 같은 항 제2문에서 고용 증진과 적정임금 보장에 관한 국가의 의무와 최저임금제 실시의무를 규정한다. 그리고 같은 조 제3항에서는 근로조건은 인간의 존엄성이 보장될 수 있는 수준에서 법률로 정하도록 한다. 이어서 같은 조 제3항부터 제6항까지는 근로관계에서 여성, 연소자, 국가유공자·상이군경과 전몰군경의 유가족을 특별하게 보호할 것을 규정한다. 헌법 제32조의 각 조항은 제1항 제1문에서 규정하는 근로의 권리를 더 상세하게 규정한다. 헌법 제32조 내용을 중심으로 근로의 권리가 어떠한 내용의 권리인지를 살펴보면 크게 세 가지의 내용으로 구분할 수 있다.

첫째, 근로의 권리는 고용 기회에 관한 권리이다. 고용 기회에 관한 권리는 국가에 고용증진을 위한 정책의 수립과 시행을 요구한다. 국가가 개개의 일자리를 통제하는 사회주의 국가가 아닌 이상 근로의 권리가 보장되더라도 특정한 일자리에 취업할 기회를 보장하여 달라고 요구할 수는 없다. 헌법 제32조 제6항에서는 "국가유공자·상이군경 및 전몰군경의 유가족은 법률이 정하는 바에 의하여 우선적으로 근로의 기회를 부여받는다."라고 규정한다. 하지만 그렇다고 하여 이들에게 특정한 일자리에 취업할 기회를 국가가 보장해야 하는 것은 아니다. 결국, 고용 기회에 관한 권리는 고용 기회를 증진할 수 있는 적극적 노동시장정책에 해당하는 각종 조치를 국가가 취하도록 요구할 수 있는 권리라고 할 수밖에 없다. 고용정보 제공, 직업소개, 직업지도·상담, 직업교육 및 훈련, 채용지원금과 같은 보조금, 공공부문과 비영리 부문 등에서 직접적인 일자리 창출, 취업 취약계층 등에 대한 특별한 취업촉진 프로그램 등은 적극적인 노동시장정책의 대표적인 유형이다. 나아가 이러한 고용 기회에 관한 권리가 실질적으로 보장되려면 고용 기회의 공정성이 확보되어야 한다. 이를 위해서는 취업과정, 특히 모집과 채용에서 각종 차별이 제거되어야 한다. 성^性, 장애, 국적, 사회적 신분, 연령 등과 같은 사유에 따라서 합리적인 근거 없이 채용 기회가 박탈된다면 고용 기회에 관한 권리는 제대로 실현될 수 없다. 이 점에서 근로의 권리는 평등과 불가분의 관련성이 있다.

둘째, 근로의 권리는 근로관계의 유지·존속에 관한 권리이다. 근로기준법은 1953년 제정 때부터 사용자의 근로자 해고에 관해서 다양한 제한을 규정했다. 이들 해고 제한 중에서 가장 중요한 의미가 있는 것이 바로 정당한 이유 없는 해고를 금지하는 조항이다. 그런데 이러한 해고 금지는 근로의 권리에서 도출된다. 다시 말하면, 근로의 권리는 사용자가 일방적이고 자의적으로 근로관계를 해소하려는 것에서 근로자를 보호하여 줄 것을 국가에 요구하는 권리를 포함한다.

'근로한다'의 의미가 단지 생계유지를 넘어서 개인의 인격 신장, 개성 발현, 자아실현까지도 아우른다면 근로자와 비교하여 경제적·사회적으로 힘의 우위에 있는 기업이 근로관계를 계속 지속할지 말지를 일방적으로 결정할 수 있도록 하여서는 안 된다. 근로관계의 유지·존속에 대한 법적인 보호가 없다면 고용 기회에 관한 권리가 보장되어도 이는 반쪽짜리 권리 보장이라고 할 수밖에 없다. 물론 근로관계의 유지·존속에 대한 보호가 근로의 권리에 따라서 요구되어도 그 보호는 절대적인 보호가 될 수 없다.

셋째, 근로의 권리는 인간의 존엄성에 부합하는 근로조건 아래서 일할 권리이다. 헌법 제32조 제3항에서는 근로조건 기준은 인간의 존엄성을 보장하도록 법률로 정한다고 하여 이를 명확히 규정한다. 물론 인간의 존엄성에 상응하는 근로조건 수준이라는 것이 무엇인지는 명확하지 않다. 하지만 1953년 제정된 근로기준법 등 다수의 노동보호법에서 사용자가 반드시 준수해야 하는 근로조건의 최저한도를 규정한다. 따라서 이러한 최저한도가 과연 인간의 존엄성에 상응하는 수준인지를 묻게 된다. 헌법재판소는 근로기준법에서 해고예고제도를 규정하면서 월급근로자로서 6개월이 되지 못한 사람을 해고예고제도 적용대상에서 제외한 것에 관해서 이는 합리적인 이유도 없이 입법자가 근로자에 대한 보호의무에 따라서 요구되는 최소한의 절차적 규율마저 하지 아니한 것이라고 하여 근로의 권리가 침해됐다고 판단한 적이 있다. 인간의 존엄성에 상응하는 근로조건 수준이라는 것이 시대와 나라마다 다를 수 있다. 하지만 우리나라 경제가 발전하고 세계화가 진전되면서 인간의 존엄성에 상응하는 근로조건 수준인지를 판단할 때 해외 선진국의 수준과 국제노동기구의 중요 협약을 적극적으로 참고해야 할 필요성이 커졌다.

49
노동3권

제33조 제1항 근로자는 근로조건의 향상을 위하여 자주적인 단결권·단체교섭권 및 단체행동권을 가진다.

　　　　제2항 공무원인 근로자는 법률이 정하는 자에 한하여 단결권·단체교섭권 및 단체행동권을 가진다.

　　　　제3항 법률이 정하는 주요방위산업체에 종사하는 근로자의 단체행동권은 법률이 정하는 바에 의하여 이를 제한하거나 인정하지 아니할 수 있다.

제조업체인 A사의 노동조합은 회사가 평소 법정 근로시간을 준수하지 않는 것에 항의해 조합원들에게 시간외근로와 휴일 근로의 거부를 지시했다. 이로 말미암아 회사 업무에 지장이 초래되자 회사 대표이사는 노동조합 위원장인 B씨를 형법 제314조의 업무방해죄로 고소했다.

검찰은 조합원이 집단적 노무 제공을 거부하는 행위가 노동조합법상 조합원 찬반 투표를 거치지 않은 위법한 쟁의행위임을 전제로 B씨를 업무방해죄로 기소했다. 재판 과정에서 B씨는 쟁의행위에 업무방해죄를 적용하는 것이 근로자의 단체행동권을 침해한다고 주장했고 헌법재판소에 헌법소원심판을 청구했다.

헌법재판소는 "모든 쟁의행위가 업무방해죄에 해당하지 않고 단체행동권의 내재적 한계를 넘는 정당성이 없는 쟁의행위만 처벌의 대상이 되므로 업무방해죄를 정한 위 형법 조항은 단체행동권을 침해하지 않는다."라고 판단했다.

헌법 제33조 제1항은 "근로자는 근로조건의 향상을 위하여 자주적인 단결권·단체교섭권 및 단체행동권을 가진다."라고 규정한다. 흔히 단결권, 단체교섭권, 단체행동권을 근로3권이나 노동3권이라고 부른다. 사회적·경제적으로 열악한 지위에 있는 근로자가 사용자와 자유롭게 고용계약을 맺으면 힘의 불균형으로 말미암아 불평등한 노사 관계를 초래할 수밖에 없다. 그래서 헌법은 근로자가 사용자와 대등한 지위에서 자율적으로 임금 등 근로조건에 관한 단체협약을 체결할 수 있도록 근로3권을 보장한다.

따라서 근로자들은 근로조건을 유지하고 향상하려고 자유롭게 자주적인 단체를 결성하고(단결권), 그 단체 이름으로 사용자와 근로조건에 관하여 자유롭게 교섭하며(단체교섭권), 근로자들의 요구를 관철하려고 단체행동을 할 권리가 있다(단체행동권).

단결권은 근로조건의 유지·향상을 위해 근로자 개개인이 사용자와 대등한 지위에서 협상하는 것이 어려우므로 이들이 단체(노동조합)를 조직하거나 여기에 가입함으로써 어느 정도 힘의 균형을 맞출 수 있도록 한다. 단체교섭권은 근로자가 단결권에 근거해 결성한 단체가 근로자 개개인을 대신해 사용자와 자주적으로 협상할 수 있도록 한다. 그리고 단체행동권은 단체교섭이 결렬될 때 근로자들이 자신의 주장을 관철하기 위해 집단으로 파업, 태업 등 사용자 업무의 정상적인 운영을 저해하는 쟁의행위를 할 수 있도록 한다.

단체행동권에 근거한 쟁의행위는 본질적으로 사용자의 정상적인 업무를 방해할 수 있다. 이때 '위력으로써 다른 사람의 업무를 방해하는 행위'를 처벌하는 형법 제314조 업무방해죄와 맺는 관계가 특히 문제된다. 헌법재판소는 단체행동권에서 쟁의행위는 핵심적인데, 쟁의행위는 고용주의 업무에 지장을 초래하는 것을 당연한 전제로 한다고 했다. '헌법상 단체행동권의 행사에 본질적으로 수반되는 정당한 파업 행위는 원칙적으로 업무방해에 해당하는 불법한 행위로 볼 수 없음'을 강조했다. 따라서 헌법이 보장한 근로자의 단체행동권 행사로서 하는 파업·태업 등 쟁의행위는 원칙적으로 형법상 업무방해죄에 해당하지 않는다. 나아가 이로 말미암아 사용자에게 재산상 손해를 끼친다고 하더라도 민사상 손해배상 책임을 부담하지 않는다.

하지만 목적이나 방법, 절차상 한계를 넘어 업무방해 결과를 일으키는 쟁의행위는 정당한 단체행동권 행사가 아니므로 이러한 쟁의행위는 업무방해죄로 처벌된다. 따라서 쟁의행위가 근로조건 향상이 아니라 오로지 정치적인 목적을 추구하거나 사용자의 업무를 방해하는 것을 넘어 생산 시설 파괴나 폭력 행위에 이른다면 정당성이 없는 쟁의행위로서 업무방해죄에 해당한다.

헌법재판소는 이 결정을 통해 쟁의행위는 헌법상 기본권 행사이므로 그에 따른 모든 법적 책임에서 벗어나지만, 그것이 쟁의행위의 한계를 넘는다면 형사상이나 민사상 책임을 져야 함을 강조한다. 그리고 모든 쟁의행위는 일단 업무방해죄에 해당하지만, 법이 허용하는 정당한 쟁의행위라면 예외적으로 위법성이 없어 처벌되지 않는다는 대법원 판례의 문제점을 지적하고 바로잡았다는 점에서 이 결정은 큰 의미가 있다. 이러한 해석은 헌법이 보장하는 기본권 내용을 법률 해석을 통해 지나치게 축소하는 결과가 되기 때문이다.

50
인간다운 생활을 할 권리

헌법

제34조 제1항 모든 국민은 인간다운 생활을 할 권리를 가진다.

제2항 국가는 사회보장·사회복지의 증진에 노력할 의무를 진다.

제3항 국가는 여자의 복지와 권익의 향상을 위하여 노력하여야 한다.

제4항 국가는 노인과 청소년의 복지향상을 위한 정책을 실시할 의무를 진다.

제5항 신체장애자 및 질병·노령 기타의 사유로 생활능력이 없는 국민은 법률이 정하는 바에 의하여 국가의 보호를 받는다.

제6항 국가는 재해를 예방하고 그 위험으로부터 국민을 보호하기 위하여 노력하여야 한다.

1급 지적 장애가 있는 아내와 마찬가지로 똑같은 장애가 있는 자녀를 둔 K씨는 국민기초생활 보장법에 따른 생계급여수급자로 선정돼 매달 생계급여를 받고 있다. 보건복지부 장관은 2001년 12월 생계급여액을 정하는 기준인 2002년 최저생계비 중 3인 가구의 급여액을 78만 6,827원으로 고시했다. 이에 K씨는 장애인이 포함된 가구를 특별히 고려하지 않고 가족 인원만을 기준으로 책정된 '2002년 최저생계비 고시'가 자신의 인간다운 생활을 할 권리 등을 침해한다며 헌법소원심판을 청구했다. 헌법재판소 판단은 다음과 같았다.

　"생활이 어려운 사람을 위한 국가의 생계보호가 인간다운 생활을 보장함에 필요한 최소한도의 조치에 해당하는지 여부는 최저생계비를 기준으로 하는 생계급여 등의 수급액과 그밖에 국가가 지급하는 급여나 세금감면액 등을 모두 포함해 판단해야 한다. 그런데 현행법상 장애인에게 부여되는 각종 급여나 세제 등의 혜택을 고려하면 위 최저생계비 고시가 K씨를 비롯한 장애인 가구의 인간다운 생활을 할 권리를 침해하지 않는다."

　사람이 사는 세상은 여러 가지 면에서 차이가 있을 수밖에 없다. 그렇다면 그 차이가 어디까지 용인될 수 있을까? 만약 인간답게 살 수 있는 최소한의 물질적 기초마저 없어 생존 자체가 어렵다면, 개인의 능력이나 노력이 부족해서가 아니라 타고난 환경이나 조건으로 말미암아 사회·경제적인 어려움에 부닥쳐 있다면 혹은 요즘 논란이 되는 갑을 관계처럼 경제력 차이가 강자의 약자에 대한 인격적 지배에까지 이르렀다면, 과연 그 사회를 정의롭다고 말할 수 있을까? 이러한 의문은 결국 사회적 정의라는 헌법 문제로 이어진다.

요즘과 같이 치열한 경쟁과 불확실성 시대에는 누구나 사회·경제적 약자가 될 수 있다. 특히 우리는 1997년 외환위기를 통해 누구나 자기 책임과 무관하게 경제적 몰락에 이를 수 있음을 경험했다. 그 때문에 사람들은 사회·경제적 약자를 위한 패자부활전이 필요하다고 얘기한다. 하지만 이미 바닥난 경제적 여력과 끝없는 좌절감을 맛본 상황에서 홀로서기란 매우 어렵다. 그래서 국가는 먼저 절대적 빈곤 상태에 있는 사회·경제적 약자의 생존을 도모하고, 다음으로 생존 기초가 마련된 사람의 경제적 자립, 즉 홀로서기를 지원해야 한다. 이는 우리 사회 통합을 촉진하고 서로 더불어 살아가기 위해 필요한 국가의 역할이다. 이러한 국가를 헌법에서는 '사회국가'라고 한다. 헌법재판소는 "사회국가란 사회정의의 이념을 헌법으로 수용한 국가, 사회현상에 대해 방관하는 국가가 아니라 정의로운 사회질서를 만들기 위해 사회현상에 관여하고 조정하는 국가이다. 궁극적으로 국민 개개인이 실제로 자유를 행사할 수 있도록 그 조건을 마련할 의무가 있는 국가이다."라며 국가의 존재 이유를 제시한다.

　이러한 맥락에서 헌법은 '인간다운 생활을 할 권리', '근로의 권리', '교육을 받을 권리'를 비롯해 사회권 다수를 국민의 기본권으로 규정하면서 국가의 사회보장 및 사회복지 증진 의무를 천명한다. 사회권이란 바로 빈곤, 실업, 질병, 재난, 장애, 노령 등의 이유로 여러 가지 사회·경제적 어려움에 부닥친 사람이 국가에 사회적 급부를 요구할 수 있는 헌법적 권리를 말한다. 이를 통해 헌법의 주인인 국민이 국가를 통해 사회·경제적 약자를 보호함으로써 사회적 정의를 실현하고, 개인은 사회권을 통해 최소한의 인간다운 생활을 보장받게 된다.

그런데 이러한 사회권 실현에는 적지 않은 돈이 필요하다. 국가에 다른 수입이 없는 한 사회보장제도를 운용하는 데 드는 비용은 결국 국민이 낸 세금으로 메울 수밖에 없다. 그리고 소득에 비례해 고율의 세금을 부담하는 누진세와 같은 사회적 조세제도는 부를 재분배하여 사회적 정의 실현에 이바지한다. 하지만 국가의 재정 부담에도 한계가 있을 수밖에 없다. 따라서 사회권의 구체적 실현은 국가의 재정적 능력과 경제적 여건 등의 영향을 받을 수밖에 없다.

결국 사회보장제도를 어느 정도로 실행할 것인지는 국가예산이나 정책적 우선순위 등 여러 요소를 고려해 민주적 절차에 따라 국민 합의에 따라 정해질 수밖에 없다. 앞서 본 최저생계비 고시에 대한 헌법재판소 판단은 이러한 고민 속에서 내려진 것이다.

51
환경권

헌법

제35조 제1항 모든 국민은 건강하고 쾌적한 환경에서 생활할 권리를 가지며, 국가와 국민은 환경보전을 위하여 노력하여야 한다.

　　제2항 환경권의 내용과 행사에 관하여는 법률로 정한다.

　　제3항 국가는 주택개발정책등을 통하여 모든 국민이 쾌적한 주거생활을 할 수 있도록 노력하여야 한다.

유권자 A는 공직선거 때마다 발생하는 과도한 소음으로 말미암아 정신적·육체적 피해를 받고 있다고 생각했다. 이에 A는 공직선거법이 선거운동 시 확성장치의 출력수 등 소음에 관한 허용기준 조항을 두지 아니하여 환경권을 침해당한다고 주장하면서 소를 제기했다. 과연 확성장치 사용에 따른 소음 등의 제한기준을 두지 않은 것이 환경권을 침해하는 것일까?

환경권은 건강하고 쾌적한 생활을 유지하는 조건으로서 양호한 환경을 누릴 수 있는 권리이다. 그리고 생명권과 신체의 자유를 보호하는 토대를 이루고, 궁극적으로 '삶의 질' 확보를 목표로 하는 권리이다. 환경권을 행사할 때 국민은 국가에서 건강하고 쾌적한 환경을 누릴 자유를 침해당하지 않을 권리를 행사할 수 있다. 그리고 일정한 경우 건강하고 쾌적한 환경에서 생활할 수 있도록 국가에 요구할 수 있는 권리가 인정되기도 한다.

환경권, 즉 '건강하고 쾌적한 환경에서 생활할 권리'에서 말하는 환경에는 자연환경뿐 아니라 인공적 환경과 같은 생활환경도 포함된다. 환경권을 구체화한 법이라고 할 수 있는 환경정책기본법도 환경을 자연환경과 생활환경으로 분류하면서 생활환경에 소음·진동 등 사람의 일상생활과 관계되는 환경을 포함한다. 따라서 일상생활에서 소음을 제거·방지하여 조용한 환경에서 생활할 권리는 환경권의 한 내용을 구성한다.

따라서 위의 사건에서 문제가 된 소음공해는 환경권으로 보호받을 수 있다. 다만, 환경권의 내용과 행사는 법률로 구체적으로 정해야 한다. 이것은 특별히 명문으로 헌법에서 정한 환경권을 입법자가 그 취지에 부합하도록 법률로써 내용을 구체화하도록 한 것이다. 따라서 환경권이 옹글게(완벽하게) 의미 없게 되는데도 그에 관한 입법을 전혀 하지 아니하거나 어떠한 내용이든 법률로써 정하기만 하면 된다는 것을 뜻하지는 않는다.

헌법 제35조 제1항이 국가와 국민에게 환경을 보전하려고 노력해야 할 의무를 부여한 점, 환경 침해는 사인이 빈번하게 유발하므로 입법자가 그 허용 범위에 관해 정할 필요가 있다는 점, 환경 피해는 생명·신체의 보호와 같은 중요한 기본권적 법익 침해로 이어질 수 있다는 점 등을 고려하면 일정한 경우 국가는 사인인 제3자가 국민의 환경권을 침해하는 것에 대해서도 적극적으로 기본권 보호조치를 취할 의무를 진다.

비록 국가가 기본권에 대한 보호의무를 지더라도, 그것을 입법자가 어떻게 실현해야 할 것인지는 원칙적으로 권력분립원칙과 민주주의원리에 따라 정치적 책임을 지는 입법자의 책임범위에 속한다. 따라서 국가가 기본권보호의무를 다하지 않았는지를 헌법재판소가 심사할 때는 국가가 국민의 기본권적 법익 보호를 위하여 적어도 적절하고 효율적인 최소한의 보호조치를 취했는지에 관한 이른바 '과소보호금지원칙' 위반 여부를 기준으로 판단해야 한다.

앞에서 언급한 사건과 관련하여 보면, 소음 유발은 공직선거법이 허용한 일정 기간의 공직선거 운동기간에 발생한다. 입법자가 소음에 관한 규율을 명확히 설정하지 않아 그로 말미암은 불편과 피해가 발생할 여지가 있더라도 그것이 기본권보호의무 위반에 해당하여 헌법이 보장한 기본권 침해로 인정되려면, 입법자가 국민의 기본권적 법익 보호를 위하여 적어도 적절하고 효율적인 최소한의 보호조치를 취했는지를 살펴서 그 보호조치 위반이 명백해야 한다.

공직선거법에는 선거운동의 기간, 확성장치의 사용장소, 사용대수, 사용방법 등에 관한 규정까지 두는 이상, 확성장치 소음규제기준을 정하지 않았다는 것만으로 유권자 A의 조용한 환경에서 생활할 권리를 보호하기 위한 입법자의 의무를 과소 이행했다고 평가할 수는 없다는 것이 헌법재판소의 기존 입장이었다.

즉 구 공직선거법은 선거운동을 위한 확성장치 사용이 예외적으로 허용됨을 명시하고, 공직 후보자와 사회자가 확성장치를 각 1대, 1조에 한해서 사용할 수 있도록 하는 한편, 휴대용 확성장치는 연설·대담용 차량이 정차한 곳 외의 다른 지역에서는 사용할 수 없고, 차량 부착용 확성장치와 동시에 사용할 수 없도록 하며, 자동차에 부착된 확성장치의 확성나발도 1개만을 사용하도록 하는가 하면, 심야에 확성장치를 사용한 선거운동을 할 수 없도록 제한규정을 두었다. 이러한 규정을 위반할 때에 관한 벌칙조항도 있었다. 이러한 공직선거법상 확성장치 소음방지 규정은 조용한 환경에서 생활할 환경권을 보호해야 할 입법자의 의무를 게을리했다고 할 만큼 불충분한 조항이라고 보기는 어렵다고 판단하였다.

하지만 헌법재판소는 2019년도에 이르러 사용시간과 사용지역에 따른 수인한도 안에서 확성장치의 최고출력이나 소음 규제기준에 관한 규정을 두지 아니한 것은 유권자 A의 건강하고 쾌적한 환경에서 생활할 권리를 침해하므로 헌법에 위반된다고 하여 판례를 변경하였다.

변경된 판례를 따르면, 선거운동을 위하여 확성장치를 허용하여야 할 공익적 필요성이 인정되더라도, 정온한 생활환경이 보장되어야 할 주거지역에서 출근이나 등교 이전 및 퇴근이나 하교 이후 시간까지 지속 시간 및 최고출력 또는 소음 규제 없이 확성장치를 사용하여 선거운동을 할 수 있도록 허용한 것은 수인한도를 초과하는 소음이 발생하도록 방치하는 것으로 보았다.

따라서 주거지역과 같이 조용한 생활환경을 유지할 필요성이 높은 지역에 관한 소음 규제기준을 마련하지 않은 것은 적절하고 효율적인 최소한의 보호조치를 취하지 아니하여 국가의 기본권보호의무를 과소하게 이행하였다고 보았다. 다만, 법적 공백 상태 우려와 소음 규제기준에 관한 입법자의 충분한 논의를 위하여 헌법불합치결정을 선고하였다.

52
혼인과 가족생활

친구가 결혼한다. 결혼은 친구가 하는데 청첩장은 친구 부모님께서 보내셨다. 결혼식은 신랑과 신부의 어머니께서 화촉을 밝히시며 시작했다. 이제 신부는 신부 아버지의 손을 잡고 미리 나와 있는 신랑에게 걸어가겠지?! 그런데 신랑과 신부는 함께 걸어 나온다. 요즘은 저렇게도 많이 한다고 어느 여성분이 다른 분께 설명하는 게 들렸다. 그러고 보니 주례도 없었다. 신랑과 신부는 함께 성혼선언서를 읽었다. 이어서 축가를 듣고 신랑과 신부는 사랑의 정표로 반지를 서로의 손에 끼워줬다. 그런 다음에 사회자 안내에 따라 양가 부모와 하객에게 인사를 했다. 예전에는 결혼을 가족과 가족이 서로 관계를 맺는 행사로 여겼다. 그래서 결혼식 주인이 신랑과 신부가 아니라 양가의 부모였다. 그런데 오늘날에는 신랑과 신부 개인의 진지한 의사가 더 중요해지고 있다.

헌법은 혼인과 가족생활은 개인의 존엄과 양성의 평등을 기초로 성립되고 유지되어야 한다고 규정한다. 누구도 자신의 의사에 어긋나게 결혼하거나 결혼생활을 유지할 이유가 없다. 신부를 보쌈했던 풍습이 옛날에는 있었다는데, 그런 구습舊習은 이제 없어졌다. 한편 결혼이 가문과 가문의 관계라면 같은 가문 안에서는 결혼이 성립될 수 없다. 이를 '금혼禁婚'이라고 한다. 예전에는 이른바 '동성동본同姓同本'은 결혼을 할 수 없다는 법이 있었다. 성姓과 본本은 가문을 표현하는 이름인데, 동성동본이면 한 가족이라고 받아들였던 것 같다. 예전엔 어땠을지 모르겠지만, 이제 그런 인식은 비현실적이다. 가령 우리나라에서 가장 인구가 많은 성씨는 전체 인구의 10분의 1에 달한다. 그럼 그 많은 사람이 다 한 가족인가? 이런 관념은 금혼 대상이 되는 가족 범위를 비현실적으로 넓게 봄으로써 개인의 결혼에 관한 진지한 의사를 억압한다. 헌법재판소는 이 법이 헌법에 어긋난다고 판단했다.

지금은 이런 현실을 반영하여 가족 범위를 8촌 이내의 혈족으로 좁혔다. 이제는 8촌 이내 혈족에 해당하지 않으면 결혼할 수 있다. 혼인과 가족생활은 분명 개인의 진지한 합의에 따라야 한다. 그러나 그 합의도 가족이라는 사회제도를 바탕으로 한다. 그래서 혼인과 가족생활에 관한 사회 일반의 상식을 벗어나는 합의는 인정되지 않는다. 최근 미국에서는 동성同性 사이의 결혼도 인정해야 한다는 연방대법원 판결이 내려졌다. 그전에는 인정하지 않았다. 동성 사이의 결혼을 인정한 지금도 그리고 이를 인정하지 않은 과거에도 미국 법원은 혼인과 가족생활에 관한 사회의 일반상식에 기초해서 판단해 왔다. 바뀐 것이 있다면, 그것은 동성결혼에 관한 미국 사회의 인식일 것이다. 오랜 구습이 타파되고, 혼인과 가족생활에서 개인의 의사가 점점 중시되어 가는 과정에서 알 수 있는 것처럼, 혼인과 가족에 관한 사회 일반의 상식과 그에 기초한 가족제도 모습은 고정된 것이 아니다. 시대에 따라 바뀔 수 있을 뿐 아니라 각 사회의 문화에 따라 다양하게 나타난다.

서양에는 신혼여행을 하고 나서 집에 들어갈 때 신랑이 신부를 안고 문턱을 넘는 관습이 있다. 그것은 신부가 신랑의 새로운 가족이 됐음을 선포하는 일종의 의식이라고 한다. 그리고 서양에는 여성이 결혼하면 자신의 성을 남편의 성으로 바꾼다. 이런 전통은 여성을 남편, 즉 가장의 소유물로 보는 문화와 법에서 기원한다. 오직 남자만 가장이 될 수 있었고, 여성은 가정에서 아버지의 딸, 남편의 아내 그리고 아들의 어머니가 될 수 있을 뿐이다. 우리도 이른바 '호주제'라는 가부장적인 가족제도가 있었다. 그런데 이는 남녀차별이면서 동시에 성 역할에 대한 고정관념을 그대로 표현한 것이다. 그래서 헌법재판소는 호주제가 양성평등에 어긋나 위헌이라고 판단했다.

한편 이런 가부장적인 가족제도를 따르면, 부부 사이에서 태어난 자녀의 성姓을 정할 때도 당연히 가장인 남편의 성을 따르도록 한다. 그러나 요즘과 같이 이혼과 재혼이 흔하게 일어나는 사회에서는 이런 관습이 오히려 자녀의 정체성에 해가 될 수도 있다. 한 사람의 정체성은 그의 이름으로 자리매김한다. 성姓은 그중 그의 가족을 표현하는 이름이다. 예를 들어 재혼한 어머니와 새로운 아버지 슬하에서 잘 자라고 있는 아이에게 어느 날 친부가 나타났다. 친부가 자신의 자녀라고 주장하면, 그때부터 그 아이는 친부의 성姓을 써야 할까? 가정은 기본적으로 아이가 자신의 존엄성을 깨닫고 자라는 곳이어야 한다. 그런데 자녀의 의사나 복리에 상관없이 법으로 특정한 가족관계를 일방적으로 강요하는 것은 자녀의 존엄성을 침해한다. 가족생활은 개인의 존엄과 양성의 평등을 기초로 성립되어야 한다.

53
열거되지 않은 자유와 권리

헌법

제37조 제1항 국민의 자유와 권리는 헌법에 열거되지 아니한 이유로 경시되지 아니한다.

우리 헌법은 생명권을 규정하지 않는다. 사상의 자유도 개인정보 자기결정권도 규정하지 않는다. 부모가 자기 자녀를 교육할 권리, 즉 부모의 자녀교육권도 헌법은 규정하지 않는다. 그 밖에도 우리가 인권의 하나로 어렵지 않게 인정할 수 있는 자유나 권리를 헌법이 규정하지 않는 때가 잦다. 그렇다면 그것을 우리 헌법이 규정하지 않는다는 이유로 헌법이 보장하지 않는 것이라고 할 수 있을까? 생명권이나 부모의 자녀교육권은 헌법이 보장하지 않는 것인가?

반대로 헌법이 규정하지 않은 자유와 권리를 인정할 수 있다고 할 때, 어떤 내용의 것이든 인권의 이름으로 주장하기만 하면 모두 헌법이 보장하는 자유와 권리로 인정할 수 있을까?

이러한 의문을 풀어보려면 먼저 헌법이 어떠한 의미가 있는지, 특히 인권과 맺는 관계에서 헌법의 의미를 확인해 볼 필요가 있다. 우리가 단지 '국가'가 있으면 거기에 '헌법'이 있다는 정도에서 헌법의 의미(즉 고유한 의미의 헌법)를 이해하는 데 그치지 않고, 헌법이 도대체 우리에게 왜 필요한 것인지, 헌법의 실질적인 존재 의미를 되묻지 않을 수 없다. 대체로 헌법이란 근대 이후에 무소불위의 국가권력을 제한하려는 수단으로 사용됐다는 점을 강조할 수도 있겠지만, 결국 인권 보장이야말로 우리가 간과해서는 안 되는 헌법의 존재 의미이다.

헌법이 무엇이냐고 물으면 우리는 자신 있게 '인권 보장 문서'라고 답할 수 있다. 그래서 헌법은 '권리장전'을 포함하는 것이 일반적이다. 그런데 미국 연방헌법이 처음 제정될 당시 일부 주의 비준을 받는 데 심각한 어려움이 있었다. 그중에서도 버지니아주의 반대가 심했다. 그 이유가 바로 연방헌법 속에 권리장전이 없었기 때문이었다.

당시 13개 주 중에서도 조지 메이슨 등을 중심으로 일찌감치 권리장전을 마련했던 버지니아주는 권리장전이 없는 연방헌법을 그들이 이해하는 헌법으로 인정할 수 없었다. 다행히 다음에 권리장전을 추가하는 것으로 합의하여 우여곡절 끝에 연방헌법이 효력을 발할 수 있었다. 우리 헌법은 '국민의 권리와 의무'란 이름이 있는 제2장 제10조에서 제39조까지 기본권과 기본의무에 관한 규정을 두는데, 명실상부한 권리장전이자 인권 보장 문서의 성격을 잘 보여준다.

　헌법에 열거된 자유와 권리를 '기본권목록'이라고도 부른다. 헌법에 둔 기본권목록은 무엇이 헌법이 보장하는 기본권인지를 논란 없이 인정하는 근거가 된다. 수많은 자유와 권리 중에서 무엇을 헌법의 기본권목록에 담을 것인지가 문제이다. 하지만 그렇다고 현실적으로 국민의 자유와 권리를 빠짐없이 헌법에 규정하기는 어렵다. 대체로 역사 경험상 국가권력의 침해가 심했던 인권, 그래서 법적인 보장을 특별히 확인하거나 강조할 필요가 있는 인권을 헌법의 목록에 담았다고 볼 수 있다.

　그래서 헌법에 열거되지 않은 자유와 권리 중에는 생명권이나 사상의 자유처럼 어쩌면 너무나 당연해서 명시할 필요도 없었던 것도 있을 수 있다. 그리고 과거 남녀차별 시대에 여성의 참정권이 인정되지 못했던 것처럼 그 당시에는 헌법적으로 보장된다고 보기 어려운 권리도 있었을 것이다. 또한, 전혀 예상하지 못하여 목록에서 빠진 것도 얼마든지 있을 수 있다. 최근에 정보화 사회라는 급격한 변화가 나타나면서 새롭게 인권으로 인식되어 헌법적 보장이 필요하다고 인정되는 것도 있다. 대표적인 것이 바로 '개인정보자기결정권'이다.

헌법 제37조 제1항은 "국민의 자유와 권리는 헌법에 열거되지 아니한 이유로 경시되지 아니한다."라고 규정한다. 이것은 어떤 자유와 권리를 헌법이 직접 규정하지 않았다는 이유로 경시되지 않는다는 것이다. 그리고 헌법이 열거하지 않은 자유와 권리라도 해석으로 헌법상 기본권으로 인정되는 것이면 헌법에 열거된 것과 동등한 효력이 인정된다는 것을 뜻한다. 그러나 이것이 헌법이 열거하지 않았지만 누군가 인권이라고 주장하기만 하면 언제든 헌법상 기본권과 동등한 효력이 있다는 것은 아니다. 헌법이 열거하지 않은 기본권으로서 열거된 기본권과 동등한 효력이 있는 것으로 인정되려면 일정한 인정 요건과 절차를 거칠 필요가 있다.

그런데 헌법재판소는 2009년 5월 28일 '2007년 전시증원연습 위헌확인'에 관한 헌법소원 사건에서 청구인이 주장한 '평화적 생존권'을 헌법이 보장한 기본권으로 인정할 수 없다고 판단하면서 청구인의 심판 청구를 각하했다. 이 결정에서 헌법재판소는 "헌법에 열거되지 아니한 기본권을 새롭게 인정하려면, 그 필요성이 특별히 인정되고, 그 권리내용(보호영역)이 비교적 명확하여 구체적 기본권으로서의 실체, 즉 권리내용을 규범 상대방에게 요구할 힘이 있고 그 실현이 방해되는 경우 재판에 의하여 그 실현을 보장받을 수 있는 구체적 권리로서의 실질에 부합하여야 할 것"이라고 보았다. 이러한 요건에 관해서는 비판적 평가도 제시된다. 하지만 어쨌거나 헌법이 열거하지 않은 새로운 기본권이 인정되려면 결국 이러한 요건에 따라 헌법재판소 결정이 있어야 하는 상황이 됐다.

54
기본권 제한의 한계

운전자 A는 여성 B를 강제로 태우고 약 20km를 운행하여 B를 감금했다는 이유로 도로교통법에 따라서 서울특별시 지방경찰청장에게서 자동차 운전면허를 취소당했다. 과연 자동차를 이용한 범죄자에 대해서 필요적으로 운전면허를 취소하는 것은 운전자 A의 기본권을 침해하는 것일까? 기본권을 침해한다면 A의 어떤 기본권을 침해하는 것일까?

다른 사람과 더불어 살아가는 사회공동체에서는 헌법상 권리, 즉 기본권이라도 이것이 제한 없는 권리일 수는 없다. 예를 들어 자유가 방종을 가리키지 않는 것처럼 자유는 다른 사람의 자유를 침해하지 않는 범위 안에서만 누릴 수 있다. 이것은 기본권 제한의 필요성이나 정당성을 잘 표현해 준다. 따라서 헌법이 보장하는 기본권이라도 제한 없이 절대적으로 보장될 수 없고, 다른 사람의 권리나 헌법질서를 보호하는 데 필요한 범위 안에서 제한될 수 있다.

기본권 제약(기본권 제한의 정당성 심사를 거치기 전에 기본권의 보호영역을 축소하는 사실적 상태)이 정당한 제한이 되려면 일정한 한계를 준수해야 한다. 첫째, 목적적 한계를 준수해야 한다. 기본권은 '국가안전보장, 질서유지 또는 공공복리'라는 목적을 위하여 제한될 수 있다. 여기서 국가안전보장은 국가의 존립과 헌법의 기본질서 유지 등을 포함하는 개념이다. 이는 국가 독립, 영토 보존, 헌법과 법률의 기능, 헌법에 따라서 설치된 국가기관 유지 등을 뜻하는 것으로 이해할 수 있다. 그리고 넓은 뜻으로 해석하면 질서유지는 국가질서나 민주적 기본질서가 포함된다. 이는 결국 국가안전보장에 속하게 될 것이므로, 여기서 질서유지는 좁은 뜻으로 공공의 안녕질서로 이해하는 것이 타당하다.

그리고 공공복리 개념은 국가안전보장과 질서유지가 소극적인 개념인 것과는 달리 적극적인 개념이다. 이는 우리나라와 같은 사회국가에서는 국가의 기본이념이라고 할 수 있다. 따라서 공공복리는 개인적 이익을 초월하여 국가적 차원에서 결정되는 전체적 이익으로서 '국가절대주의적 공공복리'가 아닌 개개인의 사적 이익에 우월하면서도 개개인에게 공통된 이익을 가리키는 국민 공동의 공공복리로서 '사회국가적 공공복리'를 뜻한다고 보아야 할 것이다.

둘째, 형식적 한계를 준수해야 한다. 국민의 기본권은 '법률로써' 제한할 수 있다. 이는 기본권 제한이 원칙적으로 국회에서 제정한 '형식적 의미의 법률'에 따라서만 가능하다는 것이다. 법률은 원칙적으로 일반적·추상적 법률을 뜻한다. 여기서 일반적이라는 것은 불특정 다수를, 추상적이라는 것은 불특정 사건을 규율하는 것을 가리킨다. 다만, 직접 법률에 따르지 않더라도 법률에 근거하여 제한할 수는 있다. 따라서 법률의 수권을 받아 제정되는 대통령령(시행령), 부령(시행규칙) 등에 근거해서도 기본권이 제한될 수 있다.

셋째, 방법적 한계를 준수해야 한다. 국민의 기본권은 '필요한 경우에 한하여' 제한될 수 있다. 따라서 법률로써 기본권을 제한할 때 과도하거나 지나친 제한이 아니라 공익을 달성하는 데 필요한 만큼의 제한만 해야 한다. 기본권 제약이 과도하거나 지나치지 않은지를 판단하려면 심사기준이 필요하다. 그것을 비례성원칙이라고 하는데, 목적 달성을 위하여 그 방법이 효과적이고 적합해야 하고(방법의 적합성), 입법목적을 달성하기 위하여 설사 적정하다고 할지라도 더

완화한 형태나 방법을 모색함으로써 기본권 제약은 필요한 최소한도에 그치도록 해야 하며(피해의 최소성), 그 입법을 통해서 보호하려는 공익과 침해되는 사익을 비교형량할 때 보호되는 공익이 더 커야 한다는(법익의 균형성) 것을 내용으로 한다. 이를 과잉금지원칙이라고도 부른다. 이 세부원칙 중 어느 하나라도 충족시키지 못하면 헌법에 어긋난다. 이것은 실무적으로 기본권 제한의 한계를 판단하는 데 가장 중요한 기준으로 작용한다.

넷째, 내용적 한계를 준수해야 한다. 기본권을 "제한하는 경우에도 자유와 권리의 본질적인 내용을 침해할 수 없다." 즉 기본권을 제약해야 할 필요성이 아무리 크더라도 기본권의 본질적 내용을 침해하는 국가작용은 허용되지 않는다. 기본권의 본질적인 내용이라는 것은 헌법재판소를 따르면, 기본권의 핵이 되는 실질적 요소나 근본적 요소를 뜻하고, 기본권의 본질적 내용을 침해하는 때라는 것은 그 침해로 말미암아 기본권이 유명무실해져서 헌법이 해당 기본권을 보장하는 궁극적인 목적을 달성할 수 없게 되는 지경에 이르는 때라고 한다.

위 사건에 비례성원칙을 적용해 보면, 도로교통법은 자동차를 이용하여 범죄행위를 할 때 그 운전면허를 취소하여 운전할 수 없도록 하여 운전을 생업으로 하는 사람에 대해서는 직업의 자유를 제한하고, 운전을 업으로 하지 않는 사람에 대해서는 행복추구권에서 파생하는 일반적 행동자유권을 제한한다.

이 사건에서는 자동차를 이용하여 범죄행위를 하기만 하면 그 범죄행위가 얼마나 중한 것인지, 그러한 범죄행위를 할 때 자동차가 해당 범죄 행위에 어느 정도로 이바지했는지 등에 관한 아무런 고려 없이 무조건 운전면허를 취소하도록 규정한다. 이는 구체적 사안의 개별성과 특수성을 고려할 여지를 일절 배제하고 그 위법 정도나 비난 정도가 극히 미약한 때까지도 운전면허를 취소할 수밖에 없도록 하는 것으로 피해의 최소성 원칙에 어긋난다고 할 것이다.

따라서 자동차를 이용한 범죄자에 대해서 필요적으로 운전면허를 취소하는 것은 너무 포괄적이고 광범위하게 운전면허의 취소 사유를 정하는 것으로 운전을 직업으로 하는 사람에게는 직업의 자유를 침해하고, 운전을 직업으로 하지 않는 일반인에게는 일반적 행동자유권을 침해하여 헌법에 어긋난다고 할 것이다.

55
기본의무

고위공직자에 대한 인사청문회에서 후보자나 그 자녀의 병역이나 납세의 문제가 빠짐없이 검증된다. 그 과정에서 병역기피나 탈세 사실이 드러나면 거센 비판 여론을 피해갈 수 없고, 결국 후보자 지위에서 낙마하는 사례도 허다하다. 이는 국방의무, 납세의무와 같은 기본의무 이행을 공직자의 기본적인 자격요건으로 보는 국민 정서를 반영한다.

1999년에 있었던 제대군인 가산점 제도에 대한 위헌결정에서 헌법재판소는 다음처럼 강조했다. "헌법 제39조 제1항에서 국방의 의무를 국민에게 부과하고 있는 이상 병역법에 따라 군복무를 하는 것은 국민이 마땅히 하여야 할 이른바 신성한 의무를 이행하는 것일 뿐이므로 이를 보상이 필요한 특별한 희생으로 볼 수는 없다."

그런데도 여전히 정치권을 중심으로 병역의무 이행에 대한 보상책으로 가산점 제도 부활 논의가 계속된다. 그리고 남성만 부담하는 징병제도가 평등원칙에 어긋나지 않는다고 헌법재판소가 판단했는데도 남녀평등을 근거로 여성에게까지 병역의무를 확대하자는 주장이 계속 제기된다.

헌법 제2장은 국민의 기본권과 함께 기본의무를 규정한다. 그 제목도 '국민의 권리와 의무'이다. 이는 1948년 우리 헌법이 처음 제정될 때부터 변함없이 유지되어 온 것이다. 헌법에서 기본의무 내용을 명시함으로써 국가와 국민의 관계를 분명히 밝히고 이를 통해 국가의 국민에 대한 추가적인 의무 부과를 금지함으로써 국민의 기본권 보장을 강화하는 기능을 한다.

오늘날 국가는 옛날의 군주국가나 종교국가와 달리 국민과 무관하게 자신의 고유한 목적을 추구한다든지 스스로 정당성을 확보하는 것으로 이해되지 않는다. 국민이 개개인의 다양한 목적과 이익을 실현하려고 헌법을 통해서 비로소 국가를 창설한 것으로 본다. 따라서 국가는 헌법이 정하는 목적에 구속되고 그 목적을 수행함으로써 비로소 정당성을 획득한다. 궁극적으로 국민은 자유와 재산, 안전 등 자신의 기본권을 보장받기 위해 헌법을 제정하므로 국가의 궁극적인 목적도 국민의 기본권을 보장하는 데 있다.

국민의 기본권은 결국 국가를 통해서 보장된다. 기본권을 보장하는 국가가 없다면 국민의 기본권도 보장될 수 없다. 그러한 국가가 존속하고 유지되려면 그에 필요한 재정과 국방력을 확보해야 한다. 국가공동체의 존립과 활동을 위해서 국민이 국가에 대해 대가 없이 지는 헌법상 부담이 바로 국민의 기본의무이다. 기본의무는 기본권에 대응하는 것으로 기본권과 함께 국민의 지위를 형성한다.

기본의무로서 가장 대표적인 것은 국가를 유지하는 데 직접 이바지하는 납세의무(헌법 제38조)와 국방의무(헌법 제39조 제1항)이다. 납세 의무는 국가가 살림을 꾸려가기 위해 국민에게 부과하는 세금을 낼 의무를 말한다. 국가는 스스로 생산 활동을 하지 않는 한 오로지 국민이 낸 세금을 통해 교육, 복지, 국방 등 국가운영에 필요한 재원을 마련한다.

오늘날 국가 역할이 치안과 국방에서 국민의 모든 생활영역을 조성·배려해야 할 사회국가로 확대되면서 그만큼 재정 수요가 팽창됐다. 이는 결국 증세로 이어질 수밖에 없어 세금 문제는 국민의 이해관계와 직결되는 사안이 됐다. 우리 사회의 복지와 증세 논쟁, 연말정

산 파동은 바로 이를 반영한다.

헌법재판소는 조세입법에 대해서 조세의 부과징수가 법률에 근거하고 납세의무자 모두에게 공평하게 부과되는지를 심사하여 종합부동산세법 등 다수의 법률에 대해 위헌결정을 했다.

국방의무는 북한을 포함한 외부 적대세력의 직·간접적인 침략행위에서 국가 독립을 유지하고 영토를 보존하기 위한 의무를 말한다. 이는 직접적인 병역의무뿐 아니라 향토예비군, 민방위 등 간접적인 병력형성의무 그리고 군 작전 명령에 복종하고 협력할 의무까지도 포함한다. 헌법 제39조 제2항은 "병역의무의 이행으로 인하여 불이익한 처우를 받지 않는다."라고 규정한다. 헌법재판소는 "병역의무 이행을 직접적 이유로 차별적 불이익을 가하거나, 또는 병역의무를 이행한 것이 결과적, 간접적으로 그렇지 아니한 경우보다 오히려 불이익을 받는 결과를 초래하여서는 아니 된다."라는 것이 그 뜻임을 분명히 선언한다.

과거 전제왕정이나 독재시대에도 납세와 국방의 의무는 있었다. 국가가 유지되기 위한 기본적인 전제조건이기 때문이다. 하지만 그 의미는 다르다. 체제를 지키기 위함이 아니라 우리 자신의 기본권을 보장하는 데 기본의무의 목적이 있기 때문이다.

56
국회

헌법

제3장 국회

제40조　입법권은 국회에 속한다.

제41조 제1항　국회는 국민의 보통·평등·직접·비밀선거에 의하여 선출된 국회의원으로 구성한다.

제2항　국회의원의 수는 법률로 정하되, 200인 이상으로 한다.

제3항　국회의원의 선거구와 비례대표제 기타 선거에 관한 사항은 법률로 정한다.

제42조　국회의원의 임기는 4년으로 한다.

제43조　국회의원은 법률이 정하는 직을 겸할 수 없다.

제44조 제1항　국회의원은 현행범인인 경우를 제외하고는 회기중 국회의 동의없이 체포 또는 구금되지 아니한다.

제2항　국회의원이 회기전에 체포 또는 구금된 때에는 현행범인이 아닌 한 국회의 요구가 있으면 회기중 석방된다.

제45조　국회의원은 국회에서 직무상 행한 발언과 표결에 관하여 국회외에서 책임을 지지 아니한다.

제46조 제1항　국회의원은 청렴의 의무가 있다.

제2항 국회의원은 국가이익을 우선하여 양심에 따라 직무를 행한다.

제3항 국회의원은 그 지위를 남용하여 국가·공공단체 또는 기업체와의 계약이나 그 처분에 의하여 재산상의 권리·이익 또는 직위를 취득하거나 타인을 위하여 그 취득을 알선할 수 없다.

제47조 제1항 국회의 정기회는 법률이 정하는 바에 의하여 매년 1회 집회되며, 국회의 임시회는 대통령 또는 국회재적의원 4분의 1 이상의 요구에 의하여 집회된다.

제2항 정기회의 회기는 100일을, 임시회의 회기는 30일을 초과할 수 없다.

제3항 대통령이 임시회의 집회를 요구할 때에는 기간과 집회요구의 이유를 명시하여야 한다.

제48조 국회는 의장 1인과 부의장 2인을 선출한다.

제49조 국회는 헌법 또는 법률에 특별한 규정이 없는 한 재적의원 과반수의 출석과 출석의원 과반수의 찬성으로 의결한다. 가부동수인 때에는 부결된 것으로 본다.

제50조 제1항 국회의 회의는 공개한다. 다만, 출석의원 과반수의 찬성이 있거나 의장이 국가의 안전보장을 위하여 필요하다고 인정할 때에는 공개하지 아니할 수 있다.

제2항 공개하지 아니한 회의내용의 공표에 관하여는 법률이 정하는 바에 의한다.

제51조 국회에 제출된 법률안 기타의 의안은 회기중에 의결되지 못한 이유로 폐기되지 아니한다. 다만, 국회의원의 임기가 만료된 때에는 그러하지 아니하다.

제52조 국회의원과 정부는 법률안을 제출할 수 있다.

제53조 제1항　국회에서 의결된 법률안은 정부에 이송되어 15일 이내에 대통령이 공포한다.

　　　제2항　법률안에 이의가 있을 때에는 대통령은 제1항의 기간내에 이의서를 붙여 국회로 환부하고, 그 재의를 요구할 수 있다. 국회의 폐회중에도 또한 같다.

　　　제3항　대통령은 법률안의 일부에 대하여 또는 법률안을 수정하여 재의를 요구할 수 없다.

　　　제4항　재의의 요구가 있을 때에는 국회는 재의에 붙이고, 재적의원과 반수의 출석과 출석의원 3분의 2 이상의 찬성으로 전과 같은 의결을 하면 그 법률안은 법률로서 확정된다.

　　　제5항　대통령이 제1항의 기간내에 공포나 재의의 요구를 하지 아니한 때에도 그 법률안은 법률로서 확정된다.

　　　제6항　대통령은 제4항과 제5항의 규정에 의하여 확정된 법률을 지체없이 공포하여야 한다. 제5항에 의하여 법률이 확정된 후 또는 제4항에 의한 확정법률이 정부에 이송된 후 5일 이내에 대통령이 공포하지 아니할 때에는 국회의장이 이를 공포한다.

　　　제7항　법률은 특별한 규정이 없는 한 공포한 날로부터 20일을 경과함으로써 효력을 발생한다.

제54조 제1항　국회는 국가의 예산안을 심의·확정한다.

　　　제2항　정부는 회계연도마다 예산안을 편성하여 회계연도 개시 90일 전까지 국회에 제출하고, 국회는 회계연도 개시 30일전까지 이를 의결하여야 한다.

　　　제3항　새로운 회계연도가 개시될 때까지 예산안이 의결되지 못한 때

에는 정부는 국회에서 예산안이 의결될 때까지 다음의 목적을 위한 경비는 전년도 예산에 준하여 집행할 수 있다.

1. 헌법이나 법률에 의하여 설치된 기관 또는 시설의 유지·운영

2. 법률상 지출의무의 이행

3. 이미 예산으로 승인된 사업의 계속

제55조 제1항　한 회계연도를 넘어 계속하여 지출할 필요가 있을 때에는 정부는 연한을 정하여 계속비로서 국회의 의결을 얻어야 한다.

　　　제2항　예비비는 총액으로 국회의 의결을 얻어야 한다. 예비비의 지출은 차기국회의 승인을 얻어야 한다.

제56조　정부는 예산에 변경을 가할 필요가 있을 때에는 추가경정예산안을 편성하여 국회에 제출할 수 있다.

제57조　국회는 정부의 동의없이 정부가 제출한 지출예산 각항의 금액을 증가하거나 새 비목을 설치할 수 없다.

제58조　국채를 모집하거나 예산외에 국가의 부담이 될 계약을 체결하려 할 때에는 정부는 미리 국회의 의결을 얻어야 한다.

제59조　조세의 종목과 세율은 법률로 정한다.

제60조 제1항　국회는 상호원조 또는 안전보장에 관한 조약, 중요한 국제조직에 관한 조약, 우호통상항해조약, 주권의 제약에 관한 조약, 강화조약, 국가나 국민에게 중대한 재정적 부담을 지우는 조약 또는 입법사항에 관한 조약의 체결·비준에 대한 동의권을 가진다.

　　　제2항　국회는 선전포고, 국군의 외국에의 파견 또는 외국군대의 대한민국 영역안에서의 주류에 대한 동의권을 가진다.

제61조 제1항　국회는 국정을 감사하거나 특정한 국정사안에 대하여 조사할

수 있으며, 이에 필요한 서류의 제출 또는 증인의 출석과 증언이나 의견의 진술을 요구할 수 있다.

제2항 국정감사 및 조사에 관한 절차 기타 필요한 사항은 법률로 정한다.

제62조 제1항 국무총리·국무위원 또는 정부위원은 국회나 그 위원회에 출석하여 국정처리상황을 보고하거나 의견을 진술하고 질문에 응답할 수 있다.

제2항 국회나 그 위원회의 요구가 있을 때에는 국무총리·국무위원 또는 정부위원은 출석·답변하여야 하며, 국무총리 또는 국무위원이 출석요구를 받은 때에는 국무위원 또는 정부위원으로 하여금 출석·답변하게 할 수 있다.

제63조 제1항 국회는 국무총리 또는 국무위원의 해임을 대통령에게 건의할 수 있다.

제2항 제1항의 해임건의는 국회재적의원 3분의 1 이상의 발의에 의하여 국회재적의원 과반수의 찬성이 있어야 한다.

제64조 제1항 국회는 법률에 저촉되지 아니하는 범위안에서 의사와 내부규율에 관한 규칙을 제정할 수 있다.

제2항 국회는 의원의 자격을 심사하며, 의원을 징계할 수 있다.

제3항 의원을 제명하려면 국회재적의원 3분의 2 이상의 찬성이 있어야 한다.

제4항 제2항과 제3항의 처분에 대하여는 법원에 제소할 수 없다.

제65조 제1항 대통령·국무총리·국무위원·행정각부의 장·헌법재판소 재판관·법관·중앙선거관리위원회 위원·감사원장·감사위원 기타 법률이 정한 공무원이 그 직무집행에 있어서 헌법이나 법률을 위배한 때에는 국회는 탄핵의 소추를 의결할 수 있다.

제2항　제1항의 탄핵소추는 국회재적의원 3분의 1 이상의 발의가 있어야 하며, 그 의결은 국회재적의원 과반수의 찬성이 있어야 한다. 다만, 대통령에 대한 탄핵소추는 국회재적의원 과반수의 발의와 국회재적의원 3분의 2 이상의 찬성이 있어야 한다.

제3항　탄핵소추의 의결을 받은 자는 탄핵심판이 있을 때까지 그 권한 행사가 정지된다.

제4항　탄핵결정은 공직으로부터 파면함에 그친다. 그러나, 이에 의하여 민사상이나 형사상의 책임이 면제되지는 아니한다.

국회는 300명의 국회의원으로 이루어진 회의체로 국민 전체를 대표한다. 대통령이 혼자서 국민 전체를 대표하는 것과 비교된다. 국회의원은 선거를 통해 국민이 직접 뽑는다. 그리고 국회의원은 국회에서 국민을 대신하여 대한민국 정치를 이끌어간다. 국회의원 하나하나는 국회에서 국민의 이름으로 행동한다. 그래서 국회의원은 자신을 뽑아준 지역 유권자만이 아니라 국민 전체의 이익을 대변해야 한다.

국회의원 임기는 4년이다. 대한민국 국민은 약 5,200만 명, 이 중 제21대 국회의원 총선거 유권자 수는 약 4,399만 명이었다. 우리나라 국회의원은 총 300명이다. 그중에서 지역선거구에서 가장 많은 표를 얻어 뽑힌 국회의원(지역구 국회의원)은 253명이고, 정당에 대한 투표율에 따라 뽑힌 국회의원(비례대표 국회의원)은 47명이다. 따라서 국회의원 한 명은 적어도 13만 명 이상의 사람을 대표한다.

국회의원은 국민을 대신해서 국회에서 활동하는 공인公人이다. 그 직에 있는 동안 국무총리나 장관으로 임명되어 정부에서 국정에 참여하는 때를 제외하고는 다른 직을 맡을 수 없다. 국회의원은 국가나 공공단체 또는 지방자치단체의 다른 공직은 물론 그 밖의 영리를 추구하는 업무에도 종사할 수 없다.

국회의 의사 결정은 외부 간섭 없이 자유로운 토론과 표결을 통해 이루어져야 한다. 이러한 국회의 의사 결정 과정을 보호하려고 국회의원에게는 몇 가지 특권이 보장된다. 국회 동의 없이 국회의원이 체포 또는 구금되지 않는 '불체포특권'과 국회에서 직무로 한 발언과 표결에 대해 국회 밖에서 책임을 지지 않는 '면책특권'이 있다. 이는 수사기관이나 여론의 비난 등에서 국회의원의 정당한 권한 행사를 보

호하는 기능을 한다. 국회의원은 국회에서 개인이 아니라 적어도 13
만 명 이상의 사람을 대표하는 공인公人이기에 이런 특권이 보장된다.
사사로이 저지른 범죄 수사나 무책임한 발언을 하고도 책임을 회피
하려고 이러한 특권을 악용하는 사례가 종종 있었다. 국회의원이 공
인公人으로서가 아니라 사익을 위해 이런 특권을 사용한다면 당연히
비난받아야 한다.

국회는 집단적으로 의사 결정을 내리는 회의체이다. 국회의원들
이 모여 회의와 의사 절차를 통해 국회 전체의 의사를 결정한다. 국회
가 늘 열리는 것 같지만, 정해진 회기와 의사일정에 따라 운영된다.
국회의원은 이 회의와 의사일정을 주관하는 국회의장 한 명과 부의
장 두 명을 뽑는다. 국회의장은 국회를 대표한다. 그래서 국회의원이
국회에 할 말이 있으면, 국회의장에게 하면 된다.

국회는 다수결 원칙에 따라 의사 결정을 한다. 통상 국회는 전체
국회의원의 절반 이상이 참석한 상태에서 그 과반수 찬성으로 의사
결정을 한다. 그러나 헌법을 고치거나 대통령을 탄핵하는 것같이 매
우 중요한 문제는 전체 국회의원 2/3 이상 찬성이 필요하다. 이렇게
의사를 결정하기 어렵게 만든 이유는 국가의 중대한 문제를 국회 다
수당이나 다수세력이 함부로 결정할 수 없게 하려는 것이다.

국회 의사 결정이 단순히 다수결로 결정되는 것은 아니다. 반드시
국민의 대표자인 국회의원의 자유롭고 신중한 토론을 거쳐야 한다.
따라서 국회의원은 국회의 의사 결정 과정에서 충분히 논의하고 토
론한 뒤에 표결할 권리가 있다. 특히, 국회의원은 제안·질의·토론
을 통하여 법률안에 대해 자유로이 의견을 개진할 수 있다. 자유로운

질문과 토론, 소수의견에 대한 존중과 반대의견에 대한 설득 기회는 반드시 보장되어야 한다. 질의와 토론 과정에서 소수파의 기회를 박탈하거나 아예 토론절차를 열지 아니한 채 표결을 진행한다면, 국회의원들의 심의·표결권은 침해된다.

국회는 법률을 만들고 개정한다. 이것이 입법立法이다. 법률은 모든 국민을 일반적으로 구속한다. 특정 사건이나 특정인에게만 적용되는 규범은 법률이 아니다. 특정 사건이나 특정인에게 법률을 적용하는 건 집행이라고 한다. 국민 대표인 국회의원이 모여 심의와 토론 그리고 표결을 거쳐서 합의하여 법률을 만든다. 모든 국민을 구속할 수 있는 법률의 규범력은 이렇게 국민 대표가 합의하고 동의하는 과정을 통하여 정당성을 부여받는다.

국회의원은 법률안을 제출하고 이를 심의·표결할 권한이 있다. 정부에도 법률안을 만들거나 고칠 것을 제안하는 권한이 있다. 실제로 국민이 생활하는 데 필요한 법률은 무엇인지 그리고 그것을 어떻게 규정해야 하는지는 국회보다도 오히려 국민과 직접 마주하는 정부가 더 자세하게 안다. 그래서 다른 나라에서도 많은 법률이 정부 요청으로 발의된다. 특히 현대 사회가 점점 복잡해지고 다양해지면서 국회가 사회 변화에 신속하게 대처하기는 점점 더 어려워진다. 그래서 법률로 정할 내용의 중요한 부분만을 국회가 정하고 사회변화에 따라 유연하게 대처할 필요가 있는 내용은 정부가 정하도록 위임한다. 정부는 대통령령, 총리령, 부령 등 하위법령으로 법률에서 위임받은 사항을 정한다.

그렇다고 하더라도 민주주의 국가라면 국민은 국회가 만든 법률을 보고 어떤 행위를 하면 안 되는지, 하게 되면 어떤 결과가 초래되는지 예측할 수 있어야 한다. 예를 들면, 어떤 행위를 범죄로 규정하고 처벌할 것인지, 처벌할 때 형량은 최대 얼마인지, 국민에게 세금을 걷을 때 어떤 명목으로 걸을 것인지, 세율은 얼마인지 등. 그리고 국회가 정해야 할 이런 중요한 사항을 정부에서 정하도록 그대로 맡기면 안 된다. 정부에게 다 맡겨 버리면 국회는 입법자의 본분을 포기하는 것이다.

국회는 법을 만드는 권한 외에도 여러 권한이 있다. 대표적으로 나라의 살림살이를 큰 틀에서 정하는 일을 한다. 실제 나라의 살림을 꾸리는 일은 정부가 하지만, 살림살이를 위해 돈이 필요하면 미리 국회의 허락을 받아야 한다. 그래서 정부가 미리 한 해의 나라 살림살이에 관한 계획인 예산豫算을 세워 국회로 보내면, 국회는 이를 검토해 그 지출을 허락해 준다. '대표 없이 과세 없다.'라는 말이 있다. 국민의 세금이 사용되는 정부의 일에는 모두 국민의 대표인 국회 동의가 필요하다. 그래서 나라 살림의 기초가 되는 세금을 누가 얼마나 부담해야 하는지 국회가 미리 법률로 정해야 한다.

대통령은 국가의 대표로서 외국과 약속을 하거나 계약을 체결할 수 있다. 이런 약속 중 국제법적으로 효력이 있는 것을 조약이라고 한다. 그런데 조약을 이행하기 위해 국회가 국민에게 중대한 재정적 부담을 지우거나 입법이 필요한 때 등에는 국회 동의가 있어야 한다. 이때 국회가 동의하지 않으면 대통령은 조약을 체결할 수 없다. 그리고 대통령은 전쟁, 자연재해 등으로 나라가 큰 위기에 처했을 때 국가의 안전보장이나 공공의 안녕과 질서를 유지하기 위해서 법률과 같은 효력이 있는 긴급·재정경제명령을 내릴 수 있다. 대통령은 중대한 교전 상태가 있을 때 나라를 지키려고 법률과 같은 효력이 있는 긴급 명령을 내릴 수도 있다. 그러나 긴급·재정경제명령과 긴급명령은 국회의 회의 소집을 기다릴 겨를이 없는 긴급한 상황에서 할 수 있는 일이다. 국회가 회의를 소집하면 대통령은 국회에 이를 바로 보고해야 하고 국회 승인을 받아야 한다. 국회가 승인하지 않으면, 긴급·재정경제명령과 긴급명령은 그때부터 효력이 없다. 군 통수권자인 대통령은 전쟁 또는 그와 비슷한 위험 상황에 계엄戒嚴을 선포할 수 있다. 계엄이 선포되면 군대가 정부와 법원의 역할을 대신할 수 있고, 국민의 자유와 권리는 제약된다. 국회는 이 계엄을 해제하라고 대통령에게 요청할 수 있다. 그럼 대통령은 계엄을 해제해야 한다.

국회는 정부가 법을 잘 집행하는지와 나라 살림살이를 잘 하는지 감시하는 역할도 한다. 국회는 정부가 한 해 동안의 살림을 잘했는지 살피기 위해 매년 9월에 국정감사國政監査를 한다. 국가기관과 지방자치단체, 공공기관 등을 두루 살펴 뭐 잘못하는 건 없는지 점검한다. 그리고 중대한 사건이 터지면 국회는 이를 자세히 알아보려고 국정조사國政調査를 할 수도 있다. 국정을 책임지는 정부의 국무총리, 국무위원 등은 국회가 요청하면 출석해 보고하고 질문에 답해야 한다. 국회는 국정과 관련된 중대한 범죄사건을 수사하기 위해 정부에 소속된 검사와 독립한 특별검사를 임명할 수도 있다.

헌법기관의 주요 구성원은 국민을 대표하는 대통령과 국회가 함께 임명한다. 대법원장, 헌법재판소장, 국무총리 등은 국회 동의가 있어야 대통령이 임명할 수 있다. 장관처럼 국회 동의가 없어도 대통령이

임명할 수 있는 때도 국회는 인사청문회를 실시하여 그 자격을 공개
적으로 심사할 수 있다. 한편 헌법재판소 재판관 중 3명, 중앙선거관
리위원회 위원 중 3명은 국회에서 선출한다. 이러한 국회 인사권은
대통령의 권한을 견제하는 수단이다.

　국회는 대통령을 비롯한 국무총리, 국무위원, 행정 각부의 장, 법
관 등 고위 공직자의 위헌·위법 행위를 탄핵할 수도 있다. 대통령을
제외한 고위 공직자에 대해서는 전체 국회의원 1/3 이상 발의와 과반
수 찬성으로 탄핵을 의결한다. 대통령만 예외로 전체 국회의원 과반
수 발의와 2/3 이상 찬성으로 탄핵을 의결한다. 국회가 탄핵을 의결
하면, 헌법재판소에서 탄핵심판을 하고 그동안 해당 공직자의 권한
은 정지된다. 헌법재판소에서 탄핵을 결정하면 그 공직자는 파면된
다. 탄핵이 아니더라도 국회는 국무총리 또는 국무위원의 해임을 전
체 국회의원 1/3 이상 발의와 과반수 찬성으로 대통령에게 건의할 수
있다.

57
정부

헌법

제4장 정부

제1절 대통령

제66조 제1항 　대통령은 국가의 원수이며, 외국에 대하여 국가를 대표한다.

　　　　제2항 　대통령은 국가의 독립·영토의 보전·국가의 계속성과 헌법을 수호할 책무를 진다.

　　　　제3항 　대통령은 조국의 평화적 통일을 위한 성실한 의무를 진다.

　　　　제4항 　행정권은 대통령을 수반으로 하는 정부에 속한다.

제67조 제1항 　대통령은 국민의 보통·평등·직접·비밀선거에 의하여 선출한다.

　　　　제2항 　제1항의 선거에 있어서 최고득표자가 2인 이상인 때에는 국회의 재적의원 과반수가 출석한 공개회의에서 다수표를 얻은 자를 당선자로 한다.

　　　　제3항 　대통령후보자가 1인일 때에는 그 득표수가 선거권자 총수의 3분의 1 이상이 아니면 대통령으로 당선될 수 없다.

　　　　제4항 　대통령으로 선거될 수 있는 자는 국회의원의 피선거권이 있고 선거일 현재 40세에 달하여야 한다.

　　　　제5항 　대통령의 선거에 관한 사항은 법률로 정한다.

제68조 제1항 대통령의 임기가 만료되는 때에는 임기만료 70일 내지 40일전에 후임자를 선거한다.

제2항 대통령이 궐위된 때 또는 대통령 당선자가 사망하거나 판결 기타의 사유로 그 자격을 상실한 때에는 60일 이내에 후임자를 선거한다.

제69조 대통령은 취임에 즈음하여 다음의 선서를 한다.

"나는 헌법을 준수하고 국가를 보위하며 조국의 평화적 통일과 국민의 자유와 복리의 증진 및 민족문화의 창달에 노력하여 대통령으로서의 직책을 성실히 수행할 것을 국민 앞에 엄숙히 선서합니다."

제70조 대통령의 임기는 5년으로 하며, 중임할 수 없다.

제71조 대통령이 궐위되거나 사고로 인하여 직무를 수행할 수 없을 때에는 국무총리, 법률이 정한 국무위원의 순서로 그 권한을 대행한다.

제72조 대통령은 필요하다고 인정할 때에는 외교·국방·통일 기타 국가안위에 관한 중요정책을 국민투표에 붙일 수 있다.

제73조 대통령은 조약을 체결·비준하고, 외교사절을 신임·접수 또는 파견하며, 선전포고와 강화를 한다.

제74조 제1항 대통령은 헌법과 법률이 정하는 바에 의하여 국군을 통수한다.

제2항 국군의 조직과 편성은 법률로 정한다.

제75조 대통령은 법률에서 구체적으로 범위를 정하여 위임받은 사항과 법률을 집행하기 위하여 필요한 사항에 관하여 대통령령을 발할 수 있다.

제76조 제1항 대통령은 내우·외환·천재·지변 또는 중대한 재정·경제상의 위기에 있어서 국가의 안전보장 또는 공공의 안녕질서를 유지하기 위하여 긴급한 조치가 필요하고 국회의 집회를 기다릴 여유가 없을 때에 한하여 최소한으로 필요한 재정·경제상의 처분을 하거나 이에 관하여 법률의 효력을 가지는 명

령을 발할 수 있다.

제2항 대통령은 국가의 안위에 관계되는 중대한 교전상태에 있어서 국가를 보위하기 위하여 긴급한 조치가 필요하고 국회의 집회가 불가능한 때에 한하여 법률의 효력을 가지는 명령을 발할 수 있다.

제3항 대통령은 제1항과 제2항의 처분 또는 명령을 한 때에는 지체없이 국회에 보고하여 그 승인을 얻어야 한다.

제4항 제3항의 승인을 얻지 못한 때에는 그 처분 또는 명령은 그때부터 효력을 상실한다. 이 경우 그 명령에 의하여 개정 또는 폐지되었던 법률은 그 명령이 승인을 얻지 못한 때부터 당연히 효력을 회복한다.

제5항 대통령은 제3항과 제4항의 사유를 지체없이 공포하여야 한다.

제77조 제1항 대통령은 전시·사변 또는 이에 준하는 국가비상사태에 있어서 병력으로써 군사상의 필요에 응하거나 공공의 안녕질서를 유지할 필요가 있을 때에는 법률이 정하는 바에 의하여 계엄을 선포할 수 있다.

제2항 계엄은 비상계엄과 경비계엄으로 한다.

제3항 비상계엄이 선포된 때에는 법률이 정하는 바에 의하여 영장제도, 언론·출판·집회·결사의 자유, 정부나 법원의 권한에 관하여 특별한 조치를 할 수 있다.

제4항 계엄을 선포한 때에는 대통령은 지체없이 국회에 통고하여야 한다.

제5항 국회가 재적의원 과반수의 찬성으로 계엄의 해제를 요구한 때에는 대통령은 이를 해제하여야 한다.

제78조 대통령은 헌법과 법률이 정하는 바에 의하여 공무원을 임면한다.

제79조 제1항 대통령은 법률이 정하는 바에 의하여 사면·감형 또는 복권을

명할 수 있다.

　　　제2항　일반사면을 명하려면 국회의 동의를 얻어야 한다.

　　　제3항　사면·감형 및 복권에 관한 사항은 법률로 정한다.

제80조　대통령은 법률이 정하는 바에 의하여 훈장 기타의 영전을 수여한다.

제81조　대통령은 국회에 출석하여 발언하거나 서한으로 의견을 표시할 수 있다.

제82조　대통령의 국법상 행위는 문서로써 하며, 이 문서에는 국무총리와 관계 국무위원이 부서한다. 군사에 관한 것도 또한 같다.

제83조　대통령은 국무총리·국무위원·행정각부의 장 기타 법률이 정하는 공 사의 직을 겸할 수 없다.

제84조　대통령은 내란 또는 외환의 죄를 범한 경우를 제외하고는 재직중 형사 상의 소추를 받지 아니한다.

제85조　전직대통령의 신분과 예우에 관하여는 법률로 정한다.

제2절 행정부

제1관 국무총리와 국무위원

제86조 제1항　국무총리는 국회의 동의를 얻어 대통령이 임명한다.

　　　제2항　국무총리는 대통령을 보좌하며, 행정에 관하여 대통령의 명을 받아 행정각부를 통할한다.

　　　제3항　군인은 현역을 면한 후가 아니면 국무총리로 임명될 수 없다.

제87조 제1항　국무위원은 국무총리의 제청으로 대통령이 임명한다.

　　　제2항　국무위원은 국정에 관하여 대통령을 보좌하며, 국무회의의 구 성원으로서 국정을 심의한다.

제3항 국무총리는 국무위원의 해임을 대통령에게 건의할 수 있다.

제4항 군인은 현역을 면한 후가 아니면 국무위원으로 임명될 수 없다.

제2관 국무회의

제88조 제1항 국무회의는 정부의 권한에 속하는 중요한 정책을 심의한다.

제2항 국무회의는 대통령·국무총리와 15인 이상 30인 이하의 국무위원으로 구성한다.

제3항 대통령은 국무회의의 의장이 되고, 국무총리는 부의장이 된다.

제89조 다음 사항은 국무회의의 심의를 거쳐야 한다.

1. 국정의 기본계획과 정부의 일반정책

2. 선전·강화 기타 중요한 대외정책

3. 헌법개정안·국민투표안·조약안·법률안 및 대통령령안

4. 예산안·결산·국유재산처분의 기본계획·국가의 부담이 될 계약 기타 재정에 관한 중요사항

5. 대통령의 긴급명령·긴급재정경제처분 및 명령 또는 계엄과 그 해제

6. 군사에 관한 중요사항

7. 국회의 임시회 집회의 요구

8. 영전수여

9. 사면·감형과 복권

10. 행정각부간의 권한의 획정

11. 정부안의 권한의 위임 또는 배정에 관한 기본계획

12. 국정처리상황의 평가·분석

13. 행정각부의 중요한 정책의 수립과 조정

14. 정당해산의 제소

15. 정부에 제출 또는 회부된 정부의 정책에 관계되는 청원의 심사

16. 검찰총장·합동참모의장·각군참모총장·국립대학교총장·대사 기타 법률이 정한 공무원과 국영기업체관리자의 임명

17. 기타 대통령·국무총리 또는 국무위원이 제출한 사항

제90조 제1항 국정의 중요한 사항에 관한 대통령의 자문에 응하기 위하여 국가원로로 구성되는 국가원로자문회의를 둘 수 있다.

제2항 국가원로자문회의의 의장은 직전대통령이 된다. 다만, 직전대통령이 없을 때에는 대통령이 지명한다.

제3항 국가원로자문회의의 조직·직무범위 기타 필요한 사항은 법률로 정한다.

제91조 제1항 국가안전보장에 관련되는 대외정책·군사정책과 국내정책의 수립에 관하여 국무회의의 심의에 앞서 대통령의 자문에 응하기 위하여 국가안전보장회의를 둔다.

제2항 국가안전보장회의는 대통령이 주재한다.

제3항 국가안전보장회의의 조직·직무범위 기타 필요한 사항은 법률로 정한다.

제92조 제1항 평화통일정책의 수립에 관한 대통령의 자문에 응하기 위하여 민주평화통일자문회의를 둘 수 있다.

제2항 민주평화통일자문회의의 조직·직무범위 기타 필요한 사항은 법률로 정한다.

제93조 제1항 국민경제의 발전을 위한 중요정책의 수립에 관하여 대통령의 자문에 응하기 위하여 국민경제자문회의를 둘 수 있다.

제2항 국민경제자문회의의 조직·직무범위 기타 필요한 사항은 법률로 정한다.

제3관 행정각부

제94조 행정각부의 장은 국무위원 중에서 국무총리의 제청으로 대통령이 임명한다.

제95조 국무총리 또는 행정각부의 장은 소관사무에 관하여 법률이나 대통령령의 위임 또는 직권으로 총리령 또는 부령을 발할 수 있다.

제96조 행정각부의 설치·조직과 직무범위는 법률로 정한다.

제4관 감사원

제97조 국가의 세입·세출의 결산, 국가 및 법률이 정한 단체의 회계검사와 행정기관 및 공무원의 직무에 관한 감찰을 하기 위하여 대통령 소속하에 감사원을 둔다.

제98조 제1항 감사원은 원장을 포함한 5인 이상 11인 이하의 감사위원으로 구성한다.

제2항 원장은 국회의 동의를 얻어 대통령이 임명하고, 그 임기는 4년으로 하며, 1차에 한하여 중임할 수 있다.

제3항 감사위원은 원장의 제청으로 대통령이 임명하고, 그 임기는 4년으로 하며, 1차에 한하여 중임할 수 있다.

제99조 감사원은 세입·세출의 결산을 매년 검사하여 대통령과 차년도국회에 그 결과를 보고하여야 한다.

제100조 감사원의 조직·직무범위·감사위원의 자격·감사대상공무원의 범위 기타 필요한 사항은 법률로 정한다.

옛날에는 군주가 국가의 주인으로서 국가의 모든 일을 마음대로 했다. 군주는 죽은 사람을 살리는 것을 제외한 모든 것을 할 수 있다는 말까지 있었다. 한번 왕이 되길 혹은 왕자나 공주이길 꿈꾸는 것도 군주의 절대적 권한 때문일 것이다. 시방 대통령이 군주에 버금가는 지위에 있다. 그래서 대통령 선거가 있을 때마다 떠들썩하고 대통령을 배출한 정당이 정권을 잡는다고 말한다. 국회의원 과반수를 차지한 정당도 대통령을 배출하지 못하면 여당이 되지 못하고 야당일 뿐이다.

하지만 대통령은 군주가 아니다. 먼저 핏줄을 기준으로 대대로 이어받는 군주와 달리 대통령은 국민이 직접 뽑는다. 즉 군주가 될 수 있는 사람은 태어날 때부터 정해져 있지만, 대통령은 누구나 될 수 있다. 그리고 군주는 죽을 때까지 그 자리에 머물 수 있다. 하지만 대통령은 평생에 단 한 번만 할 수 있고, 대통령에 뽑혀도 5년 동안만 대통령 자리에 있을 수 있다. 헌법을 고쳐 두 번 이상 대통령으로 뽑힐 수 있게 만들어도 헌법을 고칠 당시 대통령이었던 사람에게는 이러한 내용이 적용되지 않는다(헌법 제128조 제2항). 이는 대통령이 독재하면서 장기집권을 하였던 불행한 헌법사의 반복을 막기 위한 안전장치이다.

사망이나 탄핵 등으로 대통령이 없거나 질병이나 소추 등으로 대통령이 권한을 행사하지 못하면 국무총리, 법률이 정하는 국무위원 순으로 그 권한을 대행한다. 대통령은 내란이나 외환의 죄를 범한 때를 제외하면 그 자리에 있는 동안 범죄 혐의로 재판을 받지 않는다. 그러나 대통령 자리에서 물러나면 대통령 자리에 있었을 당시의 범죄 혐의로 재판을 받을 수 있다.

중요한 막강한 권한을 행사하는 대통령이 헌법이나 법률에 어긋나는 행동을 하면 국회는 전체 국회의원 3분의 2 이상 찬성으로 대통령에 대한 탄핵소추를 할 수 있다. 국회가 탄핵소추를 의결하면 대통령의 권한 행사는 정지된다. 대통령이 헌법이나 법률에 어긋나게 행동하였는지는 헌법재판소가 판단한다. 헌법재판소가 탄핵결정을 내리면 대통령은 파면되어 그 자리에서 물러난다.

대통령은 국가 원수로서 대내·외적으로 국가의 정치적 통일을 대표하고 행정부의 우두머리로서 행정부를 이끈다. 이러한 점에서 헌법은 국가 원수와 행정부 우두머리를 따로 두는 의원내각제가 아닌 미국에서 비롯한 대통령제를 선택했다. 이러한 지위에 맞게 대통령은 여러 가지 중요한 권한이 있다.

먼저 국가원수로서 대통령은 국군의 최고사령관이 되어 국군을 거느리고 지도하며, 나라를 세운 사람에게 훈장을 줄 수 있고, 다른 나라나 국제기구 등과 조약을 맺을 수도 있으며, 외교사절을 신임·접수하거나 파견할 수 있고, 전쟁을 선포하거나 강화를 할 수도 있다. 그뿐 아니라 전쟁이 일어나는 것처럼 나라가 위기에 처하면 그것을 극복하기 위해서 법률의 효력이 있는 명령을 내리거나 조치를 취할 수 있고, 군대를 투입하여 국민의 안전과 질서를 유지하기 위해서 계엄을 선포할 수도 있다. 그리고 사면, 감형이나 복권을 명할 수도 있다. 더하여 대통령은 필요하면 국가안위에 관한 중대한 문제를 국민투표에 부쳐 국민에게 직접 물어볼 수도 있고, 헌법을 고치자고 제안할 수도 있다. 그 밖에 정부를 구성하는 국무총리나 각부 장관뿐 아니라 대법원, 헌법재판소, 중앙선거관리위원회, 감사원과 같은 최고 국가기관의 주요 구성원을 임명할 수 있다.

다음으로 행정부 수반으로서 대통령은 법률이 만들어졌거나 고쳐졌음을 국민에게 알리고 이를 집행한다. 그리고 법률에서 위임받은 사항과 법률을 집행하는 데 필요한 사항에 관해서 대통령령을 만들 수 있고, 법을 집행하는 데 필요한 나라의 살림도 매년 국회 허락을 받아 꾸릴 수 있다. 또한, 행정부의 일을 맡아 처리하는 공무원을 뽑거나 그 자리에서 물러나게 할 수 있다.

대통령이 중요한 권한을 행사할 때는 대부분 국무회의의 심의를 거쳐야 한다. 그리고 대통령 권한 행사에는 국무총리와 관계 국무위원이 함께 서명하여야 효력이 있다. 이는 대통령의 독단을 막으면서 대통령이 다른 사람의 도움을 받아 국가의 중대한 문제를 더 신중하고 현명하게 결정하도록 하려는 것이다.

국회 동의를 얻어 대통령이 임명하는 국무총리는 대통령을 도와서 일을 하고, 대통령이 내리는 명령에 따라 행정부의 여러 기관을 이끈다. 국무위원은 국무총리 제청으로 대통령이 임명한다. 국무총리는 국무위원이 그 자리에서 물러나게 하라고 대통령에게 건의할 수 있다. 정부 권한에 속하는 중요 정책은 대통령과 국무총리, 국무위원들이 모여 국무회의에서 토론하고 심의한다. 국무회의에서 의장은 대통령이고 부의장은 국무총리이다.

행정부에는 개별 업무를 담당하는 다양한 기관이 있다. 이러한 각각의 부서를 행정 각부라고 한다. 행정 각부를 이끄는 장관은 국무위원 중에서 국무총리 제청으로 대통령이 임명한다. 국회가 만드는 법률이 행정 각부의 조직, 구체적인 업무의 범위와 내용을 정한다.

국무총리나 행정 각부의 장은 소관 사무에 관해서 법률이나 대통령령의 위임이나 직권으로 총리령이나 부령을 만들 수 있다.

대통령직을 수행하는 데 필요한 자문을 얻으려고 여러 가지 자문기관을 둔다. 대통령의 자문기관에는 헌법에 따라 반드시 두어야 하는 국가안전보장회의와 헌법에 따라 둘 수 있는 국가원로자문회의, 민주평화통일자문회의, 국민경제자문회의가 있고, 헌법이 아닌 법률이 규정한 자문기관으로 국가과학기술자문회의가 있다.

대통령 소속 아래 감사원을 둔다. 감사원은 매년 국가의 모든 수입과 지출을 마감하여 계산하고, 국가와 법률이 정한 단체가 기준에 맞게 돈을 관리하고 사용했는지를 검사하며, 행정기관과 공무원이 비리 없이 직무를 제대로 처리하는지를 감시하고 감독한다. 감사원은 감사원장과 감사위원으로 구성된다. 감사원장은 국회 동의를 얻어 대통령이 임명하고, 감사위원은 감사원장 제청으로 대통령이 임명한다. 양자의 임기는 4년이고 한 차례만 더할 수 있다.

58
법원

헌법

제101조 제1항   사법권은 법관으로 구성된 법원에 속한다.

     제2항   법원은 최고법원인 대법원과 각급법원으로 조직된다.

     제3항   법관의 자격은 법률로 정한다.

제102조 제1항   대법원에 부를 둘 수 있다.

     제2항   대법원에 대법관을 둔다. 다만, 법률이 정하는 바에 의하여 대법관이 아닌 법관을 둘 수 있다.

     제3항   대법원과 각급법원의 조직은 법률로 정한다.

제103조   법관은 헌법과 법률에 의하여 그 양심에 따라 독립하여 심판한다.

제104조 제1항   대법원장은 국회의 동의를 얻어 대통령이 임명한다.

     제2항   대법관은 대법원장의 제청으로 국회의 동의를 얻어 대통령이 임명한다.

     제3항   대법원장과 대법관이 아닌 법관은 대법관회의의 동의를 얻어 대법원장이 임명한다.

제105조 제1항   대법원장의 임기는 6년으로 하며, 중임할 수 없다

     제2항   대법관의 임기는 6년으로 하며, 법률이 정하는 바에 의하여 연임할 수 있다.

제3항　대법원장과 대법관이 아닌 법관의 임기는 10년으로 하며, 법률이 정하는 바에 의하여 연임할 수 있다.

제4항　법관의 정년은 법률로 정한다.

제106조 제1항　법관은 탄핵 또는 금고 이상의 형의 선고에 의하지 아니하고는 파면되지 아니하며, 징계처분에 의하지 아니하고는 정직·감봉 기타 불리한 처분을 받지 아니한다.

제2항　법관이 중대한 심신상의 장해로 직무를 수행할 수 없을 때에는 법률이 정하는 바에 의하여 퇴직하게 할 수 있다.

제107조 제1항　법률이 헌법에 위반되는 여부가 재판의 전제가 된 경우에는 법원은 헌법재판소에 제청하여 그 심판에 의하여 재판한다.

제2항　명령·규칙 또는 처분이 헌법이나 법률에 위반되는 여부가 재판의 전제가 된 경우에는 대법원은 이를 최종적으로 심사할 권한을 가진다.

제3항　재판의 전심절차로서 행정심판을 할 수 있다. 행정심판의 절차는 법률로 정하되, 사법절차가 준용되어야 한다.

제108조　대법원은 법률에 저촉되지 아니하는 범위안에서 소송에 관한 절차, 법원의 내부규율과 사무처리에 관한 규칙을 제정할 수 있다.

제109조　재판의 심리와 판결은 공개한다. 다만, 심리는 국가의 안전보장 또는 안녕질서를 방해하거나 선량한 풍속을 해할 염려가 있을 때에는 법원의 결정으로 공개하지 아니할 수 있다.

제110조 제1항　군사재판을 관할하기 위하여 특별법원으로서 군사법원을 둘 수 있다.

제2항　군사법원의 상고심은 대법원에서 관할한다.

제3항　군사법원의 조직·권한 및 재판관의 자격은 법률로 정한다.

제4항 비상계엄하의 군사재판은 군인·군무원의 범죄나 군사에 관한 간첩죄의 경우와 초병·초소·유독음식물공급·포로에 관한 죄중 법률이 정한 경우에 한하여 단심으로 할 수 있다. 다만, 사형을 선고한 경우에는 그러하지 아니하다.

법치국가원리는 민주주의원리, 사회국가원리 등과 함께 헌법과 헌법질서 전체를 지배하는 기초적 원리이다. 법치국가는 법이 모든 국가권력을 통제하는 국가를 말하는데, 법으로 국가 권력을 통제하는 이유는 개인의 자유와 권리를 보호하려는 것이다. 법치국가에서는 누군가의 자유와 권리를 제한할 때는 반드시 법이 정한 적정한 절차를 따라야 한다. 이러한 법치국가원리 실현을 위해서 필수적인 것 중의 하나가 개인의 자유와 권리를 누군가 침해하였을 때 법원의 재판 절차를 통해 그 침해에서 구제받을 수 있어야 한다는 것이다. 헌법은 재판청구권을 국민의 기본권으로 규정함으로써 이 점을 명확히 밝힌다(헌법 제27조 제1항).

여기서 재판이란 구체적인 법적 분쟁이 발생할 때 독립적인 지위를 지닌 법관이 법을 해석·적용하여 분쟁을 해결하기 위한 판단을 내리는 것을 말한다. 법관이 법적 분쟁을 해결하는 국가 작용을 사법司法이라고 부른다. 사법에 관한 국가의 권력이 사법권이다. 헌법과 헌법질서는 법치국가원리와 권력분립원칙을 통해서 지배되므로 사법권은 국회(입법권)나 행정부(행정권)에 속할 수 없다. 헌법 제101조 제1항은 사법권은 법관으로 구성된 법원에 속한다고 하여 이 점을 명확히 밝힌다.

사법권에는 민사·형사 사건에 대한 재판권, 행정재판권, 특허권과 같은 지적재산권에 관한 재판권, 위헌심사권이 포함된다. 국회가 제정한 법률이 위헌인지를 심사할 권한은 헌법 제111조에 따라서 헌법재판소에 속하지만, 법원도 일정한 범위에서 위헌심사권이 있다. 법원은 국회가 제정한 법률이 헌법에 위반되는지가 재판의 선결 문제가 되면 그 법률의 위헌 여부를 헌법재판소가 심사해 달라고 요구할 권한(위헌법률심판제청권)이 있다. 그리고 법원은 국회와 행정부 등이 제정한 명령·규칙·처분이 헌법이나 법률에 위반되는지가 재판의 선결 문제가 되면 이를 심사할 권한이 있다. 법원은 이러한 권한으로 입법부와 행정부의 권력을 견제함으로써 국민의 자유와 권리를 보호하는 데 이바지한다.

사법에서 가장 중요한 것은 사법이 다른 국가기관에서 독립하여 공정하고 중립적으로 이루어져야 한다는 점이다. 사법의 독립성은 법원과 개별 법관의 독립성이 모두 보장될 때 확보될 수 있다. 헌법에서는 법원의 독립성을 보장하려고 대법원장은 국회 동의를 얻어서 그리고 대법관은 대법원장 제청으로 국회 동의를 얻어 대통령이 임명하도록 한다. 그리고 대법원장과 대법관이 아닌 법관은 대법관회의 동의를 얻어 대법원장이 임명하도록 한다. 이는 입법부나 행정부가 독단적으로 대법원장, 대법관, 법관 임명을 좌지우지할 수 없도록 한 것이다. 나아가 대법원은 법률에 저촉되지 아니하는 범위 안에서 소송에 관한 절차, 법원의 내부규율과 사무처리에 관한 규칙을 제정할 수 있는 권한이 있다. 사법의 독립성 확보는 법관의 독립성 확보로 귀결된다고 해도 과언이 아니다. 법관은 다른 누구의 간섭과 지시를 받지 않고 오직 헌법과 법률에 근거하여 자신의 양심에 따라 독립적으로 심판하여야 한다. 헌법은 법관의 독립성을 더 확실히 보장하려고 법관의 자격과 정년을 법률로 정하도록 하고, 대법원장·대법관·법관의 임기는 헌법이 직접 규정한다. 나아가 법관은 탄핵 또는 금고이상의 형 선고에 의하지 아니하고는 파면되지 아니하며, 징계처분에 의하지 아니하고는 정직·감봉 기타 불리한 처분을 받지 아니한다고 하여 그 신분을 매우 두텁게 보장한다.

사법권은 개인의 권리 보호를 위하여 법원에 부여된 것이어서 헌법 제27조 제1항에서 보장하는 재판청구권이 실질적으로 보장될 수 있도록 법원은 조직되고 운영되어야 한다. 헌법은 법원은 최고법원인 대법원과 각급 법원으로 조직된다고 하여 대법원이 법적 분쟁에서 최종적인 판단을 하도록 한다. 따라서 대법원이 아닌 하위 법원이 최종적인 법적 판단을 할 수 없다. 그리고 재판의 심리와 판결은 원칙적으로 공개되어야 한다. 재판 공개는 재판의 공정성을 확보하고 재판에 대한 국민의 신뢰를 확보하는 데 필수적이다. 헌법 제27조 제3항은 형사피고인은 타당한 이유가 없는 한 즉시 공개재판을 받을 권리가 있다고 규정한다. 마지막으로 헌법에서는 군사법원의 조직, 관할, 권한을 규정하여 예외적으로 이루어지는 군사재판을 통해서 개인의 자유와 권리가 침해되지 않도록 한다. 헌법 제27조 제2항은 군인이나 군무원이 아닌 국민은 대한민국 영역 안에서는 중대한 군사상 기밀·초병·초소·유독음식물공급·포로·군용물에 관한 죄 중 법률이 정한 때와 비상계엄이 선포된 때를 제외하고는 군사법원의 재판을 받지 아니한다고 하여 군사재판을 엄격하게 제한한다. 헌법 제110조는 여기서 더 나아가 군사법원에 의한 재판이 허용되는 때라도 국민의 자유와 권리가 침해되지 않도록 하기 위해서 최종심인 상고심은 반드시 대법원이 관할하여야 한다는 것과 군사법원의 조직·권한 및 재판관의 자격은 법률로 정할 것을 규정한다.

59
헌법재판소

헌법

제6장 헌법재판소

제111조 제1항 헌법재판소는 다음 사항을 관장한다.

1. 법원의 제청에 의한 법률의 위헌여부 심판

2. 탄핵의 심판

3. 정당의 해산 심판

4. 국가기관 상호간, 국가기관과 지방자치단체간 및 지방자치단체 상호간의 권한쟁의에 관한 심판

5. 법률이 정하는 헌법소원에 관한 심판

     제2항 헌법재판소는 법관의 자격을 가진 9인의 재판관으로 구성하며, 재판관은 대통령이 임명한다.

     제3항 제2항의 재판관중 3인은 국회에서 선출하는 자를, 3인은 대법원장이 지명하는 자를 임명한다.

     제4항 헌법재판소의 장은 국회의 동의를 얻어 재판관중에서 대통령이 임명한다.

제112조 제1항 헌법재판소 재판관의 임기는 6년으로 하며, 법률이 정하는 바에 의하여 연임할 수 있다.

제2항 헌법재판소 재판관은 정당에 가입하거나 정치에 관여할 수 없다.

제3항 헌법재판소 재판관은 탄핵 또는 금고 이상의 형의 선고에 의하지 아니하고는 파면되지 아니한다.

제113조 제1항 헌법재판소에서 법률의 위헌결정, 탄핵의 결정, 정당해산의 결정 또는 헌법소원에 관한 인용결정을 할 때에는 재판관 6인 이상의 찬성이 있어야 한다.

제2항 헌법재판소는 법률에 저촉되지 아니하는 범위안에서 심판에 관한 절차, 내부규율과 사무처리에 관한 규칙을 제정할 수 있다.

제3항 헌법재판소의 조직과 운영 기타 필요한 사항은 법률로 정한다.

헌법은 대한민국이라는 정치공동체의 근본규범으로서 국가권력의 조직 및 권한의 배분과 주권자인 국민과 국가의 법적 관계로서 기본권을 규율한다. 이로써 국가는 그 권한과 책무를 수행하면서 헌법이 정하는 방법과 절차를 준수하여야 하고, 그 과정에서 언제나 국민의 기본권을 존중하고 헌법의 이념과 가치를 실현하여야 한다. 그러나 헌법을 실현하고 헌법의 규범력을 보장하는 권한과 책임이 1차적으로 국가기관에 있는데도, 우리 헌정사는 장기집권과 권위주의 정치체제를 유지하려는 국가권력에서 국민의 자유와 권리를 지키려는 험난한 여정이었음이 주지의 사실이다.

국가권력뿐 아니라 개인이나 사회단체도 헌법을 위태롭게 할 수 있다. 민주주의가 수호하려는 다원성을 명분으로 오히려 헌법을 공격하고 훼손하려는 사회세력에서도 헌법은 보호되어야 한다. 이처럼 국가권력이나 사회세력이 국민의 기본권을 침해하고 헌법의 이념과 가치를 훼손하면 헌법을 기준으로 이러한 행위가 헌법에 어긋남을 확인하고 다시 헌법에 합치하는 상태로 회복할 수 있도록 헌법을 보호하는 장치가 바로 헌법재판제도이다.

헌법재판은 제2차 세계대전이 끝나고 나서 본격적으로 제도화하였다. 헌법이 전지전능한 군주나 국민이 선출한 국가권력을 통제한다는 생각을 받아들이기 어려웠기 때문이다. 그러나 나치가 자행한 무자비한 학살 등 심각한 인간의 존엄에 대한 부정을 목격하고 반성하면서, 통제되지 않은 정치권력의 탄생과 이에 따른 자의적인 국가권력 행사를 막으려고 1920년 오스트리아에 이어 1951년 서독에서 헌법재판을 전담하는 특별법원으로 헌법재판소를 설치하였다. 독재정권을 청산하고 민주주의를 회복한 스페인, 이탈리아 등이 뒤를 이 었고, 소비에트연방을 해체하고 새로 자유주의 헌법을 제정한 러시 아연방을 비롯하여 체코, 폴란드, 불가리아, 몽골 등 사회주의국가들 도 공산주의 이념 부활을 막으려고 헌법재판소를 설치하였다.

우리 헌법이 헌법재판소를 설치하게 된 배경도 이러한 사정과 다 르지 않다. 일제 강점에서 벗어나고 나서 1948년 처음 헌법을 만들면 서 헌법재판을 담당할 기관으로 헌법위원회를 둔 것을 비롯하여 헌 정사의 변곡점마다 헌법재판소(1960년 헌법), 법원(1962년 헌법), 다시 헌법위원회(1972년 헌법과 1980년 헌법)를 설치하여 헌법재판을 담당 하게 하였다. 하지만 이들 기관은 헌법을 그럴듯하게 장식하려는, 개 점휴업開店休業 상태의 명목상 기관에 불과하였다. 그러나 오랜 권위 주의 체제 종식과 진정한 민주주의 정치질서 회복을 위해 헌법개정 을 요구하는 시민의 열망이 분출된 1987년 6월 민주항쟁의 성과물인 현행 헌법에서 다시금 반反민주주의 세력이 준동하지 못하도록 하려 는 제도적 장치로서 헌법재판소를 설치하였다. 헌법재판소는 창설 이후 2021년 1월까지 모두 41,950건의 사건을 접수하여 40,597건의 사건을 처리하였고, 그중 1,813건의 결정에서 국가작용의 위헌성을 지적하고 침해된 기본권 구제를 명하는 취지의 결정을 함으로써 길 지 않은 역사인데도 명실상부 헌법 수호와 기본권 보장의 최후 보루 로서 그 역할을 다하고 있다.

헌법재판소가 담당하는 사항은 위헌법률심판, 탄핵심판, 정당해 산심판, 권한쟁의심판, 헌법소원심판 다섯 가지이다. 먼저 위헌법률 심판은 민사재판, 형사재판 등 재판을 담당하는 법원이 그 재판에 적용할 법률의 합헌성에 합리적 의심이 있을 때 해당 법률의 위헌 여부 판단을 구하고, 헌법재판소가 그 위헌 여부를 심판하는 절차이다. 이는 국회의 입법권 행사를 통제하는 절차이다. 탄핵심판은 대통령, 국무총리, 법관 등 일반적인 사법절차를 통해서는 책임을 묻기 어려운 공직자가 헌법이나 법률을 위반하여 국회에서 탄핵을 소추하면 헌법재판소가 해당 공직자의 파면 여부를 심판하는 절차이다. 이로써 공직자에게서 헌법을 보호하는 역할을 한다. 정당해산심판은 정당의 목적이나 활동이 법치주의를 부정하거나 일당독재를 주장하는 것 등 헌법이 추구하는 민주적 기본질서에 위배될 때 정부가 정당해산을 제소하면 헌법재판소에서 정당의 해산 여부를 심판하는 절차이다. 이는 정당이라는 사회단체에서 헌법을 보호하는 기능을 수행한다. 권한쟁의심판은 국회·정부·법원 등 국가기관, 광역시·도, 시·군·구 등 지방자치단체의 권한을 둘러싸고 이들 간에 다툼이 있을 때 국가기관이나 지방자치단체의 청구에 따라 헌법재판소가 그 권한의 존재 여부와 범위에 관해 심판하는 절차이다. 이를 통해 국가기관이나 지방자치단체가 그 권한을 행사하는 과정에서 다른 국가기관 등의 권한을 존중하고 침해하지 않도록 통제하고 국가기능의 원활한 수행을 보장하는 역할을 한다. 끝으로 헌법소원심판은 입법·집행·사법 등 모든 국가작용으로 말미암아 헌법이 보장한 기본권을 침해받은 국민이 기본권 침해 확인과 구제를 요청하면 헌법재판소가 기본권 침해 여부를 심판하여 침해된 기본권을 구제하는 절차이다. 국가권력의 정당성은 국민의 자유와 권리를 보장하는 것에 있으므로 헌법소원심판은 국가권력의 기본권 기속성羈束性을 담보하는 중요한 기능을 담당한다.

헌법재판소는 이러한 다섯 가지의 심판절차를 통해 국가권력이나 사회세력의 활동에서 헌법의 이념과 가치를 보호하고, 국가권력이 침해한 국민의 기본권을 보장하는 최고·최종의 헌법재판기관으로서 지위를 가진다.

헌법재판소는 모두 9명의 재판관으로 구성된다. 9명의 재판관을 모두 대통령이 임명하지만, 그중 3명은 국회에서 선출한 사람으로, 다른 3명은 대법원장이 지명한 사람으로 임명하여야 한다. 대법원장 제청으로 국회 동의를 얻어 대통령이 대법관 전부를 임명하는 대법원의 구성방식과 다르다. 대통령이 재판관 전부에 대해 실질적 임명권이 있으면 헌법재판소의 정치적 중립성이 훼손될 우려가 있고, 헌법재판소 구성에 다양성을 확보한다는 취지로 이해된다. 그러나 국회의 교섭단체로서 여당, 대법원장의 임명권을 대통령이 가지는 점 등을 고려하면 그 의미가 크지는 않다. 헌법재판소장은 대통령이 국회 동의를 얻어 재판관 중에서 임명하고, 재판관 임기는 6년이다.

헌법재판소 심판은 원칙적으로 재판관 전원으로 구성되는 재판부에서 이루어진다. 재판부는 재판관 7명 이상 출석으로 사건 심리를 시작하고, 최종심리에 참석한 재판관 과반수 찬성으로 결정한다. 그러나 법률이 헌법에 위반된다는 결정(위헌결정), 헌법과 법률을 위배한 공직자를 파면하는 결정(탄핵결정), 민주적 기본질서를 위배한 정당을 해산하는 결정(정당해산결정) 그리고 국가권력이 국민의 기본권을 침해했을 때 이를 구제하는 결정(헌법소원 인용결정)을 선고할 때는 재판관 6명 이상 찬성이 필요하다. 헌법재판의 사회적 파급력과 빈

번한 위헌결정으로 말미암아 법적 안정성이 동요할 수 있음을 고려
한 것으로 보인다. 그러나 헌법 보호와 기본권 보장이라는 헌법재판
의 본래 목적과는 배치된다는 지적이 있다.

오늘날 헌법재판제도는 국민의 기본권을 국가권력 남용에서 보호
하고, 정치권력을 헌법의 궤도 안에서 작동하게 만듦으로써 헌법을
실현하고 헌법을 보호하는 국가질서의 핵심적인 요소로 인식된다.
헌법재판 대상은 국가권력이고, 국가권력이 내린 정책 결정의 내용
및 그 집행의 방식과 절차 등의 위헌성을 그 내용으로 한다. 그리고
헌법과 헌법재판소법은 모든 국가기관이 헌법재판소 결정을 따라야
하고, 위헌적인 행위를 반복하지 않아야 한다는 특별한 의무를 헌법
재판 대상인 국회, 법원 등 모든 국가기관에 부과한다(헌법재판소 결정
의 기속력). 그러나 국가기관이 자발적인 의지로 헌법재판소 결정을
따르지 않는 한 이를 강제하는 수단이 없다는 것도 헌법재판의 특징
이다. 모든 국가기관이 헌법재판소 결정을 자발적으로 따르도록 감
시하는 국민의 역할이 중요한 이유이다.

60
선거관리

헌법

제7장 선거관리

제114조 제1항 선거와 국민투표의 공정한 관리 및 정당에 관한 사무를 처리하기 위하여 선거관리위원회를 둔다.

　　　　제2항 중앙선거관리위원회는 대통령이 임명하는 3인, 국회에서 선출하는 3인과 대법원장이 지명하는 3인의 위원으로 구성한다. 위원장은 위원 중에서 호선한다.

　　　　제3항 위원의 임기는 6년으로 한다.

　　　　제4항 위원은 정당에 가입하거나 정치에 관여할 수 없다.

　　　　제5항 위원은 탄핵 또는 금고 이상의 형의 선고에 의하지 아니하고는 파면되지 아니한다.

　　　　제6항 중앙선거관리위원회는 법령의 범위안에서 선거관리·국민투표관리 또는 정당사무에 관한 규칙을 제정할 수 있으며, 법률에 저촉되지 아니하는 범위안에서 내부규율에 관한 규칙을 제정할 수 있다.

　　　　제7항 각급 선거관리위원회의 조직·직무범위 기타 필요한 사항은 법률로 정한다.

제115조 제1항 각급 선거관리위원회는 선거인명부의 작성등 선거사무와 국

민투표사무에 관하여 관계 행정기관에 필요한 지시를 할 수 있다.

제2항 제1항의 지시를 받은 당해 행정기관은 이에 응하여야 한다.

제116조 제1항 선거운동은 각급 선거관리위원회의 관리하에 법률이 정하는 범위안에서 하되, 균등한 기회가 보장되어야 한다.

제2항 선거에 관한 경비는 법률이 정하는 경우를 제외하고는 정당 또는 후보자에게 부담시킬 수 없다.

대한민국 국민 모두가 주권자이다. 그런데 전체 국민이 하나의 의사로 통일되기는 현실적으로 매우 어렵다. 그리고 계층이나 이해집단 사이에 갈등은 수시로 생긴다. 또한 국민은 넓은 국토 여기저기에 흩어져 살아서 사안마다 모두 모여 의사 결정을 내리는 것은 사실상 불가능하다. 게다가 고도로 발전한 현대사회에서 다양한 각종 사안을 결정하는 데 필요한 지식을 충분히 얻는 것도 쉬운 일이 아니다. 따라서 현대 민주주의는 일반적으로 국민이 직접 의사 결정을 하는 것이 아니라 국민이 대표자를 뽑아 그를 통해서 국가의사를 결정하는 대의(대표)제 민주주의로 나타난다. 대의제 민주주의는 국정을 운영할 능력이 있는 사람을 제대로 뽑아 대표기관을 구성하고 국민의사를 정확하게 반영할 수 있는 선거제도 마련을 요청한다.

선거는 주권자인 국민이 투표로 대표기관을 구성할 인물을 선택하는 행위이다. 사실적 측면에서 국민이 모든 국가의사를 직접 결정할 수 없는 상황에서 선거는 민주주의의 기본적 전제이다. 우리는 대통령은 5년마다, 국회의원과 지방의회의원 그리고 지방자치단체장은 4년마다 선거를 통해서 뽑는다. 이러한 선거에 참여함으로써 우리는 자신이 주권자임을 실감한다. 이러한 선거를 관리하는 일은 본래 행정의 일부이다. 그런데 3·15 부정선거로 대표되는 엄청난 선거 부정이 일어나자 국민은 저항하여 결국 이승만 대통령을 쫓아내고 새로운 헌법을 만들었다. 이렇게 만들어진 1960년 헌법은 중앙선거관리위원회를 독립한 국가기관으로 직접 규정하였다. 이어서 1962년 헌법은 각급 선거관리위원회도 규정하였다.

진보당의 등록을 취소하여 해체하고, 민주혁신당의 정당 등록을 거부함으로써 이승만 대통령이 이끄는 자유권 정권이 야당을 무자비하게 탄압한 적이 있었다. 이러한 불행한 헌법사는 야당을 보호하기 위해서 독립한 선거관리위원회가 정당에 관한 사무도 처리하게 하였다. 헌법이 선거관리위원회를 독립한 기관으로 직접 규정한 것은 선거와 정당에 관한 사무를 공정하게 처리함으로써 대의제 민주주의 기반을 확립하려는 것이다.

선거관리위원회 종류로는 중앙선거관리위원회 밑에 특별시·광역시·도선거관리위원회, 구·시·군선거관리위원회, 읍·면·동선거관리위원회가 있다. 선거관리위원회는 대통령 선거와 국회의원 선거가 속하는 국가 선거에 관한 사무와 지방의회의원 선거 및 지방자치단체장 선거를 아우르는 지방자치단체에 관한 사무 그리고 국민투표에 관한 사무, 공공단체 등이 위탁하는 선거에 관한 사무, 정당에 관한 사무와 지방자치법에 따른 주민투표처럼 법령이 정하는 사무를 담당한다. 국민투표는 주권자인 국민이 투표로 특정 사안을 직접 결정하는 행위이다.

중앙선거관리위원회는 대통령이 임명하는 3명, 국회에서 선출하는 3명, 대법원장이 지명하는 3명 합하여 9명의 위원으로 구성된다. 특별시·광역시·도선거관리위원회와 구·시·군선거관리위원회도 9명의 위원으로 구성되지만, 읍·면·동선거관리위원회는 7명의 위원으로 구성된다. 중앙선거관리위원회 위원장은 위원 중에서 위원들끼리 투표하여 뽑는다(호선). 그러나 대법원장이 지명하는 대법관인 위원이 위원장을 맡는 것이 관행이다. 이에 따라 사실상 대법원장이 위원장을 임명한다. 그러나 헌법이 선거관리를 전통적인 입법, 집행, 사법과 구별되는 독립적인 기능으로 이해하여 독립한 기관에 부여할 뿐 아니라 선거소송을 대법원이 담당한다는 점에 비추어 현직 대법관이 위원장을 겸하는 것은 중앙선거관리위원회를 독립한 기관으로 설치한 헌법 취지는 물론 권력분립원칙에 어긋나므로 이러한 관행은 바꿔야 한다.

위원 임기는 6년으로 연임 제한은 없다. 위원은 정당에 가입하거나 정치에 관여할 수 없고, 탄핵이나 금고 이상의 형 선고에 의하지 아니하고는 파면되지 아니한다. 이것은 위원 신분을 안정시켜 위원의 정치적 중립성과 독립성을 보장하여 사무 처리의 객관성과 공정성을 확보하려는 것이다.

중앙선거관리위원회와 시·도선거관리위원회에만 늘 업무를 수행하는 상임위원 1명을 두어 위원장을 보좌하고 그 명을 받아 소속 사무처를 감독하는 업무를 부여한다. 위원장과 다른 위원들은 업무가 있을 때만 일을 하는 비상임의 명예직이다. 이는 선거관리위원회를 상설기관으로 둔 취지에 어긋난다. 그리고 이것은 위원 겸직을 가능하게 하여 선거관리위원회의 대외적 독립성에 부정적 영향을 미친다.

각급 선거관리위원회는 절반이 넘는 위원이 참석하여야 회의를 열수 있고, 참석한 위원 절반이 찬성하여야 의결할 수 있다. 위원장은 표결권이 있고, 표결에서 찬성과 반대의 숫자가 같으면 위원장이 결정한다.

61
지방자치

헌법

제8장 지방자치

제117조 제1항 지방자치단체는 주민의 복리에 관한 사무를 처리하고 재산을 관리하며, 법령의 범위안에서 자치에 관한 규정을 제정할 수 있다.

제2항 지방자치단체의 종류는 법률로 정한다.

제118조 제1항 지방자치단체에 의회를 둔다.

제2항 지방의회의 조직·권한·의원선거와 지방자치단체의 장의 선임방법 기타 지방자치단체의 조직과 운영에 관한 사항은 법률로 정한다.

지방자치는 그 지역에 사는 주민이 해당 지역 안의 공동체 사안, 예를 들어 '주민의 복리에 관한 사무(구체적으로는 감염병과 그 밖의 질병 예방과 방역 등)'와 같은 사안을 주민 자신이 스스로 결정하고 처리하게 함으로써 풀뿌리 민주주의를 실현하는 (대의제원칙이나 권력분립원칙과 같은) 국가의 조직원리 중 하나라고 할 수 있다. 국민이 주인이 되어 국가의 의사나 정책을 결정하는 것을 민주주의라고 한다면, 풀뿌리 민주주의는 가장 작은 단위의 지역에 사는 국민이 그 지역의 의사나 정책을 결정하는 것을 말한다. 따라서 지방자치는 가장 작은 단위에서 (풀뿌리) 민주주의를 실현한다는 점에서 지방자치의 본질은 주민 스스로가 결정하는 주민의 자기통치, 즉 주민자치에서 찾을 수 있다.

지방자치의 본질을 자치 관점에서 보면 지방자치는 주민의 자기결정을 보장하는 것을 내용으로 한다. 이것은 민주주의에서도 크게 다르지 않다. 즉 민주주의를 자기결정 측면에서 보면, 자기 자신의 문제를 스스로 결정하는 자치의 원리가 민주주의의 본질적 요소이기 때문이다. 따라서 자치 관점에서 민주주의와 지방자치를 보면, 양자는 모두 자기 자신과 관계된 문제를 자기책임 아래 스스로 결정하는 것을 뜻하므로, 양자는 실현 단위의 차이가 있을 뿐이지 본질에서 다르지 않다.

그런데 오늘날에는 지역이 넓고 사람이 많을 뿐 아니라 사회가 복잡해서 국민이 국가의 의사 결정이나 정책 결정을 직접 하는 민주국가는 거의 없다. 국가 대부분은 국민이 선거를 통해 선출한 대표가 의사를 결정하도록 한다. 이때 국가의 의사 결정 방식으로 국민의 대표를 선출하는 대의제원칙에 따른다는 점에서 이를 대의제 민주주의라고 한다. 국민이 의사 결정을 직접 하지 않는다는 점에서 간접민주주의라고도 한다. 하지만 국가의 의사 결정을 언제나 국민의 대표가 하는 것은 아니다. 때에 따라서는 국민투표를 통해 국민이 국가의 의사 결정을 직접 하기도 한다. 이로써 직접민주주의가 실현되기도 한다.

지방자치도 해당 지역 주민이 그 지역의 의사 결정을 직접 하는 것이 아니라 지역 단위인 지방자치단체를 기준으로 선거를 통해 선출한 대표가 의사를 결정하도록 한다. 이를 대의제 지방자치라고 한다. 하지만 때에 따라서는 주민투표를 통해 주민이 그 지역의 의사 결정을 직접 하기도 한다. 지방자치에서도 지역공동체 구성원이 직접 의사 결정을 하든, 그 대표자를 통하여 간접적으로 의사 결정을 하든, 지역공동체의 의사 결정은 궁극적으로 그 구성원의 의사 결정으로 볼 수 있기 때문이다.

지방자치의 기본적인 단위가 되는 지방자치단체의 기관에는 주민의 의사를 결정하는 의결기관과 그 의결한 사항을 집행하는 집행기관이 있다. 이처럼 의결과 집행을 서로 다른 기관이 하는 지방자치단체 기관의 구성방식을 기관분립형 구성방식이라고 한다. 하나의 기관(예를 들어 지방의회)이 의결과 집행을 함께 하는 기관통합형 구성방식도 가능하다. 현재 지방자치법은 지방자치단체 기관의 구성방식에 대해 의결기관과 집행기관이 분리되는 기관분립형을 취한다. 국가권력은 그 성질에 따라 나누어 각각 다른 기관이 행사하여야 한다는 헌법상 권력분립원칙에 비추어 보면, 오늘날 헌법국가에서는 기관분립형 구성방식이 더욱더 합리적이다.

의결하는 기관이 바로 지방의회이다. 지방의회는 해당 지방자치단체에 사는 주민의 의사를 결정할 수 있는 기관으로서, 주민이 그 구성원인 지방의회의원을 직접 선출하여 그들이 그 지역의 의사 결정을 하게 된다. 그리고 지방자치단체의 장은 집행기관에 속하는데, 이는 그 지방자치단체를 대표하고 지방의회 의결에 따른 집행을 하게된다. 이때 (지방자치를 실현하려면 반드시 지방의회의원을 주민이 직접 선출해야 하지만) 반드시 지방자치단체의 장을 주민이 직접 선출해야 하는 것은 아니다.

이것은 지방자치단체 기관의 조직형태에 관한 문제인데, 현행 지방자치는 지방의회의원뿐 아니라 지방자치단체의 장을 주민이 직접 선출하도록 하는 대통령제형 조직형태를 취한다. 이는 국회의원뿐 아니라 정부 수반으로서 집행권을 실제로 행사하는 대통령을 국민이 직접 선출하도록 하는 대통령제 정부형태와 비슷하다. 그래서 이를 대통령제형 조직형태라고 부른다. 반면에 주민은 지방의회의원만 선출하고 지방의회에서 지방자치단체의 장을 임명하도록 하는 의원내각제형 조직형태도 가능하다. 이는 국회의원만 국민이 선출하고 국회에서 총리를 임명하도록 하는 의원내각제 정부형태와 비슷하다.

현재 지방자치법은 지방의회의원뿐 아니라 지방자치단체의 장을 모두 선거를 통해 주민이 선출하도록 규정한다. 그래서 이들은 주민의 보통, 평등, 직접, 비밀선거에 따라 선출된다. 헌법재판소는 지난날에 지방의회의원 선거권은 헌법상 권리로, 지방자치단체의 장 선거권은 법률상 권리로 판단하였다. 하지만 2016년도에는 모두 헌법상 권리라고 판단한 바 있다. 지방의회의원 임기는 4년이고 연임 제한이 없다. 지방자치단체의 장 임기는 4년이지만 계속 재임은 세 번(12년)에 한한다. 이때는 계속해서 재임하는 때에 국한하여서 연속하지 않으면 세 번 제한이 없다.

한편, 지방자치단체는 해당 구역 안에 주소가 있는 '주민', 국가 영토 중 일부로 구획된 '구역' 그리고 지방자치단체의 주민과 구역에 대해 포괄적으로 지배할 수 있는 '자치권'을 구성요소로 한다. 이는 옐리네크가 국가의 구성요소로 국민, 영토 그리고 주권을 주장한 것과 비슷하다. 지방자치단체의 자치권 중에서도 헌법 제117조 제1항이 규정하는 자치입법권은 법치국가에서 특히 중요한 의미가 있다. 자치입법권에 따른 자치입법은 지방자치단체의 기관뿐 아니라 주민을 모두 구속하기 때문이다.

자치입법권에는 지방의회가 제정하는 조례와 지방자치단체의 장이 제정하는 규칙이 있다. 지방의회와 지방자치단체의 장은 주민이 직접 선출하였다는 점에서 이들은 자신이 맡아 처리하는 사무에 관하여 법률 위임이 없어도 필요에 따라 자치입법, 즉 조례와 규칙을 제정할 수 있다. 다만, 주민의 권리를 제한하거나 의무를 부과하거나 벌칙을 정할 때는 법률 위임이 있어야 한다(법률유보원칙). 주민은 동시에 국민이기 때문이다.

지방자치단체에는 큰 단위인 '광역'지방자치단체와 작은 단위인 '기초'지방자치단체가 있다. 지방자치법은 광역지방자치단체의 종류로 특별시(서울), 광역시(인천, 대전, 대구, 부산, 광주, 울산), 특별자치시(세종), 도(경기도, 강원도, 충청남·북도, 경상남·북도, 전라남·북도), 특별자치도(제주)를 규정한다. 기초지방자치단체의 종류로는 시, 군,

구(자치구)를 규정한다. 작은 단위의 기초지방자치단체는 더 큰 단위의 광역지방자치단체 안에 있어서 지방자치단체는 기본적으로 중층적 구조를 취한다. 예를 들어 서울특별시는 광역지방자치단체에 해당하는데, 기초지방자치단체에 해당하는 강남구(자치구)는 서울특별시 안에 있다. 다만, 제주특별자치도와 세종특별자치시에는 기초지방자치단체가 없고 행정구역만 있을 뿐이다.

그래서 지방선거를 실시하게 되면 광역지방자치단체 선거뿐 아니라 기초지방자치단체 선거도 동시에 치르게 된다. 이때 대통령제형 조직형태에 따라 주민은 의결기관인 지방의회의 구성원인 의원과 집행기관인 지방자치단체의 장을 모두 선출하게 된다. 그리고 광역지방자치단체와 기초지방자치단체에서 지방의회의원 선거에서는 국회의원 선거와 마찬가지로 지역구 선거와 비례대표 선거를 함께 실시한다. 그리고 광역지방자치단체에서 지방자치단체의 장 선거는 지방교육자치와 관련하여 교육·학예에 관한 사무 집행을 담당할 기관을 선출하기 위한 교육감 선거를 실시한다. 다만, 교육감 선거는 기초지방자치단체에서는 실시되지 않고, 교육감은 교육·학예에 관한 사무와 관련해서는 해당 광역지방자치단체를 대표한다.

좀 더 구체적으로 예를 들면, 광역지방자치단체인 서울특별시에서는 서울시 의회의원뿐 아니라 서울시장을 서울시 주민이 직접 선출한다. 서울특별시에 속한 기초지방자치단체인 강남구에서도 강남구 의회의원뿐 아니라 강남구청장을 강남구 주민이 직접 선출한다. 그리고 서울 시의회의원 선거와 강남구 의회의원 선거에는 지역구 선거뿐 아니라 비례대표 선거가 함께 실시된다. 또한 서울시의 교육·학예에 관한 사무를 집행하기 위한 교육감을 주민이 직접 선출한다.

그래서 우리나라 지방자치는 현재 지방의회의원(지역구 선거, 비례대표 선거)은 물론 지방자치단체(광역·기초지방자치단체)의 장과 교육감(광역지방자치단체)을 선출한다. 이러한 지방선거는 지방자치의 시작이다. 그래서 지방선거에서 선출된 주민 대표가 주민 의사를 제대로 대의하는지에 따라 지방자치의 성패가 좌우된다. 지난날 서울시에서는 무상급식과 관련하여 주민투표를 실시한 바 있다. 이것도 지방자치, 즉 주민자치를 실현하는 방법의 하나이다. 따라서 지방자치를 제대로 실현하려면 지방선거나 주민투표에 적극적으로 참여하는 주민의 자세가 절대적으로 필요하다는 점을 잊지 말아야 한다.

62
경제

헌법

제9장 경제

제119조 제1항 대한민국의 경제질서는 개인과 기업의 경제상의 자유와 창의를 존중함을 기본으로 한다.

제2항 국가는 균형있는 국민경제의 성장 및 안정과 적정한 소득의 분배를 유지하고, 시장의 지배와 경제력의 남용을 방지하며, 경제주체간의 조화를 통한 경제의 민주화를 위하여 경제에 관한 규제와 조정을 할 수 있다.

제120조 제1항 광물 기타 중요한 지하자원·수산자원·수력과 경제상 이용할 수 있는 자연력은 법률이 정하는 바에 의하여 일정한 기간 그 채취·개발 또는 이용을 특허할 수 있다.

제2항 국토와 자원은 국가의 보호를 받으며, 국가는 그 균형있는 개발과 이용을 위하여 필요한 계획을 수립한다.

제121조 제1항 국가는 농지에 관하여 경자유전의 원칙이 달성될 수 있도록 노력하여야 하며, 농지의 소작제도는 금지된다.

제2항 농업생산성의 제고와 농지의 합리적인 이용을 위하거나 불가피한 사정으로 발생하는 농지의 임대차와 위탁경영은 법률이 정하는 바에 의하여 인정된다.

제122조 국가는 국민 모두의 생산 및 생활의 기반이 되는 국토의 효율적이고 균형있는 이용·개발과 보전을 위하여 법률이 정하는 바에 의하여 그에 관한 필요한 제한과 의무를 과할 수 있다.

제123조 제1항 국가는 농업 및 어업을 보호·육성하기 위하여 농·어촌종합개발과 그 지원등 필요한 계획을 수립·시행하여야 한다.

　　　　제2항 국가는 지역간의 균형있는 발전을 위하여 지역경제를 육성할 의무를 진다.

　　　　제3항 국가는 중소기업을 보호·육성하여야 한다.

　　　　제4항 국가는 농수산물의 수급균형과 유통구조의 개선에 노력하여 가격안정을 도모함으로써 농·어민의 이익을 보호한다.

　　　　제5항 국가는 농·어민과 중소기업의 자조조직을 육성하여야 하며, 그 자율적 활동과 발전을 보장한다.

제124조 국가는 건전한 소비행위를 계도하고 생산품의 품질향상을 촉구하기 위한 소비자보호운동을 법률이 정하는 바에 의하여 보장한다.

제125조 국가는 대외무역을 육성하며, 이를 규제·조정할 수 있다.

제126조 국방상 또는 국민경제상 긴절한 필요로 인하여 법률이 정하는 경우를 제외하고는, 사영기업을 국유 또는 공유로 이전하거나 그 경영을 통제 또는 관리할 수 없다.

제127조 제1항 국가는 과학기술의 혁신과 정보 및 인력의 개발을 통하여 국민경제의 발전에 노력하여야 한다.

　　　　제2항 국가는 국가표준제도를 확립한다.

　　　　제3항 대통령은 제1항의 목적을 달성하기 위하여 필요한 자문기구를 둘 수 있다.

우리가 살아가는 데 경제는 언제나 사람들에게 많은 관심의 대상이 된다. 그래서 주식시장과 부동산 가격이 얼마나 오르고 내렸는지, 전세자금의 대출이자가 어떻고, 쌀이나 라면, 달걀, 채소 등의 식료품의 물가가 어떻다는 것이 매일 중요한 뉴스거리가 되기도 한다. 물론 이러저러한 세상일에 초연하게 사는 사람들도 있겠지만, 아마도 경제가 우리 삶에서 아주 중요한 부분을 차지한다는 것을 아무도 부인하지는 못할 것이다.

그렇다면 경제란 무엇이고 우리는 경제 영역에서 삶을 어떻게 살 수 있는 것일까? 일반적으로 경제가 무엇이고 경제적 현실이 어떠한지를 분석하고 설명하는 것은 경제학의 역할이라고 할 수 있다. 하지만 경제에는 경제에 관한 철학, 역사 등 인문학적 이해나 사회학적, 정치학적 이해도 필요하고, 무엇보다 경제에 관한 법학적인 이해도 매우 중요한 부분을 차지한다. 그러면 법학적인 시각에서 경제를 어떻게 이해할 수 있을까?

경제에 관한 법학적인 이해도 경제가 인간 삶의 문제라는 점에서 시작할 수 있다. 법이란 인간 삶의 공존 질서이고, 경제는 그 삶의 중요한 부분에 해당하기 때문이다. 경제는 우리 삶에 필요한 재화나 서비스 등의 경제적 가치를 생산하고 교환하고 분배하고 소비하는 일련의 활동으로 나타나며, 사람들은 각자의 경제활동을 통해서 자기 삶에 필요한 경제적 가치를 조달하고 충족해 나가는 모습으로 살아간다. 이러한 점에서 경제적 삶은 사람들 사이에 경제적 가치를 서로 주고받으면서 구현되는 '상호 의존적 관계' 속에서 영위된다.

사람들의 경제적 삶은 하나의 공동체적 질서를 통해 영위되는데,

그 기본적 단위를 '경제공동체'라고 부를 수 있다. 경제공동체는 대체로 개별 헌법국가 단위로 인식될 수 있고, 헌법 제119조에서 '국민경제'란 이름으로 나타난다. 20세기 이후 경제의 세계화가 심화하면서 경제적 삶의 영역이 국경을 넘어 확대되었다. 그리고 이제 경제공동체도 개별 국가 단위를 넘어서 세계 경제공동체로 확대·변화한다.

그러면 이러한 경제공동체적인 삶의 질서는 그냥 내버려 두면 저절로 잘 굴러가는 것일까? 우리의 지난 역사를 보면 경제에는 주기적인 부침이나 위기가 반복되었고, 경제는 때로는 과도한 욕심과 경쟁으로 과열되기도 한다. 그리고 사람들 사이에 경제적 이익은 서로 충돌하여 법적 분쟁으로 이어지기도 하고, 경제적 강자와 약자 사이에 경제력의 불균형이 심화하여 그에 따른 시장과 경제에서 지배·종속적 관계가 나타나기도 한다. 경제적 가치가 충족되지 못하면 인간 생존에 어려움이 생긴다는 점에서 경제적 가치는 우리 삶에 꼭 필요한 것이기는 하지만, 그렇다고 인간의 가치보다 더 위에 있을 수는 없다. 하지만 우리 현실에서는 사람이 돈에 종속되는 일이 허다하게 발생한다.

최근에는 4차 산업혁명에 따른 사회변화가 널리 회자된다. 빅데이터Big Data를 활용한 데이터 경제나 인공지능을 이용한 새로운 경제적 플랫폼 개발이 한창이다. 예를 들어 기존 내연기관 자동차는 대략 2025년이면 생산을 종료하고 전기자동차로 플랫폼을 옹글게(완벽하게) 전환하는 것이 최근 자동차 업계 추세이다. 하지만 이 과정에서 자동차 부품의 3분의 2가 사라지고 관련 업계 일자리가 크게 줄어들 것으로 전망되기도 한다. 그래서 전기자동차로 신속하게 전환하여 경제적 이익을 더 높이려는 기업과 실업 및 소득 감소를 염려하는 다른 경제주체들이 서로 부딪히며 갈등이 예상되기도 한다. 그러면 새로운 경제적 현상이나 그에서 비롯한 문제들을 그냥 내버려 두면[자유방임주의laissez-faire] 마치 물이 높은 곳에서 낮은 곳으로 흐르듯이 저절로 해결되는 것일까? 아니면 국가의 적절한 개입과 관리 노력을 통해 사람들 사이에 충돌하는 이익을 조정하고 갈등을 해소함으로써 경제공동체가 균형 있고 조화롭게 유지되도록 할 것인가?

경제에 관한 국가 역할을 두고, 크게 국가 개입을 최소화할 것을 요구하는 입장과 최대화할 것을 요구하는 입장이 있다. 전자는 경제주체의 자유를 최대한 보장하고 시장의 자율조절기능을 신뢰하므로 경제에 관한 국가 개입은 원칙적으로 필요하지 않다는 것으로서, 이를 자본주의적 시장경제라고 부른다. 후자는 경제력 남용과 경제적 불평등을 최소화하려면 사람들의 경제활동은 국가가 계획적으로 관리하여야 한다는 것으로서, 이를 사회주의적 계획경제라고 부른다. 그러나 이러한 양극단은 현실의 경제 문제를 해결하는 데 적절하지 않을 뿐 아니라 부당한 결과를 낳기도 한다. 자본주의적 시장경제는 경제력의 집중이나 남용, 경제적 부정의를 방치할 우려가 있고, 국가의 경제적 역할이 현실적으로 많이 필요하다는 점을 설명하지 못하며, 사회주의적 계획경제는 경제주체의 삶을 국가의 경제계획에 종속시킨다는 점에서 경제적 자유를 훼손할 수 있기 때문이다.

지난 1990년대 사회주의권 국가들의 경제적 몰락으로 사회주의적 계획경제는 이제 거의 주장되지 않는다. 오늘의 중국에서도 사회주의적 '시장경제'를 표방한 지 오래되었고, 어느새 미국과 더불어 세계

경제의 2강G2으로 성장하였다. 그리고 자본주의적 시장경제에도 경제적 부정의를 시정하라는 요구와 사회주의의 오랜 영향으로 상당한 수정이 이루어지고 있다. 이제는 현실 속에서 순수한 자본주의나 순수한 사회주의는 없고, 자본주의와 사회주의를 절충한 '혼합경제'가 일반적이다. 헌법상 경제질서도 한편으로는 개별 경제주체의 경제적 자유와 창의를 존중하도록 하면서, 동시에 경제 현상에서 발생하는 시장경제의 불안정성과 경제적 부정의를 해결해야 한다는 과제 속에서 새롭게 이해된다. 같은 맥락에서 헌법재판소도 "우리 헌법의 경제질서는 사유재산제를 바탕으로 하고 자유경쟁을 존중하는 자유시장경제질서를 기본으로 하면서도 이에 수반되는 갖가지 모순을 제거하고 사회복지, 사회정의를 실현하기 위하여 국가적 규제와 조정을 용인하는 '사회적 시장경제질서'의 성격을 띠고 있다."라고 판시한다.

결국 경제적 삶이 시장경제를 바탕으로 원활하면서도 공정하게 영위될 수 있도록 하려면 크게 두 가지의 '경제공동체적 과제'를 국가를 통해 해결하지 않으면 안 된다. 첫 번째 과제는 '국민경제 안정을 통한 지속적인 경제발전'이다. 이것은 개개의 경제주체가 자유롭고 창의적으로 경제활동을 할 수 있도록 재산권, 직업의 자유, 계약의 자유 같은 기본권을 보장하여 경제적 역동성을 유지하면서 경제적 불안정성을 제거하고 경제활동이 과도하게 도박행위처럼 되지 않도록 경제적 건전성까지 확보하는 것이다. 이를 위해 헌법 제119조에서 '경제상의 자유와 창의의 존중'을 규정하면서 '균형 있는 국민경제의 성장 및 안정'을 위해 국가가 경제에 관한 규제와 조정을 할 수 있도록 규정한다.

두 번째 과제는 '경제정의 실현을 통한 사회 통합'이다. 이것은 경제주체들 사이에 계속하여 생겨나는 사회·경제적 불평등 상황을 일정 한도 안에 그치도록 하고, 국민 생활의 균등한 향상을 도모하면서 지속해서 사회·경제적 양극화 상황을 줄여 나가야 한다는 것이다. 헌법 전문前文에서 경제 영역에서 '각인의 기회를 균등히' 하면서 '국민 생활의 균등한 향상'을 계속 도모하라고 요구한다. 이를 위해 국가는 사회적·경제적 방법으로 근로자의 고용 증진과 적정임금 보장에 노력하도록 하고(헌법 제32조 제1항), 적정한 소득 분배를 유지하기 위해 국가가 경제에 관한 규제와 조정을 할 수 있다(헌법 제119조 제2항). 그리고 국가는 '인간다운 생활을 할 권리'를 보장하고 '사회보장과 사회복지의 증진에 노력할 국가의 의무'를 통해 최저 생계조차 어려운 사람들을 보호하여야 한다(헌법 제34조). 소유권을 중심으로 한 개인적 가치가 중요한 만큼이나 경제적 가치의 분배 왜곡을 최소화하는 것도 중요한 정의 요청이 아닐 수 없고, 경제적 가치 분배의 극심한 왜곡은 결과적으로 사회통합을 저해하는 사회적 부정의 문제이기 때문이다.

우리는 바야흐로 4차 산업혁명 시대로 나아간다. 4차 산업혁명에서 가장 우려되는 것은 경제적 여건의 구조적인 변화가 인간적 삶 조건을 악화하는 것이 아닌가 하는 점이다. 특히 인공지능 로봇이 생산과 서비스 영역에서 인간 역할을 대체하게 되면서, 인간의 경제적 소득활동에 근본적인 위기가 오는 것 아니냐는 심각한 우려가 제기된다. 그래서 최근에는 기본소득에 관한 논의도 새롭게 부각한다. 인공지능을 중심으로 새롭게 재편되는 경제적 구조에는 기본소득을 통해 경제적 삶이 안정적으로 계속 영위될 수 있는 조건이 함께 마련되어야 하기 때문이다. 결국 한편으로는 경제적 자유와 창의를 최대한 존중하여 4차 산업혁명의 여건을 조성하면서, 다른 한편으로는 4차 산업혁명으로 말미암아 경제적 불평등 심화는 물론이고, 경제적 삶의 토대가 무너지는 것을 방지해야 하는 국가의 경제적 역할이 요구된다. 그런 점에서 사회적 시장경제질서가 추구하는 궁극적인 경제헌법적 이념은 '자유롭고 창의적인 경제주체들 사이의 조화를 통한 경제의 민주화'라고 할 수 있다.

지난 2020년에는 코로나19COVID-19라는 신종 코로나바이러스가 처음 등장하여 급속하게 세계적 대유행pandemic이 시작된 해였다. 코로나19로 말미암아 일상생활의 많은 부분에서 크고 작은 변화가 생겨났다. 하지만 무엇보다 '비대면' 생활 방식이 중요한 특징이었다. 코로나19로 말미암은 비대면 상황은 매우 낯설고 생소하였다. 하지만 이에 따른 경제활동이 위축되고 양극화가 더욱 심화한 것은 세계적으로 공통된 현상이었다. 그래서 사회·경제적 양극화를 완화하기 위해 사회연대세를 도입해야 한다는 주장도 있었다. 그리고 사회적 거리 두기의 장기화에 따른 영업 손실을 보전하라는 요구도 강하게 나타났다. 누구에게나 코로나19의 감염 공포는 같겠지만, 현실로 나타난 그 피해나 경제적 손실은 달랐다. 사회경제적 약자의 피해나 손실이 더 컸다. 과연 이러한 경제적 상황을 어떻게 극복해야 할까? 각자의 희생으로 감수해야 할까, 국가가 지원해야 할까? 국가가 지원한다면 어떤 부분을 어디까지 지원할 수 있을까? 국가가 개개인의 경제적 삶을 대신 살아 줄 수는 없다. 경제주체의 자기 삶에 관한 경제적 자율과 책임을 존중하여야 한다. 하지만 그것으로는 피해 극복에 충분하지 않기에 국가는 코로나19로 말미암은 피해를 최소화하고 시장 경제 활성화를 위하여 마중물이 되는 경제적 지원을 하지 않을 수 없다. 초유의 코로나19 재난 상황에서도 국가는 앞서 말한 두 가지의 '경제공동체적 과제'를 계속 이루어 나가야 하고, 이로써 경제적 삶이 계속하여 영위될 수 있도록 하여야 한다.

저자 소개

김현귀

학력: 연세대학교 학사/석사/박사

경력: (현)헌법재판소 헌법재판연구원 책임연구관
　　　(현)한국헌법학회 출판이사

손상식

학력: 계명대학교 법학과 학사, 연세대학교 일반대학원 법학과 석사/박사

경력: 헌법재판소 헌법재판연구원 책임연구원(2011. 5. - 2016. 4.)
　　　(현)광운대학교 정책법학대학 법학부 조교수
　　　계명대학교 비사최우수상 수상(2006. 2.)
　　　한국헌법학회 공로상 수상(2012. 12./2013. 12.)

손인혁

학력: 연세대학교 법과대학 법학과, 연세대학교 일반대학원 법학과 수료

경력: 제38회 사법시험 합격/사법연수원 28기 수료
　　　헌법재판소 헌법연구관(1999. 2. - 2016. 2.)
　　　헌법재판소 헌법재판연구원 제도연구팀장(2012 - 2014)
　　　독일 본대학교 공법연구소 장기연수(2002 - 2003)
　　　독일 연방헌법재판소 파견근무(2011 - 2012)
　　　(현)연세대학교 법학전문대학원 교수
　　　(현)연세대학교 인권센터장

이장희

학력: 고려대학교 법학과 학사/석사/박사

경력: 법무부 법무자문위원회 연구위원(2008. 9. - 2010. 3.)
　　　헌법재판소 헌법재판연구원 책임연구관(2011. 11. - 2016. 2.)
　　　(현)창원대학교 법학과 부교수
　　　(현)창원대학교 인권센터장

정영훈

학력: 한양대학교 법학과 학사/석사, 일본 쿄토대학 법학연구과 박사
경력: 쿄토대학 법학연구과 연구교수(2008. 4. - 2009. 3.)
　　　서울대학교 일본연구소 연구교수(2010. 4. - 2011. 4.)
　　　헌법재판소 헌법재판연구원 책임연구관(2011. 5. - 2018. 5.)
　　　국회미래연구원 연구위원(2018. 5. - 2020. 10.)
　　　(현)한국노동연구원 연구위원
　　　(현)경기지방노동위원회 공익위원
　　　(현)한국노동법학회 총무이사
　　　(현)한국노동법실무학회 학술이사
　　　(현)한국법정책학회 학술이사

허완중

학력: 고려대학교 법학과 학사/석사, 독일 뮌헨대학교 법학과 박사(Dr. jur.)
경력: 성균관대학교 BK21 글로컬(Glocal) 과학기술법전문가 양성사업단 박사후
　　　연구원(2008. 9. - 2010. 2.)
　　　고려대학교 법학전문대학원 연구교수(2010. 5. - 2011. 4.)
　　　헌법재판소 헌법재판연구원 책임연구관(2011. 5. - 2016. 8.)
　　　(현)전남대학교 법학전문대학원 부교수
　　　(현)한국공법학회 기획이사
　　　(현)전남대학교 법학연구소 공익인권법센터 센터장
　　　(현)광주광역시 정보공개심의회 위원장
　　　(현)전라남도 인권보장 및 증진위원회 부위원장
　　　(현)전남대학교 생명윤리위원회 위원
　　　(현)세계인권도시포럼 추진위원회 위원
　　　(현)광주광역시 제5기 인권증진시민위원회 위원
　　　(현)광주광역시 제4기 북구 인권위원회 위원
　　　한국공법학회 신진학술상 수상(2016. 12.)
　　　전남대학교 제23회 용봉학술상 수상(2019. 6.)
　　　전남대학교 우수신임교수상 수상(2019. 6.)
　　　헌법재판소 헌법논총 우수논문상 수상(2019. 11.)

개정판
우리를 위해서 우리가 만든 우리 헌법

| 초판발행 | 2019년 8월 5일 |
| 개정판발행 | 2021년 5월 27일 |

| 지은이 | 김현귀·손상식·손인혁·이장희·정영훈·허완중 |
| 펴낸이 | 안종만·안상준 |

편 집	황정원
기획/마케팅	이후근
표지디자인	박현정
제 작	고철민·조영환

펴낸곳	(주) **박영사**
	서울특별시 금천구 가산디지털2로 53, 210호(가산동, 한라시그마밸리)
	등록 1959. 3. 11. 제300-1959-1호(倫)
전 화	02)733-6771
f a x	02)736-4818
e-mail	pys@pybook.co.kr
homepage	www.pybook.co.kr
I S B N	979-11-303-3921-4 03360

정 가   19,000원